美国学堂记

American Schools through Chinese eyes

王晶华／著

山东教育出版社

推开美国教育的那扇门

张志勇

　　王晶华老师天性善良真诚，富有爱心；她热爱生活，多才多艺；她内心柔软，敏感聪慧；她超越世俗，卓然独立。正是这些可贵的品质，造就了她与众不同、超凡脱俗的教育生活。

　　2010年11月28日，作为教育部首批中小学赴美访问学者，从王晶华老师踏上美国土地的那一刻起，我就成了她的美国教育访学笔记的第一个读者。近日，她把访学笔记整理成《美国学堂记》一书。今天，重新阅读这些生动、清新的文字，仍然让我激动不已。我常常惊诧于她那细腻而又富于诗意的语言，它们时不时地会闯入你的眼帘，卷走你的心。她写大自然，生机勃勃："一切都在积极地准备着，生命的暗流在喷涌，汇合，奔突，只等风丫头一声口哨，叶芽胀裂，花蕾萌生，春天就会在某一天突然降临。" 她写教育，充满哲理："生命太短暂，若想有所成就，请跟随你的爱好，那是你一生最温暖的投靠。" 她写人间真情，温馨无限："那些曾帮助、激励过我们的人，我们赏识的、觉得特别的人，所有关爱我们和我们关爱的人……让我们终于明白，使这个世界转动的，是爱。"

每每读到这些细腻、独特、直抒胸臆的文字，我就禁不住被她的语言天赋折服。

王晶华老师亲历美国教育180天，不仅用自己的双脚和双手，更用自己灵动的眼睛和智慧的大脑，"推开"了美国教育的那扇门。我认为，这是介绍美国中小学教育最好的一本书。阅读这本书，你会发现：

1. **教育本身就是真实的生活，而不仅是为将来生活做准备**。从课程设置到教育教学方式，美国中小学教育无不贯穿着"教育即生活"的思想。如学动物，老师就组织学生去逛动物园；学海洋，就带学生到海边玩一天；学解剖，就去医院看尸体剖检；学太阳系，就跑到美国太空总署去看飞船……不仅如此，在美国，老师和家长从小就鼓励孩子走向社会，从亲身体验中积累知识、增长才干。他们认为，中小学是让学生在五花八门的课程里学习发现自我的过程，发现自己的真正兴趣和天赋的过程。多样的课程，不同的课题，图书馆、野外实践、学术讲座、社团活动……只要你不断尝试，就能找到你的兴趣和才华所在，找到你一生的方向。

面对美国中小学基于生活的教育，王老师感叹道：输掉成绩单并不是世界末日，输掉真实的生活才真正输掉了人生！

2. **美国与中国教育有许许多多价值观的不同甚至冲突**。在美国，对教育的价值追求排位依次为：第一，身心健康；第二，创新性、批判性等思维品质；第三，生存能力、适应能力和解决问题的能力；第四，知识。美国校长认为，学校只负责提供良好的教育，开设各种各样的课程。至于学什么科目，上不上大学，上什么样的大学，那是学生自己的事。即使那些堪称卓越的美国高中学校，也有大约四分之一的学生接受良好的职业训练，毕业后就直接工作了。有的成为厨师，有的成为护士，有的修理计算机，有的从事缝纫工作，有的做建筑工作，有的做汽车修理工。这与我们知识至上、升学为本的教育观可谓天壤之别。

不仅如此，走进美国中小学，你几乎时时能够感受到中美教育的不同或冲突：提问题是美国课堂良好表现的重要指标，而我们常常把听话、守纪律放在第一位；美国学生把大部分时间花费在阅读课外书、动手制作和玩耍上，而我们则把绝大部分时间花在上课、做作业、考试上；对于美国高中生来讲没有异性朋友似乎是一件很不体面的事情，而我国高中生男女交往却始终是一个敏感而尴尬的话题；在美国处罚学生是个人隐私，必须独自安全隐秘地进行，绝不允许像我们这样广而告之；在美国，考试不是为了分出高低，更不是世界末日，是为了帮助自己提高，纯属个人的事情。至于考试成绩，那是学生的隐私，是绝不能排名的。每次小测验后，老师都小心翼翼地亲自把试卷发给每位学生。如果老师不小心泄露了学生的成绩，就会有大麻烦。正是这些差异、这些冲突，让我们对美国教育充满好奇。

3. **每个学生都有自己的课程表，这是对学生的真正尊重。** 二战后期，美国总统罗斯福提出人的四大基本自由：言论自由、信仰自由、免于贫苦的自由和免于恐惧的自由。在美国教育中，我们看到了另一种自由——达到自己最佳水平的自由，而这种自由是一种更深层次的平等，它推动着教育向更加公平、公正、科学的方向发展。在杰克逊高中，不仅每个学生都有自己的课程表，而且每科都有不同的选修层次和内容。以英语为例，就包括普通英语、高级英语、双分英语、阅读写作、英国文学等。科学课程更是种类繁多，包括生物、物理、化学、环境科学、地球科学、天文学、解剖学、生理学、大学物理等十几门学科。除物理、化学必选外，学生至少再选一门自己喜欢的科学课程才能毕业。社会学课程深受学生欢迎，有世界史、美国史、欧洲史、法学、美国政府、心理学等课程。高中数学包括代数Ⅰ和Ⅱ、几何、初级微积分、微积分 AB、微积分 BC、概率统计、金融数学等。

4. 美国对体育和艺术课程价值的认识全面而深刻。美国人认为："训练场上的奔跑可以释放压力、树立信心，使人学会坚持，学会拼搏，这些是在教室里体会不到的。""民主素质是在学校的球场上训练出来的。""不要担心学习成绩，尽量参加各种活动，课程耽误了不要紧，活动耽误了可就补不回来了。"体育给美国教育注入了蓬勃向上的活力，它对学生的影响不仅体现在身体和能力上，更体现在心灵上。学生的规则意识、协作能力、个性发展和团队精神、良好的性格都在每天的体育活动中得到培养。美国中小学的艺术教育课程多姿多彩，包括表演艺术、戏剧、舞蹈、高级绘画、素描、油画、交响乐、管弦乐、爵士乐、钢琴、合唱、高级摄影等。同时，每个学生都要参加一个艺术类社团。美国教育对体育、艺术课程的迷恋与尊重，让我们这些常常把德智体美全面发展挂在嘴上的人感到汗颜。在这里，无论是体育还是艺术，首先是面向每个学生的公民素质教育，而不是面向升学的所谓特长教育。

5. "**基于项目的教学**"是美国中小学教育最显著的特征之一。美国学生从小学三、四年级就开始做项目（project），"我们这周做项目"、"我们这周做展示"是在美国校园中常常听到的一句话。什么是 project？就是老师布置一个主题，通常这个主题与刚刚学过的知识紧密相关，老师给学生提供丰富的资料、充足的时间、清晰的评分标准和时间表，让学生利用课堂或课后的时间，独立或合作完成对这个主题的研究，最后在班内展示。可以说，这种基于项目的学习方式，不同于国内以记忆为主的教学方式，而是一种集信息收集、自主探究、"产品"制作、成果交流于一体的综合学习方式，是一种推动学生身心深度融入的学习方式，学生对知识的理解深刻、记忆牢固，既有助于调动学生的学习积极性、激发学生的创新潜能，又有助于培养学生的实践能力和综合素质，可谓一举多得。

6. 美国的科学教育是在实验室中进行的。为了尊重、保护学生的好奇心，鼓励学生观察事物、提出问题，培养学生的创新精神，美国教育非常重视"动手做"。研究性学习是美国各个学科的共同学习方式，特别是科学教育。走进美国学校的实验室，老师会告诉你，这里的课没有现成的结论，都要靠实验做出来。"结论就摆在那里，知道多少结论并不重要。我们需要知道结论是怎么来的，是不是真的正确。"有时实验效果不理想，一个实验甚至要持续好几周。精心准备实验设计，实验要求细致规范，实验过程认真条理，实验数据真实可靠，实验结果科学分析，研究报告展示一丝不苟。由此，我们得以窥见美国科学教育的全貌。在这种亲历亲为的自主探究实验中，学生的好奇心得到了呵护，创新能力得到了培育。

7. 美国教育处处渗透着对学生差异的尊重和对教育公平的追求。每个孩子都是独一无二的，对每个孩子自然禀赋和兴趣的尊重是一种更深层次的尊重，也是真正的教育公平所在。在杰克逊高中，针对考试不及格的学生，有学分重修教室；针对智障学生，有特殊教育班级；针对学习能力先天不足的学生，有专门的教师团队负责。在杰克逊初中，语文老师的分组教学就包括阅读小组、写作促进小组、电脑测试小组。所谓电脑测试小组由4人组成，老师通过网上测试程序了解每个学生的阅读水平，当学生达到相关要求时，就调整学生的学习计划，安排其他课程。这种学习方式很吸引人，学生看到自己的学习分数不断升高，就有一种不断进步的感觉。

8. 从高中甚至小学起，美国学生的大量知识就必须通过图书馆获取。图书馆学习是美国中小学生的一门重要课程、一种学习方式。在图书馆里，历任总统传记、探险小说、侦探小说、名家故事、职业选择类书籍颇受欢迎，而SAT、ACT考试用书却备受冷落。这与国内中小学图书馆藏书总是充斥着教辅、试卷大相径庭。美国中小学图书馆是学生学习与研究的支撑系统，学生在这里学习如何做研究，而不像我国中小学图书馆，大多只是藏书的地方。美国中小学图书管理员都具有专业素养，可对学生的图书馆学习进行有针对性的指导，而我国中小学图书管理员大多仅负责图书管理工作。

9. 美国中小学校园里丰富多彩的校园文化。节日——构成了美国校园里的主流文化样式。他们的节日文化丰富多彩，有严肃的国家公众节日，如美国军人节、国旗日、公民日、珍珠港事件纪念日，有各种各样的名人节，如马丁·路德·金纪念日、林肯纪念日，有美国人关注的圣诞节，有孩子们喜欢的万圣节，有倡导社会文明的护士节、感恩节，有尊重老人和父母的祖父母节、父亲节、母亲节，更有充满娱乐味道的"丑衫节"。这一天，学生的穿着无奇不有，整个校园弥漫着浓浓的节日气氛。对照美国中小学的节日课程，我国中小学节日文化课程未免显得太单调、太严肃了些。节日是文化的符号，本应多姿多彩。唯有如此，校园才能充满活力。

10. 美国中小学对学生的作业要求非常明确具体。美国老师的作业设计，作业形式以"做中学"为基调，几乎看不到国内的书面作业；作业要求具体、明确，充分体现了美国教育的科学精神。以某周作业"关于濒危物种的幻灯片制作及展示"为例："选择一种濒危动物做一个幻灯片展示，展示必须包括以下内容：(1) 两张濒危动物图片。(2) 濒危动物的学名和俗称。(3) 列出它的食物和天敌并描述其栖息地。(4) 该物种濒危的原因。(5) 人们拯救该濒危物种的措施和行动。(6) 资料来源：至少包含一本书和一个网站，注明你的图片和信息来源。记得做幻灯片时要用你自己的语言来传递信息。"至于具体的评分标准，这里不再赘述。

11. 美国教师的专业素养和专业精神令人肃然起敬。在美国，由于实行小班教学和"选课走班"，一个老师教多门课程是很普遍的事情。而一位教师能够任教哪些学科，取决于他在大学修过哪些课程。很多老师一边教学，一边在大学学习。王晶华老师考察的一所学校，有位老师同时教四门学科，每天上七节课。而这位老师具有数学、物理、化学、天文、解剖及计算机等学科的任教资格。一位体育老师，在介绍任教课程时，刻意强调包括男子足球、女子足球、男子软式长曲棍球、女子软式长曲棍球、男子田径、女子田径。美国人对体育课程的专业划分简直让我们惊讶！基于对美国中小学老师教学现状的深刻了解，王老师深有感触地说："这里的学生比国内的学生幸福，这里的老师比中国的老师辛苦！他们不仅上课多，而且要引导学生创造性地学习，这样的教学没有真本事是不行的。"

透过王老师的《美国学堂记》，我们在看到美国教育卓越的一面的同时，也不能不看到，美国学生的逻辑思维和基础知识不如中国学生，加上中学生写作业和考试可用计算机，美国学生拼读、背诵和书写等基本技能薄弱，甚至在倒退。

有一种观点，中美教育的互补性很强，如果在坚持我国基础知识教育系统扎实的优良传统的同时，又能学习借鉴美国教育在弘扬学生个性、培养学生创造力方面的长处，我们就可以创造出世界上最优秀的教育体系。但愿这种美好的愿望不是一种空想。

（作者为山东省教育厅副厅长、国家督学）

目　录

附　录 ／ 363

美国校园180天

几十年来，我们的教育为国家培养了一批批栋梁之材。但随着全球化时代的到来，我国教育也备受关注和冲击。面对近年来越来越热的留学潮，人们不禁要问：大洋彼岸的教育究竟有什么样的魅力，吸引越来越多的国人不远万里奔赴海外，不惜重金寻求"更好"的教育？这是我的疑问，也是所有教育者的困惑。

2010年3月始，教育部基教司、人事司、师范司、国际交流司委托国家留学基金委从全国遴选15名中小学教师赴美研修，以跟踪了解美国中小学教育改革发展状况，学习先进的教育理念和教学方法，不断改进我们的教育。

2010年10月，我幸运地通过英语面试，被国家留学基金委录取为教育部首批中小学赴美访问学者。该项目由夏威夷东西方中心负责安排，是教育部第一个面向中小学理工科教师的海外研修项目。

清晰地记得接到通知的那天晚上，我跟儿子和爱人手牵手在明水溢满秋木沉香的街道上漫步，那种无以名状的喜悦多么纯净！

等待我的是一种不一样的生活。作为一名普通教师，我多么希望置身美国教育现场的自己，能够不虚此行，以具体而微的眼光，审视原汁原味的美国教育，承担起一名教育使者的责任和使命。

我告诉自己要珍惜这次难得的机会，放空心思去欣赏，在陌生中敏锐感知，积极融入当地的生活，多体验各种场景，尽力参加各种活动，用心捕捉各种教育细节，沉下心来对比研究，让与美国教育亲密接触的这些日子成为生命中无悔的美好。

我行走，我聆听，我观察，我记录，我参与，我思考……

从夏威夷到俄亥俄，从纽约到波士顿，我以一位中国普通教师的身份入住美国家庭，深入美国中小学，通过课堂观察、专题访谈、实践参与、做文化使者等方式开展访学研修。从2010年11月28日至2011年5月31日，我参观了20多所学校，听课400多节，写下了50万字的访学笔记，推开了一扇我从未触碰的窗，尽我所能寻找着最真实的答案。

犹记得两年前，教育部领导和东西方中心的老师称我们是"黄埔一期"，想到那么多人为这个项目所做出的努力，更觉得自己有责任和义务为大家呈现我眼中的美国教育。

文笔欠佳且不免啰嗦，仍执意从50万字的访学笔记中精选出20多万字集结成册，通过校园文化、课堂实录、访学记事三部分呈献给大家，希望朋友们读到这些记述时，能够如临其境，有自己的感受和判断。更希望这些记录大洋彼岸的文字能带给您对教育新的思考和些许值得借鉴的东西。

或许，这些记述不小心引发了您对教育新的认识或某个教育行为的改变，就太好了。

王晶华

2013-03-16

第一乐章

多彩的校园文化

行走在美国校园中，每天都有新鲜的事情发生。

才艺活动，野外考察，慈善募捐，体育赛事，高年级的舞会，五花八门的俱乐部……让人对每一天充满了期待。

丑衫节，帽子节，情人节，夏威夷节，火警演习，毕业班服务日……把校园生活点缀得多姿多彩。

形形色色的校园，热爱教书且"地位低下"的教师，自信、幸福的学生，多彩而实用的课程……让人领略到不一样的教育风景。

同样，你会喜欢上物尽其用的图书馆，从哈佛玻璃花的故事中获得启示……

更有，不一样的高考制度和东西方文化的碰撞。

一、校园采风

不同的学校，不同的场景，不同的故事……眼前呈现的，是一个不同的教育世界。

Apr 2nd　关于苏丹的慈善演出

有个国家叫苏丹

这两周我在波士顿的哈德逊高中访学。每天的最后一节，我去听朱恩（June Murray）老师的世界文化课。

在学习非洲文化时，战乱中的苏丹引起了师生的普遍关注。June让学生从网上收集有关视频和文字资料做成幻灯片给全校师生播放，以使大家了解这个世界的另一种色彩。

学习过程中，很多学生跟June老师商量如何帮助苏丹的孩子。他们有的想捐钱捐物，有的想当志愿者，甚至不少学生家长也参与了进来。但是，由于苏丹战乱频繁，政局不稳，最终June老师和学生们决定主要以捐款的形式帮助苏丹。那段时间，校园里很多学生在谈论苏丹，他们还为苏丹筹得了四千多美金的善款，想为战乱中的苏丹建一所小学。

能让学生和家长自发地参与进来，引发学生对世界的思考、对生活的热爱，让善良和真诚伴随学生成长，这就是June老师的魅力所在。

三月之约——战争中的孩子

提到苏丹，年轻人很熟悉一个名叫 Emmanual Jal 的黑人说唱歌手。

June 说她通过 Facebook（社交服务网站"脸谱网"）跟 Jal 取得了联系，Jal 愿意跟学生通过 Skype 视频交流。

周二上午，June 和学生们围坐在电脑前等待 Jal 上线。九点半，Jal 准时上线了，Skype 电话接通的那一刻，教室里欢声一片。

学生们给 Jal 看他们为苏丹孩子筹得的善款，把自己的想法跟 Jal 交流。更多学生询问 Jal 关于音乐的问题，比如他喜欢哪位歌星、在嘻哈音乐表演时如何加入动作，等等。虽然是初次见面，大家却像是老朋友聊天，很随意，很自然。

Jal 出生在苏丹南部，80 年代苏丹内战期间，Jal 的母亲被北部军队杀害，兄弟姐妹被隔离，父亲生死未卜。年幼的 Jal 经人担保，被带到埃塞俄比亚接受初级教育。然而，载满 350 人的船不幸沉没，只有包括 Jal 在内的 50 人逃生。生还的孩子只能选择徒步行走，最终只有 16 人到了埃塞俄比亚。

当他们到达埃塞俄比亚时，却没有去学校读书，而是作为战士学会了如何使用 AK-47 突击步枪和手榴弹。"我们都不是被迫参加战斗的。"Jal 解释说，"我们是自愿参加训练的。"那时的 Jal 才 8 岁，就已参加过四场大的战斗。

后来，英国的援助人员 Emma Mcune 帮助了 Jal，偷偷把他送上了开往肯尼亚的飞机。从此，这名儿童战士走进学校接受教育，并最终成了一名说唱歌手。

目前 Jal 的乐队叫做福音嘻哈乐队，他希望用音乐讲述自己的故事，唤起人们对苏丹战时儿童的关注，并发起倡议，希望更多人参与到苏丹的教育事业中来。Jal 相信，唯有教育，才能让苏丹真正走向和平与自由。

当 Jal 说他正在宾夕法尼亚州演出时，June 老师告诉他宾夕法尼亚州离马萨诸塞州不远，欢迎 Jal 来学校作客。Jal 当即表示会跟经纪人沟通，说他很希望能有机会跟学生们见面，为他们表演。

通话结束，大家围拢在 June 身边，很多学生抱在一起，甚至有几个大男孩都忍不住哭了。

让这个世界转动的，是爱。

Jal 的现场演唱会

3 月 24 日对哈德逊高中学生来说是个令人激动的日子。中午十二点，哈德逊高中的音乐大厅座无虚席，每个人的眼神中都充满了期待。因为今天，Jal 来开现场演唱会。没买到票的老师和学生都静静地站在两边的过道里，等待演唱会开始。

June 老师做了开场白，学生群情激昂。

演唱会以一首《我们要和平》（We Want Peace）的 MV 开场，学生们都站起来随着音乐舞动双手。Jal 闪亮登场了，口哨声、掌声经久不息。

与 Jal 一起歌唱——《我们要和平》

Jal 作了演讲，朗诵了他写的诗，刚刚还热情十足的学生们，都被 Jal 的悲惨经历深深触动了，现场是那般安静。

演出进行到尾声，学校合唱队成员走上舞台，跟 Jal 一起再次演绎那首《We Want Peace》。这样的学习经历，这样的世界文化课堂，令人刻骨铭心。

June老师，让平凡的教师职业散发出不一样的光彩。

Dec 4th 海边的"特许学校"

12月4日，夏威夷集训后的周末，我跟朋友约好去大岛（Big Island）玩。

早上四点十分，带着圣诞红帽的司机在林肯大厦门口等我们。乘着小飞机，一路轰鸣来到大岛，约翰和他的学生已在机场等候。我们首先要去参观约翰的学校，然后去大岛火山公园（Hawaii Volcanoes National Park）游玩，约翰联系了他在火山公园工作的朋友给我们做免费导游。

我们都喜欢约翰。他是一位很有个性和教育理想的校长，长得像西部牛仔片中的大叔，梳着辫子，很有艺术范儿。他说他爱好体育、狩猎和捕鱼，但年轻的时候不爱学习。或许这样的少年经历使他更有别样的人文情怀吧，他说要为那些不爱学习的学生办学。

约翰的学校就在海边，门厅里的黑白图片默默诉说着这所学校的校史和曾经遭受的海难。他的学校既不是公立学校（Public School），也不是私立学校（Private School），是一所特许学校（Charter School），这类学校为学生的特殊发展需求提供个性化教育服务。

该类学校像公立学校一样由政府出钱，但其学校教育又在美国传统的教育体系之外，拥有更多的办学自主权。在遵循国家课程标准并参加统一测试的基础上，一群有教育理想的人组成小组，共同创办学校、设计教育内容和方式，以求改变他们不满意的美国常规教育。这份课程计划经过政府教育机构审批认可后，即可授权成为特许学校。

　　只要得到州政府的同意，任何人，任何团体，都可以申请到公众教育经费，成立特许学校。特许学校可以不接受教育主管部门的管理和约束，学校设有自己的董事会，对课程内容编排、校长任命、学校预算、教师的工资等都有决定权。让人啼笑皆非的是，约翰这个扎着辫子留着胡子的校长居然是学校老师抽签抽出来的，他开玩笑说自己不走运！

　　这所学校有40%的学生家庭贫困，在普通的公立学校他们大多被认为是差生，不爱学习，调皮捣蛋。约翰收留他们，体谅他们，改变他们，还想把他们培养成为对社会有贡献、具有全球化视野的人才。为此，约翰一直在努力，这样的目标与付出令人钦佩！

　　约翰说他的学校更像是为那些逃学、不爱学习的孩子所设的"避难所"，这样一个教育体系使多样化的教学方法成为可能，使得濒临失学边缘的学生们也能接受学校教育。比如，一个孩子喜欢打篮球，他会说："好的，尽管玩好了（Ok, you can play）。"当然，学生也需要参加州里的统一考试，所以他会说："你首先得完成数学练习（You have to finish your math exercises first）。"

　　约翰将学校的年级界限打破，不同年龄的孩子可以上同一年级的课，因此每个孩子的学习进程都是个性化的。他们还把常规小学五年级和初中一年级的内容重组，编排了相互衔接的课程内容，而这些课程内容的设计有不少大学的相关学者参与其中。

　　约翰说，学校必须创造一个环境使孩子们学会关心：关心学校，关心别人，关心生命，关心自然。他想营造一种大家庭般的学校氛围，大孩子带小孩子，相互帮助。他还让孩子们承担学校的某些服务性的工作（比如在食堂服务），以增强责任感和归属感。对此，约翰骄傲地说："在这里每个孩子都关心学校。"

　　特许学校拥有更大的办学自主权，代价是政府投入经费相对较低。一般的公立学校每名学生政府每年补贴一万美元，而对于特许学校，政府只补贴六千五百美元，特许学校能否生存由家长、孩子、市场来决定，办学的评估也在国家课标和统一考核的要求下，在州标准化测试中，学生通过率还不能降低。这就给特许学校提出了更高的要求，但约翰的学校做到了。约翰说特许学校的教师每年工作210天，比其他公立学校多27天；上课时间是早上8：00到下午3：45，比公立学校时间长。

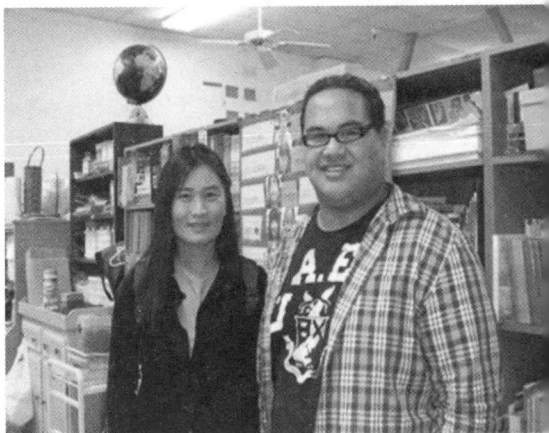

我和劳（约翰的学生）

约翰还到处筹款，从办学中尽量节省开支，为学生开展动手实践、野外考察、出国游学等私立学校才有的特色活动，因为他要培养具有全球视野的人才。真是位了不起的校长！

我问约翰的学生劳（Lao）："为什么要选择这所学校？"劳说他喜欢这所学校，他也曾经在其他公立学校待过，那里的班级很大，学生多，老师顾不过来，记不住所有学生的名字，教学质量也不好。他说这里虽然设施简陋，甚至没有球场，但每位学生都能得到老师的关注，获得老师一对一的辅导。

约翰的学校让我感触颇深。美国教育体制确实有某些灵活、创新的地方，美国人认为"差异是最好的资源（Difference is Best）"，所以他们尊重这种教育的创新和探索，尽可能提供多种可能与选择。

参观完学校，约翰做好了米饭、炒鸡蛋，煮了咖啡。吃完早餐稍作休息，我们向大岛火山公园出发了。

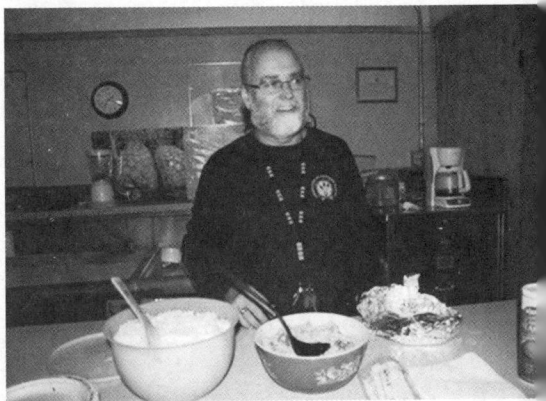

约翰做的"中式"早餐

Apr 2nd　只一眼就爱上它——哈佛的玻璃花

生命太短暂，若想有所成就，请跟随你的爱好，对它倾注深情，那是你一生最温暖的投靠。

——题记

他乡遇故知

在纽约参加完项目的中期会议之后，适逢杰克逊高中的春假，我跟东西方中心联系，去波士顿的哈德逊高中访学。

3月20号，我坐华人的大巴从纽约来到波士顿，我儿时的朋友宝华也在波士顿工作。

宝华毕业于北京大学图书馆情报系。我们的中小学时代都在那个以泉水和香米著称的小城度过。现在，我们在大洋的彼岸相见。

4月2号，我们去哈佛一游。东北部的春天来得迟，新英格兰特色的红砖房前，花花草草刚刚开始苏醒。料峭的风里，女孩子们已迫不及待地换上了短裙，与那些心急的花儿一起，绽放美丽。

宝华说第一站要带我去参观哈佛博物馆的玻璃花，她说我一定会喜欢。

闪光的不一定是金子

什么东西你一生重复却永不厌倦？

什么东西总能让你满足，让你从心里喜欢？

什么东西会令你愉快地、成功地完成它？

在这个世界上，它就是你的天造地设，值得你一生付出。

在这个博物馆里，珍藏了3000多件用玻璃材质制作的植物标本，涵盖847个物种。

那些叶脉，那些花蕾，那些浅绿色的须，让我想起慢得不能再慢的童年——看着太阳一点点地越升越高，在丝瓜架上闪闪烁烁地画光圈的童年。

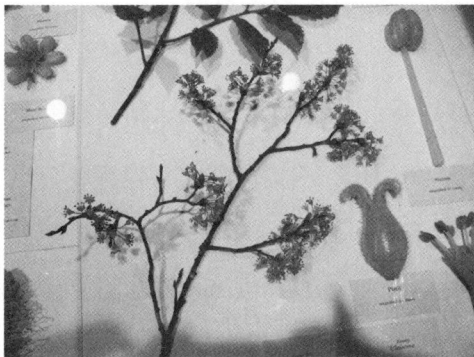

永不凋谢、栩栩如生的玻璃花

那是一种在滚滚红尘之外用专注和寂寞修炼的美好，与世俗和喧嚣无缘。

那种美好，让你想把它捧在手心里；

那种美好，让你想把它珍藏起来；

那种美好，让你想跟最亲密的朋友分享；

那种美好，让你只一眼就爱上它！

是谁，在植物和玻璃的世界里沉迷一生，演绎神奇？该是怎样的热爱，怎样的心思，怎样的时间和精力，才能让玻璃脱胎换骨，美好到让黄金和钻石都黯然失色？

背后的故事

电视屏幕上播放着这些玻璃花背后的故事，我在屏幕前伫足倾听。现在，请跟随我走近这个故事。

11

这是一个关于静心专注地把事情做到极致的故事。(This is a story about making effort to do the finest work that is delicate to every detail.)

故事发生在一百年前。布拉斯卡出生于德国的一个玻璃制造世家，在他的妻子和父亲相继去世后，他非常难过，决定坐船去美国散心。旅程中，他的船发生机械故障，无法前行，不得不在大西洋中的一个小岛上停留两周时间。(The story started from a German jeweler and glass-maker Leopold Blaschka more than 100 years ago. After his wife and father passed away one after another in a short time period, Mr. Blaschka felt very depressed. He decided to take a ship trip to America to boost his spirits. During the ocean trip, the ship had some mechanical problems and became motionless on the Atlantic Ocean for two weeks.)

在那里，布拉斯卡见到了很多海生生物，他觉得它们非常美丽，特别是像水母和乌贼那些海生无脊椎生物，有着特殊光泽的透明外观，那么好看，他忍不住绘制了很多海洋生物的画像。在素描这些可爱的海洋生物时，一个想法在他心中油然升起，他决定用自己的玻璃工艺制作这些透明漂亮的小东西。(Mr. Blaschka used this time to observe and draw many ocean creatures. He became so fascinated about them, especially the invertebrate creatures like jelly fish, octopus, etc. They have a transparent appearance with special luster which are so beautiful.)

当他结束旅行回到德国后，便试着用玻璃烧制出了水母和乌贼，那份光鲜饱满，比泡在福尔马林里的标本好看多啦。后来他又烧出了更多海生生物的标本，这些作品使布拉斯卡声名远扬。(When he finished the trip and went back to Germany, he tried to use color glass to re-produce some of the ocean creatures he had seen and became very popular.)

不久,哈佛大学的植物学博物馆创始人乔治·林肯·古德爱勒教授听说了这些作品,激动不已:"如果用玻璃做出植物标本,今后教学就有栩栩如生的植物标本给学生看啦。"(Later, Professor George Lincoln Goodale, founder of Harvard's Botanical Museum, wanted life-like representatives of the plant kingdom for teaching botany. He heard of Mr. Blaschka's works and became very excited about it.)

在那个时代,人们通常用干的植物标本来教学。但是干的植物标本有一些缺点:1.随时间推移容易褪色;2.逐渐变得毛糙易碎;3.干的植物标本常常是扁平的。以上种种使植物标本失去了植物本身应有的效果和生动。(At that time, dried plants were used for teaching. But there were several shortcomings for using dried plants: 1. The color would fade over time; 2. They became very bristle over time; 3. The dried plants were usually compressed into flat form, so it lost the 3-dimention figure.)

古德爱勒认为布拉斯卡的玻璃工艺可以很好地解决这些问题,所以他来到德国的德雷斯顿,说服布拉斯卡可以做一些植物样本给他。(Mr. Goodale thought Blaschka's glass works would be the best solution to overcome all those shortcomings. So he traveled to Dresden Germany and convinced Mr. Blaschka to make some plants samples for him.)

布拉斯卡做了几件植物样本,并把这些样本船运到了波士顿。但是,当古德爱勒打开邮包时,发现这些精致的玻璃花经过长途运输变成了碎片。但古德爱勒没有灰心,他细心地检查那些碎片,认定这种玻璃花正是他理想的植物学教具。(Finally, those samples were shipped to Boston. However, when Mr. Goodale opened the package, all those delicate glass flowers were damaged by the long trip and broken into pieces. Mr. Goodale was not discouraged. He examined those broken pieces and confirmed that the glass flowers were the ultimate solution for his botanical teaching tools.)

他拜访了波士顿最富裕的魏耳家族，向他们展示这些玻璃花碎片，请求他们为玻璃花的收集提供赞助，魏耳家族答应了。(He went to the wealthy Ware family in Boston to show the glass pieces and asked them to finance this collection. They agreed.)

就这样，从1886年至1936年，超过50年的时间，布拉斯卡父子制作了4400多件栩栩如生、大小如实的植物模型，包括847个物种。那份精致生动，让世人为之倾倒。(So, from 1886 to 1936, over 50 years, Mr. Blaschka and his son made nearly 4,400 remarkably accurate life—sized plant models for 847 species, as beautiful, delicate and artistic as which we can still see and awe today in Harvard Natural History Museum.)

关于玻璃花的问题

问：玻璃花真是玻璃做的吗？(Are they real glass?)

答：是的。模型本身全是玻璃做的，但模型内部往往用铁丝支撑。(Yes, the models are made entirely of glass and often be reinforced internally with a wire support.)

问：怎样做的？(How were the models made?)

答：花的局部是在玻璃加热变软后塑成的，有些则是吹出来的。有些玻璃花是用彩色玻璃做的，有的颜色则是通过上珐琅彩的办法，将溶有彩色玻璃或金属氧化物的液体薄薄地涂在玻璃花上之后，加热融合而成的。早期的玻璃花模型则是用普通颜料直接着色的。(The parts were shaped after the glass was softened by heat. Some models were blown. Colored glass was used for some of them, others were "cold painted" with a thin wash of colored ground glass or metal oxide and heated until the material fused to the model. The early models were "cold painted" with artist pigments.)

问：为何而做？(Why were the models made?)

答：哈佛植物学博物馆创立人古德·爱勒教授想要栩栩如生的植物模型以适应植物学课程的要求，但是当时只有粗糙的纸模型和蜡模型可用。这些大小如实的4400多个模型有847个物种，包括准确度惊人的局部剖视图和放大的植物结构。因为玻璃花永远处在盛开的状态，所以一年四季均

玻璃花准确的局部剖视图和放大的植物结构

可对热带植物和温带植物进行研究。(Professor George Lincoln Goodale, founder of the Botanical Museum, wanted life—like representatives of the plant kingdom for teaching botany. At that time, only crude paper models or wax models were available. The life—size models include 847 species, with remarkably accurate anatomical sections and enlarged flower parts. Since the Glass Flowers are always in bloom, tropical and temperate species may be studied year—round.)

问：谁收集了它们？（Who collected them?）

答：伊丽莎白·魏耳和玛丽·李·魏耳母女资助玻璃花的收藏，并将它们捐赠给哈佛大学植物学博物馆，以纪念哈佛1834届的学生查尔斯·艾略特·魏耳博士。（Mrs. Elizabeth Ware and her daughter Mary Lee Ware financed the collection and presented it to Harvard University as a memorial to Dr. Charles Eliot Ware, Class of 1834.）

谨以此文，寄托我对美好教育的期待。我希望，我们的教育能够远离粗放，像玻璃花一样沉静、专注、美好。

Apr 6th　物尽其用的图书馆

四月的俄亥俄，春天刚刚开始，天上淅淅沥沥地下着雨，空气里弥漫着草木的香味儿。

整个冬天，草一直像春天那样绿；可树木，依然没有睡醒，黑黑的树干上覆盖着一层绿绿的青苔。

窗外，小松鼠和鸟儿都躲起来了，风轻轻拂过脸颊和颈项，很惬意。于是眯着眼睛，嘴角往左边一扯，挤出个小小的酒窝，给自己一个微笑，侧眼看看窗外黑黑的树林和玻璃上反射出的灯影，感觉很温暖。

这样一个静静的晚上，我要把杰克逊图书馆运作的观察报告写完。

图书馆印象

在我国，中小学图书馆的利用率不高，图书管理员的工作相对比较清闲，一般到了大学写论文的时候学生才会意识到图书馆的重要性。可是，在美国从高中甚至小学起，大量的信息就必须通过图书馆获取。

　　图书馆在二楼，是学生喜欢的地方。在这里，图书馆老师们从早忙到晚，图书馆利用率极高！

　　因为高中生选课走班，所以每节课都有没课的学生。虽然有自习室，但安静的自习室感觉不自由，椅子也不如图书馆的沙发舒服，所以图书馆就成了学生没课时喜欢光顾的地方。

　　图书管理员克里斯汀娜（Christina Conti）、图书馆秘书凯莉（Kelly Hallworth）、图书馆技术总监克劳迪娅·沃夫（Claudia Wolfe）都有着灿烂的笑容。

　　沃夫是一位特别慈祥的老师，她负责学生进出图书馆的登记工作。我是在教工食堂吃午餐时认识她的，她能叫得上几百位学生的名字！因为"wolfe"和"wolf"这两个词长得很像，她给自己取名"狼妈妈"。她总是那么开心，我想这也许是很多学生喜欢来图书馆的原因之一吧。

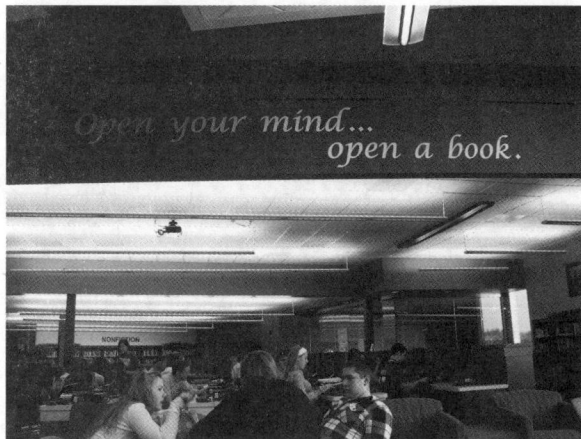

　　这里同样是我喜欢的所在，三位图书馆女老师每天都

图书馆里聊天和上网查资料的学生

带美味的自制甜点与我分享，周四的时候她们说要给我一个惊喜——一个装满巧克力的花篮！

　　克里斯汀娜眼睛明亮，笑起来像个单纯的孩子，她带我参观图书馆。

　　靠近门口，是一个半圆形的服务台，学生出入登记、借书、还书都在这里进行。每节课都有不少学生过来，特别是上下课时分，三位图书管理员相当忙碌。

在图书馆上历史课的班级

图书馆一角的长沙发

正对着图书馆门口有十五张方桌，每张桌子配四把椅子。学生有的做作业，有的看书；更多学生在聊天，消磨时间。

进门左手边一个区域有三十二台电脑，不少老师在这里上课。看，现在就有一个班在这里上历史课。

进门右手边有一个安静的角落，八台电脑，三张桌子，书架上放满了杂志，小组学习讨论时可以在这里查资料。角落里还有长沙发，躺着看书都可以。

向里走还有个区域有五十多台电脑，不少学生喜欢在这里逗留。克里斯汀娜说，来这里上网查资料的学生很多。她也担忧地谈到，现在不少学生把时间都花在"脸谱网"等社交网站上了，聊天、分享照片、发短信……不停地分神，没有把主要精力集中在历史知识、阅读、公民意识等的提高上。

有一个角落摆满了书，有颇受欢迎的历任总统传记、探险小说、侦探小说、名家故事、职业选择类书籍，也有备受冷落的SAT、ACT考试用书。

再往里走有两间教室。斯蒂芬妮老师的高级英语课就常在这里上，教室里有电子白板，还有十几台笔记本电脑供学生使用，笔记本电脑的充电由图书管理员负责。

图书馆还有个小办公室，三位图书馆老师常在这里享受美食，学生可以在这里打印资料。

开开心心的交谈过程中，我也跟三位老师了解了图书馆的工作流程。

图书馆使用守则

目的：为更多师生提供优良的学习研究环境。

登记：早上6:40—7:40，学生要预定来图书馆的时间，每天只能选一节课来图书馆（包括午餐时间），每节课学习室不得超过30人，需要使用图书馆资源的学生只要老师签字同意，可以随时来图书馆。

期望：

1.在图书馆讲话要轻声。(Talk quietly.)

2.不要随意走动。(Stay seated.)

3.遵守学校规章制度。(Follow all school rules.)

4.每张桌子最多坐4个人。(No more than four seats to a table.)

5.遵守学校的计算机使用规则。(Follow school computer usage policies and rules.)

处罚：(When a student fails to meet those expectations, the following discipline code will be used.)

1.若触犯图书馆规则，图书管理员将给予口头警告，要求你移到其他区域。(Verbal warning by library staff, and ask you to move to another seat.)

2.再违犯，书面警告，送回学习中心，一个星期乃至一个学期不能来图书馆。(Written warning, sent to Study Hall the next day, not available for one week to one semester.)

教师须知

对于新入校教师，要经过培训，熟悉使用图书馆的规则和技巧。

1. 图书馆资源：17000卷图书，30种杂志，通过图书馆的两台电脑提供图书馆概览信息，网上图书目录随时可查。

2. 仪器的保护规则、资料的借阅程序、计算机的使用规则、邮件的打印和传真、主控室的使用……都必须熟悉。

3. 超过20个数据库系统供师生使用，在家在校均可使用。用户名和密码发给所有师生。

4. 资料的借出：图书馆竭尽所能为教学提供各种资料，只需把你的需要告诉我们，如工业革命、二战、化学反应、物质结构、代数、几何……如果你需要的教学资料目录中没有，请告知我们，我们与众多的图书馆联网，会尽力满足你的需求。

5. 研讨教室：图书馆有两间研讨教室，还有一处可容纳3—4个班学生的计算机教学区供老师们合堂教学使用，图书馆将为老师们准备好上课所需资料。

6. 图书馆通行证：学生在任何时间想去图书馆做研究，老师都可以发通行证给他们，教师需要在通行证上注明学生来图书馆的时间和返回教室的时间。

7. 有问题请通过邮件联系图书馆媒体专家克里斯汀娜、图书馆秘书凯莉、图书馆技术员沃夫。

克里斯汀娜：crc2jc@jackson.sparcc.org

凯莉：kah2jc@jackson.sparcc.org

沃夫：clw2jc@jackson.sparcc.org

这里的图书馆是忙碌的，一切都井井有条。我们的图书馆，什么时候能够物尽其用呢？

Dec 1st　夏威夷最好的私立女中

12月1日，玛雅带领我们参观夏威夷最好的私立女中——La Pietre 中学。

玛雅是奥巴马同母异父的妹妹，是La Pietre 私立女子中学的社会学教师，性格开朗，充满活力。

La Pietre女中是一所6-12年级的完全中学（初高中都有），规模不大，共有200多名学生。该校注重学生好奇心、领导力、创造力、自信心、自豪感的培养和淑女教育。

学校走廊上的巨幅标语写着：让运动员成为运动员，让教练成为教练，让官员成为官员。

玛雅说学校注重种族与文化多样性的融合，提供强有力的家校联盟，力求每个女孩在学术和个人成长方面得到最好发展。校长介绍说该校学生家庭背景好，任课教师与学生比率为1:11，实施小班教学，有利于关注每个学生的优势和兴趣。

虽然该校很多教师没有教师资格证，但大多数毕业于名校，教育背景非同一般。

学校非常注重对女孩子艺术修养的培养，我们参观了该校的美术教室，欣赏了部分学生作品，发现学生的美术功底相当深厚。

印象深刻的是生物教室先进的教学设备，我们进去的时候，生物老师赛拉(Sarah)正用显微镜

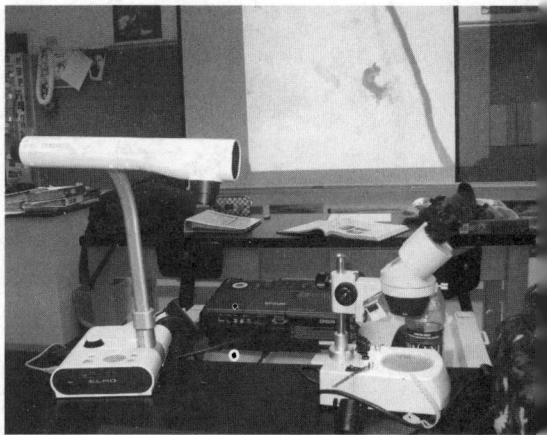

生物教室的实验设备

和大屏幕展示从海边弄来的生物标本。该节课共有7名学生,她们三两人一组,一边观察,一边记录。学生的生物笔记同样显示出深厚的美术功底。

赛拉老师告诉我们,学校很重视野外实践(Field-trip)活动。如学动物,老师就组织学生去逛动物园;学海洋,就带学生到海边玩一天;学解剖,就去医院看尸体剖检;学太阳系,就跑到美国太空总署去看飞船……在这里,教育就是生活,而不仅仅是为将来生活做准备。

我问一名女生:"这门课有趣吗?"她说:"非常有趣,我未来将从事这方面的工作。"与兴趣结合的教育和人生多么让人羡慕!而我们,该如何沉下心来培养学生对科学的纯粹热爱,让学生找到真正适合自己的人生?

来到高一数学教室,学生们正跟老师讨论本周的研讨题。数学老师四十多岁的样子,来自北京。女孩子们个个表情阳光,她们身着蓝色纯棉的短袖T恤、棉质的白色短裙,穿着网鞋或拖鞋,舒适又青春。

我看了学生本周的研讨题,题目简单得让人难以置信。

要求:你必须完成至少五分的题目,并在后天12月3日(星期五)前上交,得分超过5分的可获得额外学分。

(1)定义凹多边形(Define concave polygon)1分

(2)探究第N项和第80项的值(Find the nth and 80th terms. Show your work)2分

term	1	2	3	4		n		80
value	40	35	30	25				

3)给下面的三角形构建外接圆(Construct a circumscribed circle for the triangle below)2分

4)下面图形中J∥K,三角形两条边相等,

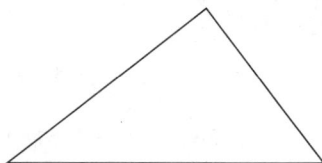

求得n的度数并作解释 (In the figure below, J // K, find n and explain your reasoning) 2分

瞧，相对于我们，美国的数学特别简单。大学数学相当于我们高中的难度，高中则在学习我们初中的内容。

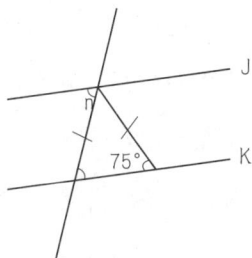

Dec 3rd "总统学校"Punahou和公立初中Aiea

昨天（12月2日），我们参观了夏威夷最有名的私立学校普纳湖（Punahou），1841年建校的普纳湖出了两位"总统"——孙中山和奥巴马。热带花园式的校园、现代化的体育场、富丽堂皇的音乐厅、气派的游泳馆、校园里的菜园和各类实践基地……令人感叹不愧是"总统的学校"。

东西方中心贾博士的儿子在该校就读，几天前她邀请我们去学校听音乐会，学生的表现令人称奇。奥巴马曾在1995年出版的回忆录里把普纳湖称为"岛屿精英的孵化器（an incubator for island elites）"，可算是对普纳湖最好的评价吧。

印象最深的是校园里的那棵大榕树。一个小男孩像小猴子一样爬上爬下，看得人胆战心惊，这在中国的小学一定是不被允许的。我问陪同我们参观的校长斯考特："学校对孩子爬树这样的行为不去制止吗？万一孩子摔伤了怎么办？"他说："孩子爬树，是因为他相信自己有这个能力，我们为什么要去制止呢？现在他很安全也很开心啊。"

孩子的乐园——大榕树

这一幕让我肃然起敬。爬树曾带给我们那个年代的孩子多少喜悦，而现在有多少孩子能体会到爬树的乐趣呢？当教育者站在儿童的视角观察、思考、处理问题的时候，才能顺应孩子的天性，读懂孩子的一颦一笑，走进孩子的内心世界，这样的校园孩子才会喜欢，孩子在这样的环境中才能自由、健康地成长。如果教育者从便于管理、维持秩序和安全出发，从"不怕一万就怕万一"着眼，以成人世界认定的方式来束缚、规范孩子的言行，让喜欢奔跑、跳跃的孩子变成只会读书的"小绵羊"，这绝不是成功的教育，而是对孩子天性和成长的不尊重。

"普纳湖是世界上唯一同时培养了一位中国总统和一位美国总统的学校。"校长斯考特自豪地说。可是，相对于精英云集的名校普纳湖，更能打动我的却是名不见经传的公立初中 Aiea。

今天，我们到夏威夷的公立初中 Aiea 参观。学校不大，位于市中心，学生大多是吸毒者、黑帮、无家可归者、新移民和贫穷家庭的孩子。

学生入学时可能只有一、二年级的水平，因为基础薄弱，加上不爱学习，有的班还在教小学三年级的课程。校长说学校关注的不是学术，培养合格公民、让孩子自豪地成长是学校教育的目标。

引发学生兴趣、调动学生的能动性、激发成功感是该校老师的教育目标。课后、午休时间老师们都要对学生进行辅导，每周都与学生单独交流。

校长说，既然孩子们不爱读书，就培养他们的动手能力，引领他们更好地玩吧。

为此，学校用网络吸引学生，成立了很多社团吸引学生卷入学习，校长说家长们也喜欢参加孩子们的社团活动。

玩是大有学问的。如利用所学知识模拟太空船项目，就需要学生综合各种信息，如PH值测定、着陆点计算、读图、生物法检测土壤等。这不仅要求老师们跨学科合作，设置任务让学生运用这些知识，而且要求教师了解学生，根据学生需要，制定每个学生的培养方案，设法让学生学习新东西、接触新事物。

我们参观了科学教室，欣赏了学生的太空模拟项目；在学生游戏室玩了一个小时；最后来到陶艺教室，欣赏孩子们五花八门的陶艺作品。

家长在美国学校教育中扮演着重要角色，可这所学校是不能指望家长的，教师素质是立校之本。由于学校情况特殊，教师的专业知识并不那么

陶艺课

重要，心肠好、愿意帮助别人的教师更是该校需要的。许多年轻老师申请到这里工作，但不少教师仅把在这里的工作作为一种资历，每年约有25%的年轻老师离开学校去学习医学、法学。

这样的学校，纪律是个问题，严格的要求是必需的，如携带枪支将被劝退且一学期不能回学校。

美国法律要求未成年人必须上学，不让一个孩子掉队（No Child Left Behind）是美国教育的目标，它的实质是使每个孩子的禀赋特质得到最好的发展，让他们拥有各得其所的教育。

Aiea 中学的教育，诠释了这一点。

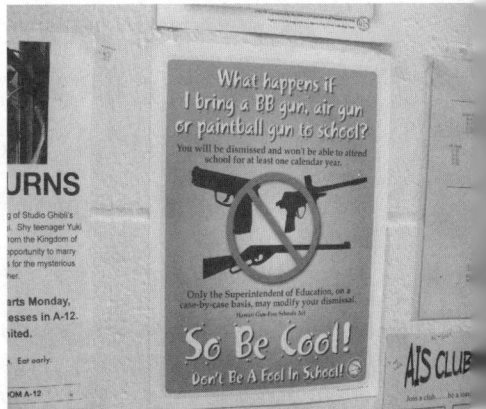

禁枪标语

25

Jan 28th 玩、游戏、演习

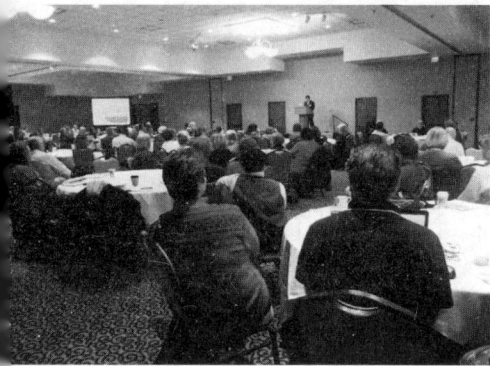
"玩的价值"会议现场

昨天，我们这个项目在俄亥俄的联系人南茜邀请我们参加一个国家级会议，会议的主题是——"玩的价值"。好奇的同时又觉得很好笑——玩有什么好开会的，还是国家级会议！

这个会议有两百多人参加，医生、老师、公园工作人员、环保人士、公司代表、大学研究机构的博士生、体育明星……各行各业的人聚在一起讨论"玩"对于儿童成长的价值，如何建立安全的玩的场所，如何设计玩的项目促进孩子智力与社会能力的发展……

会上，一名医生关于《户外运动与健康》的报告、娱乐公司代表关于《玩耍与儿童情感、身体、认知、团队合作、交流能力的发展》的报告、环保人士所作的《基于社区的户外运动》等报告让人深受启发，社会各界对教育的关注深深打动了我。

在美国，"玩成功"的例子不胜枚举。乔布斯玩发明创造玩出了苹果电脑；哈佛大学的扎克伯格创建了"脸谱网"（Facebook），初衷是要比较各宿舍楼女生哪个最"辣"；You Tube的由来，据传是三个创办人在一次晚会上拍了很多录像，不知如何分享，从而制作了这个被谷歌天价购买的网站……真正的行家是"玩"家，快乐而有成效的教育和人生离不开"玩"，正所谓"知之者不如好之者，好之者不如乐之者"。

"在'玩'中学"的教育理念同样渗透于美国教育的每一天。

1月28日，我来到米歇尔女士的初一科学教室。这是一节复习课，目的

是准备下周一的考试，内容涉及欧洲的地形、气候、河流、文化、历史、景观等。

老师组织了一个游戏：把每个问题写在一张纸上，放在坐垫下面；20名学生分成两队——男生队和女生队，因为女生人数少，两名男生加入女生队；每个队选出一名代表，通过类似"剪刀、石头、布"的方式决定哪个队先开始答题；两队轮流选题——选择一个坐垫，翻出问题，先大声念出问题，再说出答案，答对了坐在坐垫上，答错则回到队伍中；哪个队的人先全部坐下，哪个队赢。

复习课，做个游戏吧

最后，女生队获胜。老师给女生队发糖果，男生队则收拾坐垫。

我发现那些问题很简单，可孩子们还是记不住。对于美国学生，死记硬背是行不通的。

游戏刚刚结束，钟声长鸣，是火警演习。

米歇尔老师说："马上离开教室，到楼下集合。"有学生问："米歇尔女士，我穿上外套行吗？"米歇尔很坚决地说："不行！"

在指定区域集合，等待警报解除

学生们快速有序地走出教室，右转，下楼，有秩序地撤离。整个过程紧锣密鼓，又毫不拥挤。我和米歇尔老师走在本班学生的最后。

走出教学楼，我被眼前的情形惊呆了：那么冷的天，那么多孩子穿着短袖衫在外边集合（因为冬天室内暖气开得很热，很多学生在教室内穿短袖

冻坏了的孩子们

T恤)！而我已被冻得简直不能呼吸！

他们不怕冻坏学生吗？当然不是。在平时，他们对学生的保护很过分：不能拍照——保护学生的肖像权；逐个发作业——保护学生的隐私权；学生在学校不打扫卫生——怕被桌椅伤到；老师不能摸或拍孩子的任何部位，如果有这种现象，学生上告学校，老师可能被开除；男老师也不能单独和女学生在一个教室、不能参加学生的派对等。

而现在，零下十几度，所有的孩子都穿得那么少！但没有办法，这是火警！生命是第一位的，演习不是儿戏！

在这里，学习就是真实的生活！演习也是真实的生活！你必须遵守规则！

而我们，生活与学习常常脱节。封闭的、脱离生活的教育，使我们就像住在象牙塔里，而适应社会的能力要等到离开学校以后才去培养。

所有的教育，都不应与现实生活脱节，要让孩子完整、清晰地了解这个世界，了解人与环境、人与生活、人与生命、人与亲情……这样的教育才是为未来做准备的教育。

输掉成绩单并不是世界末日，输掉真实的生活才真正输掉了人生！

May 21ˢᵗ　体育发展教育

西方人常说，民主素质是在学校的球赛场上训练出来的，应该让每个小孩子都热爱体育：热爱篮球，热爱足球，热爱……因为这样，不仅可以让孩子学会通过拼搏收获成功，更让孩子从小就可以开始学习如何接受人生的失败，让孩子能够输得起，输得漂亮。

体育运动带给我们健康和快乐，让我们学会合作，了解自己的性格，锻炼自己的毅力，学习如何从失败走向胜利。"训练场上的奔跑可以释放压力、树立信心，使人学会坚持，学会拼搏，这些是在教室里体会不到的。"上午去社区义务劳动时艾瑞克说道。另一名男生则告诉我暑假后他要去宾夕法尼亚的一所大学学习，因为那所学校的橄榄球很棒。

　　在美国，大众体育如火如荼，席卷每所学校。高中生都要选够一个半学分（三个学期）的体育，棒球、橄榄球、游泳、篮球、长跑、网球、曲棍球是中学核心的体育项目，参加训练和每次比赛的成绩都在课程的要求之列。

　　下午两点半放学后，学生也是以参加体育活动为主。春天来了，草坪上、球场上到处是锻炼的学生，埋头写作业的人很少。

　　在学校里经常发现挂着双拐伤了脚或者伤了腿的学生，因为像棒球（Baseball）、美式橄榄球（American Football）和曲棍球(Hockey)等项目，对抗性很强，受伤也是常有的事。

　　晚饭后六点钟，我和我的住家去杰克逊高中旁边的公园散步。公园里处处是锻炼的学生和家长，棒球队、曲棍球队、橄榄球队都有，教练由家长志愿者担任，家长也是忠实的啦啦队员。

校外体育家长啦啦队

　　在这里，家长从来不是教育的旁观者，他们交税办教育，学校运作也是家长委员会说了算。

　　我的住家戴维老先生曾以家长志愿者的身份做过很多年棒球队教练。他说，体育主要是让孩子们通过这样一种经历，有一项爱好，一个好的体质，学会与人合作，找准自己的位置，培养团队精神。

运动场上的酷小孩

　　波士顿的朋友宝华告诉我，很多学生申请大学要考虑学校的体育发展情况，家长为孩子选中学也考虑这一点。宝华有两个儿子，大儿子在Rox Bury Latin School读高一，这是一所私立男子中学。我问宝华："为什么选择男校？"宝华说："如果有女孩在场，男孩子就会变得逞英雄或者害羞胆小，只有男生的话就会比较自然，且男生之间还可以讲粗话。"宝华说这所学校的体育活动特别多，对孩子是很好的锻炼。开学第一天，校长讲话："不要担心学习成绩，尽量参加各种活动，课程耽误了不要紧，活动耽误了可就补不回来了。"

　　虽然不少大学也看重学生的体育特长，但是学生迷恋体育绝不只是为了升学，更多家长和学生把体育当成一种成长的必修课，不像我们的很多家长让孩子上辅导班只是为了让孩子达到一定水平或获得证书。

　　体育给美国教育注入了蓬勃向上的活力。它对学生的影响不仅体现在身体和能力上，更体现在心灵上。学生的规则意识、协作能力、专注力、个性发展和团队精神、良好的性格都在每天的体育活动中得到培养。

　　当我们感叹电子游戏成为新鸦片的时候，当我们感叹中国男孩不打球、不热爱体育、越来越"娘"的时候，当我们感叹孩子做事不专注、缺乏耐性、缺乏毅力的时候，是否应该考虑用什么引领、伴随孩子的成长呢？

　　艺术！体育！那都是真正的好东西！

夏威夷大学体育节

二、节日知多少

节日，给岁月轮回涂上了色彩，让生活富有了迷人的节奏，可算得人类最温暖的发明了吧！在美国，作为校园主流文化之一的节日，更是被经营得流光溢彩、创意迭出……你会发现，教育原本可以这样有趣。

Dec 22nd　"丑衫节"那天

12月22日，星期三，是杰克逊高中的"丑衫节"（Ugly Sweater Day），是可以穿牛仔裤的日子（Blue Jeans Day），也是学校圣诞节庆典的日子。

校园里穿成什么样的都有。很多学生穿着奇特的圣诞服、戴着圣诞帽；有个学生穿成了北极熊；有个男生穿着妈妈的睡袍；还有个学生穿着挂有灯泡的圣诞服，一走动就叮当作响。整个校园里弥漫着浓浓的节日气氛。

穿妈妈睡袍上学的男生

丑衫节：越丑越好

7∶20，我们在 Comonce 大厅集合，法语班、德语班、汉语班、西班牙语班分别用"外语"演唱圣诞歌曲。想到汉语班昨天糟糕的练习，我觉得出丑的时候到了。

果然，汉语班的同学高低不齐松松散散地用中文演唱了《铃儿响叮当》和《平安夜》。结果是，大家热烈鼓掌，老师们给予表扬，说汉语班的表演真精彩，学生自己也觉得表演得很成功！我想如果在国内演成这样，会被认定为"演出事故"的。

来杰克逊高中近两周了，还没有听到一句批评的话语。从夏威夷到俄亥俄，一个月来，赞美都是主旋律。

接下来西班牙语班、德语班、法语班摇摇晃晃地唱圣诞歌，就像好朋友之间的搞怪。

半个多小时后，表演结束了，大家开心地回教室上课。

由于这场圣诞歌曲表演，今天中文一（中文一、二、三是按学生学习中文时间

海厄特老师的汉语课堂

长短划分的）的课只有二十分钟，是考试课，题目比较简单，有的学生五分钟就完成了。

对于考试，学生会很积极地准备，没有人如临大敌，一切都很自然。对学生来讲，考试不是为了分出高低上下，更不是世界末日，是为了帮助自己提高，是纯属个人的事情。

我想起了国内，考试前很多学生都会紧张，特别是每次考试之后的排名，对学生和家长都是一种折磨。即便成绩好的孩子，自豪感也不是来自学习本身，

而是来自比别人成绩高的结果，好像成功只是意味着自己比别人强。

当人的幸福是建立在与别人的比较上，你又怎能找到忠实于自己的幸福？在这样环境下长大的孩子，心理又怎么能健康，他又怎么能乐观、悠然地对待今后的生活？

这里是绝不能排名的，每次小测验后，教师都小心翼翼地亲自把试卷发给每位学生。如果老师不小心泄露了学生的成绩和作业，就会有大麻烦。

我问弗吉尼亚有公布成绩的考试吗？她说不允许，那是学生的隐私。每次考试后，成绩会发到网上，学生通过只有自己知道的密码查询成绩。

第二节汉语课，老师首先让学生看学校的早间新闻，报道的是我来杰克逊高中访学的消息。播音员是两名学生，他们说我来自夏威夷的东西方中心，家乡在中国北方，到这里考察美国教育。学生都回头跟我打招呼。

开始上课。班长、副班长上台，用中文向大家问候。班长、副班长是定期轮换的，任职期间他们会得到5分。

下面是老师规定的每天发言内容。

班长：同学们早上好！

全班学生：班长早上好！

班长：今天天气不好。

副班长1：今天是星期三，2010年12月22日。今天是xxx（中文名字）的生日。

没有人过生日的时候，说今天没有人过生日，有人过生日的话，大家要一起唱生日快乐歌，英文版的，用汉语唱生日快乐歌对他们来说太难了。

副班长2：今天我们学习中国文化，今天没有作业。

副班长3：现在是八点四十五分，老师，我们准备好了。

今天，老师播放中国影片《活着》（To Live），学生看电影，回答有关问题。

影片播放的时候，教室里很安静。我想，是影片中失声的女孩打动了他们。即便他们听不懂汉语，人类善良的本性是没有国界的。看电影的过程中，学生能听懂几句一两个字的简单对白，这让他们很开心。

下午，是学校的圣诞庆典。台下的观众穿得千奇百怪——丑衫节嘛。

圣诞节是美国最隆重的节日，就像我们的春节，各家各户都花很多心思准备。人们用彩灯装饰圣诞树，挂起松枝做的花环，悬起袜子，燃起壁炉，准备好礼物，在户外立起雪人，用彩灯环绕屋外的树木……欢欢喜喜地迎接圣诞节的到来。还有的家庭扎起雪橇、北极熊、圣诞手杖、士兵……晚上彩灯亮起时，散发出浓浓的节日气息。

当然，更令人动容的，是人们对家人、对生活的态度。圣诞节期间，孩子们会自己动手制作礼物送给家人和朋友，家人都要悄悄地为彼此准备圣诞礼物。弗吉尼亚和戴维给我准备了十几个礼盒，有专为我制作的年历、一双袜子、一件毛衣、一本菜谱（上面是我爱吃的那些美国食物）、一副手套、一盒巧克力、一块香皂、一个苹果、一个小量杯……一件件打开的时候感觉好开心。

合唱团的精彩表演

圣诞节不仅仅是个人、家庭的事情，学校和社区（比如教堂）也是重要的圣诞节活动场所。每所学校都会举办圣诞节音乐会，有乐队演奏、合唱等传统项目，也有音乐剧、话剧等项目。学生是学校音乐会的主角，虽然他们不是专业的，但水平可不低。

演出开始了，学校的各种乐队依次登场。最抢眼的是合唱团，男生身着西装，女生穿起漂亮的礼服，一派绅士、淑女的派头。他们合唱了五首歌,曲曲动听,特别是他们表演的校园生活剧,诙谐幽默,引起了全场师生的阵阵喝彩。

令人惊讶的是,看似隆重的音乐会,骨子里却是一种放松和享受。我参加了学校的教工大合唱,过了把歌唱瘾。虽然感觉唱这些歌曲有些绕口,但我的住家弗吉尼亚一直鼓励我享受这个过程。我们唱了四首歌:《装饰大厅》、《铃儿响叮当》、《圣诞树》、《祝你圣诞快乐》。我唱的声音很小,那一刻我觉得自己就是南郭先生。

曾记得《憨豆先生》中憨豆在教堂唱歌的时候第一次高声唱就出了笑话,我可不能出这种事故。

一切顺利。

Feb 17th 俄亥俄的二月、帽子节的中国餐

2月17日,星期四。

十点钟,我从杰克逊高中部的远程病理尸检课中逃出,手心里冷汗津津。十点半前,要赶到初中部教孩子们用筷子吃中国餐。

俄亥俄的二月很是奇怪,前几天还零下十几度,一眨眼就升至零上十几度了。这样的天气是适合外出散步的,我决定步行去初中,不到二十分钟的路程,弗吉尼亚曾带我走过那条路。

走出校门,暖风拂面,虽还未到草长莺飞的季节,春的气息却一天比一天浓了,俄亥俄的冬天只有几天比济南冷,但是降雪量却是济南的很多倍。

冬天特别长,雪天是最寻常的。奇怪的是,我国北方冬季变冷时常常伴着强劲的西北风,这里却是静静地变冷。没有什么风,温度就可以骤降;没有什么先兆,暴雪就突然来临。

这一切与五大湖有关。

春天就不同了。弗吉尼亚说这里的春天是多风的，雨天也不少。我很开心，我喜欢雨雪天，当老天阴沉着脸的时候，我的内心常常安静而快乐。

举目望去，前几天还厚厚的积雪变得细细碎碎，杰克逊高中旁边的湖面上浮着薄冰，微风起处，蠢蠢蠕动着的水切切地低吟，路上不时横过融雪带来的涓涓细流。

转过浮冰的湖，是一个小小的公园。积雪消融后的公园绿草如茵，那些草儿好像从来就没有枯萎过。多情的风携着湿润的泥土和蠕虫的气息，那黑暗中的生灵，竟比人更殷勤地守候着春天。毕竟是压抑了一个冬天的声音啊，在这冰雪消融之际，又怎能缄口不言？温暖的阳光和微风中，是绿色的针叶木和睡梦中的阔叶树，暖风把阔叶树的梦打湿了，树干上斑斑点点的绿，是那般潮湿新鲜。

一切都在积极地准备着，生命的暗流在喷涌，汇合，奔突，只等风丫头一声口哨，叶芽胀裂，花蕾萌生，春天就会在某一天突然降临。

穿过公园，走过带扶栏的松木台阶，耳边有雏鸟脆亮的叫声。不要埋怨那太多的宛转啁啾，太多太多的思念要倾吐，太深太深的柔情要表白。

帽子节那天

走进杰克逊初中部校门，办公室的两名女教师戴着非常夸张的带花朵的帽子。走廊里，两名学生的帽子更奇特，一名学生的帽子还不停地唱着怪异的婴儿歌，全然不顾每个班都在上课。

来到258教室，但见不少学生戴着很好玩的帽子，原来今天是杰克逊初中的帽子节。你看，是不是很好玩？

一会儿，克里普尔老师让学生把书本收拾到

一边，发盘子、餐巾纸、筷子。克里普尔老师让男孩子们去办公室把刚刚送到的中国餐端到教室里来。一名学生家长向克里普尔老师推荐了当地的一家中国餐馆，克里普尔老师从餐馆给孩子们预订了青椒牛柳、蛋炒饭、炒面和糖醋鸡块。学生们洗完手，排队等待我给他们分发中国餐。

我用筷子给他们分餐，排队等候的学生惊叹不已，他们觉得用筷子是高端技术，初中的小孩就是这般好奇和可爱。

教他们用筷子并非易事，孩子们出尽了洋相。有的用筷子叉住鸡块来吃，有的为自己终于能够吃到一根面条而欣喜不已，有的在别人吃完的时候还一直吃不到……糖醋鸡块和蛋炒饭很受欢迎，有的学生要求吃第二盘。

饭后，克里普尔老师发了幸运甜饼，这种小甜饼被认为是典型的中国特色食品。我说，幸运甜饼不是典型的中国食品，如果你去中国的餐馆点幸运甜饼，他们可能不知道是什么。

一名男生开心地让我看他从一本书上查到的证据，说幸运甜饼是一名美国人在1918年发明的。我说，让我们设想一下，可能有美国人在某一天把幸运甜饼传到了中国某地，后来有美国人在中国的某地或某个特定的场合看到了幸运甜饼，就以为是很中国的食品，于是，误解就这样产生了。孩子们很认同。

文化传播过程中常会有奇妙的偏差。当年，马可·波罗（Marco Polo）认为中国和印度遍地是黄金。还有人说，西方人没把中国馅饼的技术学到家，馅饼演变成了比萨饼。

吃完饭，克里普尔老师送了我一个礼包，是杰克逊高中的紫色T恤衫。她还写了两张贺卡给我：一张是感谢卡，感谢我对中国文化和中国汉字的教学，她说学生会永远记得；另一张贺卡令我感动，她说当我在高中课程太紧张需要休息的时候，一定随时回来找她。好善解人意的老太太，她知道异国他乡的生活在新鲜激动的同时也会有紧张和迷茫，她知道我也有疲惫的时候！

站在克里普尔老师教室的窗前，我被窗外毛茸茸的新芽所吸引。克里普尔老师说，这棵树很奇怪，冬天的时候，落叶最晚，叶落了之后，就能看到这样毛茸茸的新芽。

树或许是早已生了芽的，只固执地附在枝上，那里面安安全全睡着的小生命呵，只有春风才叩得响它们的窗棂。

它在风中舞着，让人嗅到春天，那一触即发的韶光与蠢蠢欲动的繁荣。

Feb 14th　俄亥俄的情人节

当年，马可·波罗把中国的面条带回意大利，从此有了风靡世界的通心粉；圣瓦伦丁节传到中国成了情人节，而且有了很多暧昧的色彩。

美国的情人节跟我国不同。在这里，情人节属于每个人，而不只是属于恋人和家人。

弗吉尼亚向我介绍说很多学生会买一打卡片，装在信封里分发给自己的朋友们，还要在信封上装饰一个大大的心形图案，仅仅是有趣，没有什么特别的意思。

情人节蛋糕

在学校的食堂旁边，很多天前就有鲜花卖，卖花人和买花人都是学生。今天，很多女孩手里拿着玫瑰花或巧克力，处处晃动着青春的容颜和如花的笑靥。快放学的时候，走廊里传来一名男生的声音："我还有一朵花没送出去呢。"我忍不住笑出了声。

几天前，弗吉尼亚也买了一打卡片，说

要送给她的孩子们。弗吉尼亚说，情人节只是给商店制造赚钱的机会，人们花钱买点快乐而已。

今晚，弗吉尼亚和戴维带我出去吃饭，我们先去商店看那些漂亮的情人节蛋糕，然后来到一家泰国餐馆。

美国的餐馆通常都很安静，没有人高声说话，今天的安静中洋溢着浓浓的温情。餐馆里是一对对的情侣，年老的，年轻的。今天，同样也是弗吉尼亚和戴维的节日，我是个大大的"灯泡"。

我打趣说："你们看，都是一对对的，没有带孩子来的。"弗吉尼亚指着远处桌上的一个小婴儿："你看，他们也带孩子来了。"

俄亥俄的情人节，是每一个普通人的节日，给漫长的冬天增加了温暖、浪漫的色彩。

Jan 18th 夏威夷节的"雷人"服装

今天早上，我被弗吉尼亚雷倒了。"妻管严"戴维先生也是，他悄悄地在一个角落里嘟哝着："My God!"

弗吉尼亚是我在美国的房东，她今天穿了一件夏威夷风情的粉色外罩，头上戴着一朵粉色小花，脖子上挂着我们在东西方中心时戴的花环……这分明是十几岁少女的打扮！而她是年近六十、严谨传统的计算机教师——弗吉尼亚！

到底怎么啦？原来今天是夏威夷节，大家可以把正装丢到一边，穿上夏威夷特色服装。

这周每天都是节日：昨天是马丁·路德·金纪念

夏威夷style服装

日 (Martin Luther King Day)；今天是夏威夷节 (Luau Day)；明天是流金岁月日(The Decades Day)——你可以回到几十年前的装扮；星期四是球衣日 (Jersey Day)，你可以穿上最漂亮的运动服；星期五是杰克逊北极熊纪念日 (Polar Bear Fanatic Purple and Gold Day)，你只能穿紫色和金色衣服！这周大家在衣服上较起了真，比中国春节穿新衣还要讲究呢！

如此疯狂，连弗吉尼亚都不能幸免！近六十岁，粉色裙装，粉色小花的头饰，好炫的装扮！我忍不住想笑，可我知道，不可以。

是的！生活不能像地球自转一般千篇一律，需要疯狂，需要抛开一些所谓的清规戒律，来点自由和新鲜的空气！谁说疯狂只属于年轻人？

今天我要乘校车去初中部，出发前我对弗吉尼亚说："记得告诉我学生对你服装的反应哦。"她回我以自信的笑容。

一整天的心情都因这可爱的夏威夷节而变得轻松愉快。

Mar 31st　GLBT支持日

今天多云。

这一周我驻波士顿的哈德逊高中访学。今天学校里不少学生穿着亮丽的彩虹T恤，有些老师在胸前别上了彩虹丝带。原来，今天学校师生要用这种方式表达对同性恋的支持。校园海报早就贴出来了，赫然写着："3月31日——GLBT觉醒日，请佩戴彩虹丝带表明你对GLBT人士的支持"。

这项活动的发起者是哈德逊高中的GLBT委员会（GLBT committee），一个对同性恋人士提供支持和帮助的校园官方组织。何谓GLBT？翻译过来异常拉风——男同性恋者（Gay）、女同性恋者(Lesbian)、双性恋者(Bisexual)以及变性人(Transsexual)。该组织认为GLBT们不应被歧视，更无需在黑暗中躲闪，应该与他人一样拥有安全的学习、生活环境，拥有公开表达自己身份的自由，鼓励、支持GLBT们卸下重负，自然、自信地生活。

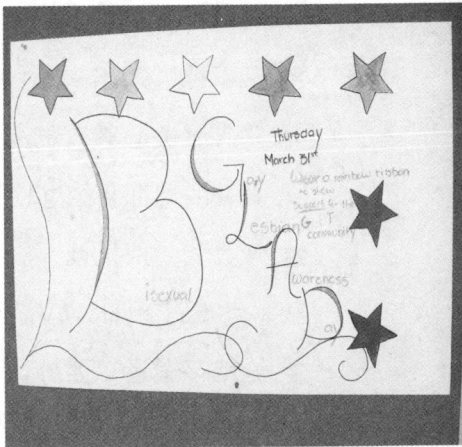

呼吁支持同性恋的校园海报

学校化学班帅气的助教杰瑞，指导老师泰德，世界文化课程教师June……都表达了对同性恋的支持。莫瑞老师问我怎么看待这类人群，我说那是他们自己的事，无所谓赞同不赞同，只要不危害他人利益，我们无权干涉。

美国有很多为同性恋者提供支持和帮助的组织，在美国的有些州，同性恋是合法的。记得去旧金山时，有条街上挂满了彩虹旗，导游说那条街上住的大都是同性恋者。

到目前为止，美国已经有九个州和华盛顿特区允许同性结婚。在承认同性恋并且以法律形式规定"同性恋可以结婚"的马萨诸塞州，哈德逊高中有这样的活动日也不足为奇。

旧金山的同性恋街

文化越发达，社会就越宽容。就像那句经典的台词："不管年龄、种族、肤色、信仰、性别……穿过众人的目光，我们彼此关爱，这是世界上最宝贵的财富。"

May 20th　社区服务日

美国公立学校的经费主要来源于联邦、州和地区的税收：房产税、所得税、消费税、财产税、教育税等，彩票收入、私人捐款、校企合作等也是很重要的教育资金来源。学校与社区的关系也因此相当密切。

社区选出来的校董事会也比校长厉害，他们由来自各行各业的有影响力并志愿关心教育的人士组成。任命校长、教师队伍的选定、学校评估等重大教育活动都要经过校董事会的审核表决。

为了回报社区对教育的支持，学校经常组织学生参加社区服务活动。

5月20日，是毕业生社区服务日。在此之前，社区把打扫卫生、修理草坪、施肥、搬运东西等需要学生干的活儿上报社区服务中心，社区服务中心跟校方共同组织协调并给学生分配任务。

今天，全体毕业生于8:00在音乐大厅集合，在校长简短的动员讲话之后，各小组学生在老师的带领下奔赴不同的服务地点。

我和Ryan Ihrig、Will Evans、Will Kreuzer、Jacob Phillips 、Eric smith、Jordan Pitzer、Tony Forchioone七名男生以及年轻漂亮的艾琳老师在第18组，我们分到的任务是去坎顿中心公园（Canton Garden Center）给花施肥、拔草和捡垃圾。

驾车参加社区服务　　　　　　　　　　给花施肥

学生们都是自己开车过去，我坐艾琳老师的车过去。

公园提供劳动工具和垃圾袋，也提供零食和水。

第一项工作是施肥。从大车上把肥料装到小车上，然后洒到每一片花树的下面。孩子们有推车装卸肥料的，有把肥料均匀撒开的，干起活来都是有模有样。

施肥结束后，去儿童公园拔草。满脸皱纹和雀斑的公园工作人员帕克太太（Lynda Parker）开车带我过去，她娴熟的车技和拔草的速度，让人相信劳动使人健康。

任务完成后，帕克太太带我们参观了儿童公园的树屋、小猪园、蘑菇园、音乐石……

印象最深的是公园里有一座小图书馆，书桌和座椅非常舒适，书架上的儿童读物深深地吸引着我。阅读成为美国社区长盛不衰的流行元素，从娃娃抓起功不可没。

中午公园给学生们提供了甜点和饮料，帕克太太给每个学生写了评语。距离返校时间还有一个小时，孩子们从车上拿下露营用的坐垫，我们坐在草坪上，谈论他们的毕业去向。

下午一点钟，返回学校。学校给全体毕业生提供了免费午餐，几位校长和老师帮忙发餐具和饮料，大家边吃边聊。

因为弗吉尼亚放学后要去"静思室"监督一名违纪学生自我反省（学生处罚在美国是个人隐私），吃完午饭，我独自步行回到了森林小屋。

疲惫却快乐的一天。

附：需要社区签字的学生表现通知单。通知单上有关于小组成员、服务地点、联系人、任务、到达时间、工作时间的安排和要求，社区服务完成后由社区工作人员写评语并签名，学生带回学校存档。

Community service day

Senior participation assignments

Jackson high school

May 20, 2011, job 18

Project: canton garden center

Contact name & title: Lynda Parker

phone: 330—455—6172 M—Th 10—4

Person at project site: Lynda Parker

cell phone: 330—354—4628

Project location: 1615 stadium park drive NW Canton OH

Project description/comments: mulch flower beds in the gardens, clean flower beds in garden & children's garden. Rake, trim, etc. plant flowers.

Special instructions or requests: may want to bring garden gloves. We will provide snacks, water. We will bring rakes, shovels, trash bags.

Arrival time: 9:00 AM   estimated completion time 1:00 PM

Number of students required: minimum# 6   maximum# 8

Students are expected to work on their project from 9:00 AM until 1:00 PM. Please have enough work for the student workers.

Students are not permitted to use power equipment such as chain saws, lawnmowers, etc.

Jackson high school, Jackson local schools and any of its employees or students assigned to this community service day effort will not be held responsible for damages occurring on the assigned date of the project.

Date:_____

signature of contact or job site person:_____

Comments:_____

Names of students in attendance and completing project

1. Ryan Ihrig 2. Will Evans 3. Will Kreuzer 4. Jacob Phillips 5. Eric smith 6. Jordan Pitzer 7. Tony Forchioone

Students leader: Ryan Ihrig

Students cell phone: 330—224—8840

Name of adult supervisor or leader present _____

May 23rd 毕业班研讨日

5月份，大多数毕业生的去向都已明朗。如何度过大学生活、职业定向、大学学费和奖学金申请等成为学生普遍关心的问题。

5月23日，是杰克逊高中的毕业班研讨日。

7:45—8:30，全体毕业生在音乐厅集合，观看毕业生信息展。大屏幕上的幻灯片记录下了该级毕业生高中生活的点点滴滴，那是令人百感交集的半小时，不少学生的眼睛湿润了。

8:30—9:15，职业橄榄球名人堂的派瑞（Stephen Perry）先生给学生作了关于人生规划的演讲。

各界资深人士就大学财政、选课、职业定向等问题与学生交流。9:20—10:10、10:15—11:00、11:05—11:50、11:55—12:40、1:42—2:30五个时段的研讨内容、研讨地点、主讲人等信息以表格形式提供给每位学生。学生想参加哪方面的研讨、想跟哪位专家研讨可以自主安排。连听报告都是选修走班！

第一时段，我在A101，听两位专家讲在大学里

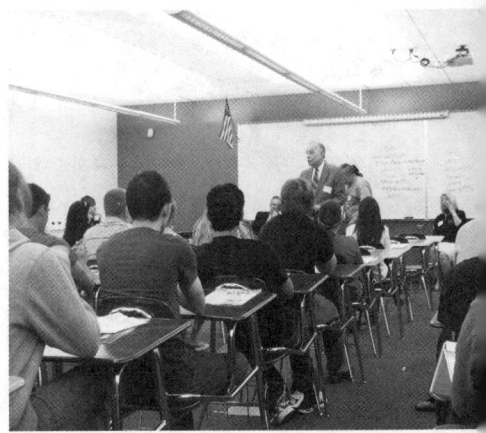

政府工作人员讲职业选择

45

怎样选课、交友、参加哪些活动等。大学里的体育活动引起了普遍关注，能否在体育项目上有出色表现，能否做好选课规划，追女孩是不是很牛，都是大学生活是否成功的标准。

第二时段，我在图书馆听取关于大学财政问题的研讨。因为在美国不少家长不给上大学的孩子提供财政支持，所以如何贷款解决大学学费问题，如何申请奖学金，如何安排课业和打零工……成为研讨的热门话题。

前来作讲座的除了各行各业的人士，还有某些大学的工作人员。美国高中与大学的联系很紧密，这不仅有助于大学了解中学生的思想、学习、家庭等情况，更有助于中学生及早了解大学生活和学习状况，利于他们进入大学以后较快地适应。

Jan 23rd　形形色色的节假日

1月23日，星期天。

今天是清闲的一天，我在俄亥俄州的杰克逊小镇。窗外阳光、积雪、树林、飞鸟、松鼠……小客厅里的壁炉发出噼噼啪啪的声响。这样的一天，我想与大洋彼岸的您分享那些新鲜的节假日。

这里周六、周日从不上学，一年法定假期、纪念日就达到三十多个，加上圣诞假期、春假和近三个月的暑假，实际授课日就少得可怜，以至于教育部门为防止假期太多影响学生学业，规定每所学校每年上学日要达到183天。

以下信息主要通过采访我的住家弗吉尼亚和戴维获取，带"★"号的是杰克逊高中自己的节日。希望您透过这些节日看到人们对生命和自然的尊重，对生活的热爱，对历史文化的敬畏，对自由和平等的豪情。

1月1日，新年（New Year's Day）。

1月15日，马丁·路德·金生日（Martin Luther King's Birthday）。

1月17日，马丁·路德·金纪念日和本杰明·富兰克林的生日（Martin Luther King Day and Benjamin Franklin's Birthday）。在一月的第三个星期一，学校放假一天。

1月18日，夏威夷节（Luau Day），你可以穿上最具特色的夏威夷装。

★1月19日，流金岁月日（The Decades Day），你可以戴很多年前流行的帽子，回到几十年前的装扮。

★1月20日，星期四，是杰克逊高中的球衣日（Jersey Day），你可以穿最漂亮的运动服。

★1月21日，星期五，杰克逊北极熊纪念日（Polar Bear Fanatic Purple and Gold Day），你只能穿紫色和金色衣服！

2月2日，土拨鼠日（Groundhog Day）。是北美地区的传统节日，每年这一天，美国和加拿大许多城市和村庄都会庆祝，一代又一代的土拨鼠一直担负着预报时令的任务。

2月12日，林肯纪念日（Lincoln's Birthday），放假一天。

2月14日，圣瓦伦丁节（情人节）（Valentine's Day）。

2月18日，星期五，华盛顿诞辰日（Washington's Birthday），放假一天。

2月21日，星期一，总统纪念日（President's Day），放假一天。

3月3号，女孩节（Girl's Day）。

3月8号，星期二，国际妇女节（International Women's Day）。

3月8日，肥胖星期二(Fat Tuesday /Mardi Gras)，四旬斋前的最后一天。这一天，可以狂吃东西，因为接下来，天主教徒们要过有节制的生活。

3月9号，圣灰星期三(Ash Wednesday)。这一天是基督教的四旬期之始，当天教会举行涂灰礼，要把去年棕枝主日祝圣过的棕枝烧成灰，涂在教友的额头上，作为悔改的象征。

3月13日，夏时制开始（Daylight Saving Time Begins）。

夏令时这天人为将时间提前一小时，以促使人们早起早睡，充分利用光照资源，节约照明用电。据说最早建议使用夏时制的是本杰明·富兰克林，他在任美国驻法大使期间，因习惯于当时美国农村贵族的早睡早起生活，看到法国人10点才起床，夜生活过到深夜，于是在1784年的《巴黎杂志》上发表了一篇文章，说法国人的生活习惯浪费了大好阳光，建议法国人早睡早起，说每年可以节约6400万磅的蜡烛。

3月17日，圣帕特里克节（St. Patrick's Day）。这个节日是为了纪念爱尔兰守护神圣帕特里克而设立的，其重要性不亚于圣诞节，节日前后你的衣食住行等用品要尽量用绿色。

3月26日—4月3日，杰克逊高中春季假期。

4月1日，愚人节（April Fools' Day）。

4月17日，圣枝主日（Palm Sunday）。

4月19日，圣经逾越节（Passover）。

4月22日，耶稣受难日和地球日（Good Friday and Earth Day），放假一天。

4月24日，复活节（Easter Sunday），在每年春分月圆之后第一个星期日。

5月1日，五一节（May Day）和花环节（Lei Day）。

5月5日，男孩节（Boy's Day）。

5月8日，母亲节（Happy Mother's Day），在五月的第二个星期天。

5月12日，护士节（Nurses' Day）。

5月13日，植树节（Arbor Day）。在五月的第二个星期五,学校放假一天。我国的植树节是3月12日，可这里的春天要从四月份开始，所以植树节要稍晚一些。

5月21日，美国军人节（Armed Forces Day），在五月的第三个星期六。

5月30日，阵亡将士纪念日（Memorial Day），在五月的最后一个星期一，学校放假一天。这一天在40多年前被设立为全国公众假期，在夏威夷、华盛顿和军事基地集中的地方，有各种各样的纪念活动。

6月1日，儿童节（Children's Day）。

6月6日，龙舟节（Dragon Boat Day）。

6月8日，暑假前的最后一天（Last Day of School）。

暑假从6月9日开始，8月22日开学，共64天！师生将会享受一个长长的暑假，很多学生利用这段时间打工挣钱，或者去实习，积累工作经验。

6月14日，国旗日（Flag Day）。

国旗日（Flag Day）是为纪念美国大陆会议1777年6月14日通过美国第一面由贝蒂·罗斯所设计的"星条"国旗而设立的（当年只有13颗星）。

每年的这一天，全国各地的各种公共场所、大型建筑物，以至家庭都要悬挂国旗，各州还会举行各种纪念仪式，其中一个重要的仪式就是在国旗下进行忠诚宣誓。

6月21日，夏季第一天（First Day of Summer）。欧美国家的夏季从夏至（6月22日）开始。我国则不同，我们的天文夏季是从立夏（5月5日或6日）至立秋（8月7日或8日），这是昼最长、太阳高度最高的三个月。但是这种划分与我国中纬度的气候划分有偏差，所以我国气候学上的夏季是6、7、8三个月。

6月19日，父亲节（Happy Fathers' Day），在六月的第三个星期日。

7月1日，加拿大国庆节（Happy Birthday Canada）。

7月4日，独立日（Independence Day）。纪念1776年7月4日大陆会议在费城正式通过《独立宣言》。

8月19日，夏威夷州日（Statehood Day）。庆祝夏威夷成为美国一州，夏威夷全州放假，商场打折。

9月5日，劳动节（Labor Day）。在九月的第一个星期一，全美放假。

9月11日，祖父母节（Grandparent's Day）。

9月12日，中秋节（Mid-autumn Day）。

9月17日，公民日（Citizenship Day）。

为纪念美国公民日，美国移民局每年都会在这一天举办特别的宣誓入籍仪式，所有宣誓者都要宣誓效忠于美国，支持和捍卫美国的宪法和法律。

9月23日，秋季第一天（First Day of Autumn），欧美国家的秋季从秋分（9月23日）开始。我国的天文秋季是从立秋（8月7日或8日）至立冬（11月7日或8日）。但是这种划分与我国中纬度的气候划分有偏差，所以我国气候学上的秋季是9、10、11三个月。

10月12日，哥伦布日（Columbus Day），哥伦布发现美洲纪念日。

10月15日，甜心节（Sweetest Day），女人可以得到礼物。

10月16日，老板节（Boss's Day）。

10月24日，退伍军人节（Veteran's Day），在十月的第四个星期一。

11月1日，万圣节（Halloween）。这是美国孩子最盼望、最欢乐的节日。每年的10月31日，是万圣节前夜，人们在屋前摆放巨型南瓜做装饰，当晚小孩会穿上化妆服，戴上面具，把自己打扮成自己想要装扮的任何角色（魔鬼、天使、骷髅、小丑、女巫、各种动物），挨家挨户收集糖果。

11月6日，夏令时结束日（Daylight Savings Ends）。

11月11日，美国老兵节（Veterans Day）。

11月24日，感恩节（Thanksgiving Day），学校放假两天。

感恩节是在每年11月的第四个星期四，在每年11月22—28日之间，这一天起休假两天，和家人团聚，感恩节是美国最地道的节日。

12月7日，珍珠港事件纪念日（National Pear Harbor Remember Day）。

12月21日，冬季第一天（First Day of Winter）。欧美国家的冬季从冬至（12月22日）开始。我国的冬季划分跟美国不同，我国天文冬季是从立冬（11月7日或8日）至立春（2月4日或5日），这是昼最短、太阳高度最低的三个月。但是这种划分与我国中纬度的气候有偏差，所以我国气候学上的冬季是12、1、2三个月。

★12月22日，丑衫节（Ugly Sweater Day）。这一天是杰克逊高中的节日，你可以穿上最难看的毛衣，男孩子可以穿祖母的毛衣来上学。

12月24日，平安夜（Christmas Eve）。

12月25日，圣诞节（Christmas）。每所学校都放假，假期一周到两周不等，学校自行决定。杰克逊高中的圣诞假期有11天，从12月23日至1月3日。

我把这篇文章读给弗吉尼亚和戴维听，他们说我写得好极了。

弗吉尼亚说我来美的时候刚刚错过了感恩节，她想在下个周末做感恩节大餐，请马龙大学的南希和坎顿高中的艾贝一起来跟我过一个感恩节。她说她早上三点起来烤火鸡，到时候我可能会被香喷喷的味道从梦中叫醒。

弗吉尼亚的厨艺很棒，总有一些新奇的想法，她住的房子是由她自己设计的，的确是一位特别精明能干的老太太。

虽然我对西餐不感冒，但对下周末的感恩节大餐和聚会依然充满期待。

准备感恩节大餐

三、东西相遇

在美国的半年里，东西方文化和价值观的碰撞总是不期而遇，让人禁不住久久沉思。人与人之间，国家与国家之间，都需要相互理解！而相互理解的最好方式，就是立足于对方的历史、国情，从对方的立场思考。

Mar 6th　尊重青春——高年级舞会

上周五，在最后一节花艺课上，亲爱的苏给我做了一个戴在手腕上的玫瑰花饰，她说是为我今天参加高年级的舞会准备的。

对于美国高中生来说，没有比毕业舞会（prom party）更令人期待的了，它是学生以成人身份进入社会的重要仪式，用弗吉尼亚的话说举办舞会是为了让男女生学会交往。

高年级舞会，通常是为高中三年级和四年级的学生准备的，费用由学校承担。场地的选择、舞会的策划、成本的核算、海报的设计、门票的发售、乐队、食物等均由分管学生工作的副校长和教师组织，学生会成员亲力亲为。在通往舞会大厅的走廊入口，有摄影师给学生和他们的舞伴拍照，目的是给高中时代的学生和他们的异性朋友留下美好纪念。

男女交往在我国高中一直是敏感而尴尬的话题，而在美国，男女交往在青春洋溢的高中校园里是那般自然。每当在学校走廊里看见一对对"交往过密"的学生，我总觉得不好意思。

一天我跟弗吉尼亚说起，我跟我先生是中学同学，但是直到大学毕业后才开始约会。弗吉尼亚不解地问："你高中没有男朋友吗？没有人喜欢你吗？"她的表情让人觉得我没有男朋友是件不体面的事。我说："我们高中阶段不允许谈男朋友。"弗吉尼亚一脸迷惑，她说她和戴维高中时都有异性朋友。

舞会之前很多天，许多人就开始酝酿找舞伴的问题。有些学生会趁机邀请自己喜欢的异性同学，以免未来哪一天后悔晚矣。虽说是高年级的舞会，也常有男生邀请低年级女生参加。戴维先生说，当年迈克（他和弗吉尼亚的长子）的同学想邀请他的妹妹梅根一起参加舞会，征求迈克的意见，迈克同意了。梅根知道后很生气，她不喜欢哥哥插手这件事情，她更希望那个男生直接邀请她。也有的男生不走运，记得陈太太说起，她儿子的一个来自柬埔寨的同学，连续邀请了三个女孩都被拒绝了。

一起去舞会通常有四种情况：男女朋友；只是好朋友，没有什么更深层的关系；彼此谈得来的几名女生和几名男生结伴，以团队形式参加舞会；因找不到舞伴而携自己兄妹或表兄妹去舞会的也有。

参加舞会是有讲究的。

这几天苏的花艺室生意兴隆，很多学生来做参加舞会用的鲜花饰品，男生做一朵花别在胸前，女孩则做两个带鲜花的腕饰。一个腕饰要十五美金，一朵胸花也是这个价格。

舞会剪影

盛装的男生女生

青春的容颜

教师在舞会休息区供应饮料

男孩要为自己购置西装或燕尾服，舞会付款、接送女孩也由男生负责。如果不开车，还要租豪华的礼宾车去女朋友家接女朋友，一次舞会花掉几百美金是平常事。

女孩要做的就是把自己打扮漂亮。晚礼服的设计、鞋子的款式、发型、化妆、指甲装饰等都要细细打点，毫不马虎。这里是崇尚外表美的，女孩平时也化妆。在教室、洗漱间，常看到女孩子们补妆，素面朝天的我在这里有些特别。

陈太太的儿子陈雷参加舞会时甚至花了一千多美金。陈雷喜欢的那名女生住在离校很远的一个小镇，有一小时车程。那一年他十六岁，刚拿到驾照，陈教授和陈太太不放心他开车接送女孩。最后决定租车，结果仅小费就花了一百多美金。我问陈太太："您或者陈教授开车去接送不行吗？"问完，我和陈太太都笑了。因为儿子跟女朋友在一起，如果父母在场，是件多么扫兴的事情！

舞会是杰克逊高中的一个盛大活动。学校里的海报提前一两个月就贴出来了，很多学生早早就为此做好了计划，大家都充满期待并郑重其事地积极准备着，都想以最好的面貌出现在舞会上。

走进杰克逊高中，眼前是何等亮丽奢华的风景！蓬勃的青春气息弥漫在每一个角落，让你强烈地意识到这是一生中最美好的时光。

那是一种真正的"惊艳"！

女孩子们穿着亮丽优雅的晚礼服，那份华美光鲜，就像巴黎的时装博览会；平时穿着随意的男孩子们此时西装革履，衬衣雪白，风度翩翩，言谈举止与平时判若两人。女孩子们款款步出豪华轿车，被男生们像公主一般牵着手，娉娉婷婷行走于学校的走廊上，留影，谈笑，步入舞会大厅！那洋溢的青春，那绅士和淑女的派头，那份自然和热情，都像是在梦中，令我这个抱朴守拙的人看傻了眼。

　　每个女孩，都希望参加舞会，更希望有个喜欢的男朋友和她一起出现，这是她们告别少女时代走向成熟的标志。

　　青春是最好的妆容，不管高矮胖瘦，一穿上优雅的拖地长裙，每个女孩都那么楚楚动人、风姿绰约。舞会上，大家随着音乐翩翩起舞。这种豪华的舞会，以前只在奥黛丽·赫本演的《窈窕淑女》、《罗马假日》等电影里见过，现在我却置身其中了。

　　家长老师们呢？此时都是舞会的"服务生"，接待学生、供应饮料、分发面具，直到深夜舞会结束。

　　十七八岁，花样年华，最好的时光，有什么能比得了青春呢！奢华舞会的背后是对成长的尊重，是对人与生俱来的天性的尊重！

　　从学校的舞会回到森林小屋，不禁感叹自己的少女时代没有这样的机会。是的，没有什么能够阻挡岁月的脚步，长大，变老……在我开始不停地怀念从前的时候，在我知道自己是谁、想要什么的时候，在我开始知道天很高地很厚的时候，在我开始心平气和地羡慕四处弥漫的青春的时候……

Dec 13th　杰克逊高中的汉语教室

　　昨天夜里风雪交加，气温骤降到零下十度，超"酷"的那种冷。今天，其他学校都放假了，只有杰克逊高中还在上课。

　　这周我主要在汉语教室访学。杰克逊高中有四门外语课：西班牙语、法语、汉语、德语。

　　汉语教室里有很多中国元素，营造出浓浓的中文学习氛围。中国结、国旗、京剧脸谱、

汉语教室里的中国元素

孔子像、中国地图、天安门、桂林山水、秦陵兵马俑、赛龙舟、新疆歌舞、苗族服饰、布达拉宫、东方明珠、剪纸艺术……缀满教室的墙壁。书柜上有一排新华字典和成语词典，黑板上方写着："欢迎王晶华老师"，黑板的一角写着："好好学习 天天向上"。

任课教师海厄特（Hyett）给自己取了一个中国名字——洪云峰。他是杰克逊小镇唯一的汉语教师，曾在北京学过五年汉语，现住在离学校大约半小时车程的湖边。他说希望我多跟学生交流，因为汉语太难学了。他问我圣诞节给学校师生展示什么样的中国文化，我告诉他跳扇子舞，那是一种健身舞蹈，集戏曲、舞蹈、气功、武术为一体，配上小提琴协奏曲《化蝶》，很有中国特色。

因为明天要考试，上午各班的汉语课都是复习课。第一节课有23名学生，第二节课有12名学生。

在汉语教室观察美国学生学汉语是很"过瘾"的事。

☆ 海厄特老师喜欢说"把书关上"、"把眼睛关上"。

☆ 海厄特老师跟学生用汉语交流晚饭后家人干什么——有的学生说"我的家人都不在家"，有的学生说"我的妈妈在整理孩子"。

☆ 有个学生说他有两"个"腿，海厄特老师非常耐心地给他讲应该说两"条"腿，并且解释"条"的读音是二声，是细、长、薄的东西，如"一条街"。

☆ 在学"上学"这个词的时候，学生提问很踊跃，因为他们不太清楚"上学"、"中学"和"下雪"的区别，同样读"xue"，怎么一会儿是学校一会儿又成雪花了呢？更不用说打人、打电话、打车、打算、打牌、打水、打伞、打雷、打渔、打扮、打动、打赌、打工、打架、打价、打折、打住……直接就是打死也学不会啊。

在英语中，同样的发音，不会因音调的不同而不同。而汉语不同的音调意思截然不同，同样的发音和音调又有不同的字，同一个字还有多种意思，写起来又是方块字，真的是太高深了！"满眼是汉字（Oh，it's all Chinese to me）！"在英语里有"天书"之意，可见学汉语之难！

学生是不是学得很痛苦？一点也不。我问一名学生："学汉语有趣吗（Do you have fun in learning Chinese）？"学生说："当然（Absolutely）。"

窗外细雪弥漫，教室内则春意盎然。学生每写对一个汉字都非常开心，就像刚刚学说话的孩子！老师一直在鼓励和表扬，整整一上午听不到一句批评的话语。

"爬白板"听写

师生讨论后是分组测试。每小组六名学生，依次到黑板上听写。第一组：老师用汉语说"中学"，让学生写拼音；老师用汉语说"一直"，让学生写英语；老师用汉语说"前"，让学生写英语……我发现，当海厄特老师读"qián"的时候，我想到的是"钱"（money），而学生写的是"前"（ahead）。测试过程中海厄特老师很少让他们写汉字，因为汉语书写太难了！

每个小组都自己累计分数，不存在作弊和多加分的情况，因为那没有意义。他们是为快乐而学，不是为分数而学。

Jan 4th　把校长问糊涂了

1月4日，我去跟副校长坎迪斯·瑞斯（Candace Reece）谈下一步的计划。我说想观察各科的课堂教学，尽可能参加学校的各种活动，我对学生作业和家校合作很感兴趣，想从更多角度了解学校对学生的培养情况。

我问："杰克逊高中是一所很棒的学校，你们如何让更多学生考上更好的大学？"

对这个国内很多校长毕生追求的问题，坎迪斯校长有点懵。

他告诉我，学校提供很好的教育，开设各种各样的课程，至于学什么科目，上不上大学，上什么样的大学，那是学生自己的事。他说大约1/4的学生在高中接受良好的职业训练，他们毕业后就直接工作了，有的成为厨师，有的成为护士，有的做汽车修理工，有的修计算机，有的从事缝纫工作，有的做建筑工人……每年大约3/4的毕业生上大学，他们需要通过俄亥俄州的统一考试，英语、写作、历史、数学、计算机是必修科目，还必须拿到足够的选修课学分，个人特长和在学业之外的实践经验也很重要，大学招生非常看重这些。

我问："有没有学生提前通过高中各种考试，拿到足够的学分毕业？"坎迪斯校长说："没有，因为学生要上足课时，这不是考试所能替代的。"

坎迪斯说，学生所选的科目很不一样，每个人都有属于自己的个性化课程表。学校里还有特殊班级，是为那些生理发育不太正常的孩子准备的。比如，有个学生记不住任何东西，有个学生总是低着头，有个学生只会说"Yes"和"No"，等等。对于这些孩子，学校会特别照顾他们一直到高中毕业，然后把他们送回父母身边或者其他机构。

木工课程

电焊工课程

接下来，坎迪斯校长带我参观了厨艺课程，品尝了孩子们做的薄荷巧克力蛋糕；又参观了服装艺术教室、儿童发展教室、木工课教室、电焊工学习教室、汽车修理教室和建筑课程教室，坎迪斯校长告诉我这些课程的开设投资不菲。

印象最深的是护理课程。来到教室时，一位被邀请来的社区专业人员（客座教师）正给学生们讲怎样照顾孩子。怎么抱小孩，怎么照顾孩子睡觉，怎么喂奶，怎么保证玩具的安全，用什么样的毛巾、什么样的床单，怎样换尿片，选婴儿服要注意哪些事项，婴儿的各种

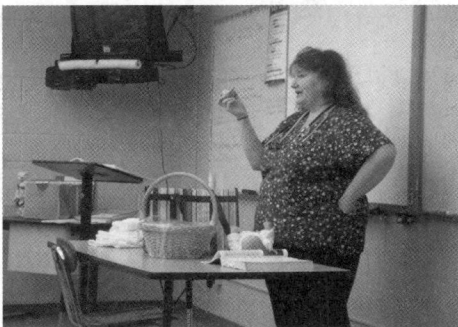

客座教师讲婴儿护理

表现代表什么……毫不夸张地说，学生们所学到的比中国妈妈们都要专业。

坎迪斯校长解释说，学校有不少客座教师，他们大都是身份背景与某门课有密切关系的资深专业人士，来学校讲课大多是做义工。客座教师们把本领域的专业信息、研究成果、热门问题和更鲜活的教学内容带进课堂，加强了学校教育和生活各领域的联系，使得教学更加生动、现实、具体，教学效果往往是一般专职教师的教学难以达到的。

我问："你们如何解决教师的职业倦怠问题？"这个问题同样让坎迪斯校长迷茫。他说老师们都是自愿来任教的，他们不会逼迫自己做不喜欢的事情，如果倦怠了，就改行做别的，有谁会浪费一生做自己不喜欢的事呢？

对我这个教了近二十年课的老师而言，这里的一切是那么陌生。但是没关系，在陌生中人的感知会更加敏锐，不是吗？

Jan 24th 祖母级教师和反欺凌教育

因为天气酷寒（大约零下十五度），路上的冰变得很硬。虽然铲雪车昼夜不停地工作，路况还是不太好。考虑到校车可能晚点，今天的课程依次顺延了12分钟。

克里普尔（Clapper）女士教七年级和八年级的英文加速班。今天她六点半就到校了，黑板的两侧分别列出了七年级和八年级本周的教学内容。

让我诧异的是，黑板上列出的七年级学生周一的学习内容是——"欺凌(bullying)"！克里普尔老师解释说，前年马萨诸塞州的一名小学生因为同学嘲笑其穿着、侮辱他是同性恋在家中自缢身亡，去年又有一名初中生因为受到同学的孤立、辱骂和恐吓而自杀，这两名学生的自杀行为震动了美国。美国教育部与其他政府部门联手，并会同学校和全国家长协会等组织，共同研究应对欺凌现象的管理细则，社会舆论也呼吁联邦政府推出全国性的反校园欺凌法。

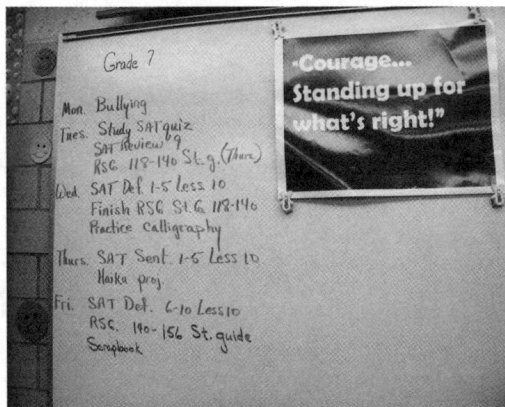

本周学习任务

目前，各学校都必须在课程中增加对欺凌的预防教育，教职员工都要接受反欺凌教育培训，学校也建立了关于欺凌的预防和干预计划，既要帮助学生了解欺凌、应对欺凌、自我保护，又要教育学生对自己的行为负责，不欺凌别人。

克里普尔老师说学校教育必须给学生创设安全的教育环境，保证每个孩子免受bullying。她说这在每所学校都是一个重要命题，学生都有专门的小

册子，明确什么是孤立和欺凌，遇
到这种情况应该采取哪些措施保护
自己免受欺凌，鼓励学生倾诉的"说
出来，安安全全的（Speak Up,
Be Safe）"是各学校都要实施的教
育项目。

　　是啊，学校不仅仅是教学场所，
更是学生健康成长的地方，安全的
成长和学习环境是多么重要。

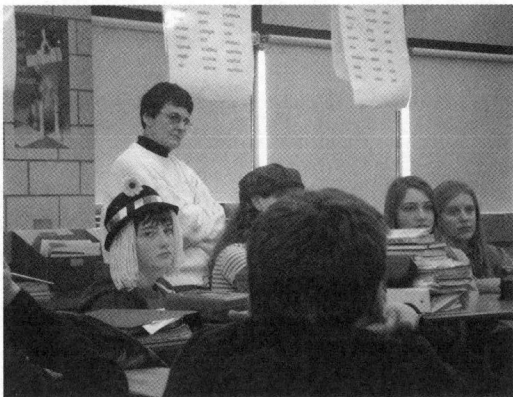

克里普尔老师的反欺凌教育课堂

　　克里普尔女士60多岁，已经有30多年教龄了；我上周的指导教师玛丽今
年48岁；弗吉尼亚60岁……学校里竟然有这么多老教师！

　　午餐时碰到泰德先生，他也60多岁了。他1989—1995年在北京的一家公
司工作，中文说得不错，退休后在杰克逊中学当代课老师。他教数学、科学、
西班牙语。可是即使他能读能写，仍然说自己教不了中文。他说中文太难发
音了，像"四、十、十四、四十、四十四"，太难了！

　　学校教育并没有因为教师老龄化而缺少活力。恰恰相反，丰富的生活阅历、
年轻的心态、渊博的学识，使老教师们驾驭课堂游刃有余。

　　何止是教师，在美国，飞机上的"空姐"也大多是祖母级的，各行各业
中年龄大的人比比皆是。

　　是因为老龄化，还是因为美国人的工作热情燃烧得更长久？又或是在美
国老教师就像中国的老中医，越老越专业？

　　什么事情让人有发自内心的激情？什么事情能让人早晨一起来就充满信
心？什么事情能让人痴迷于一间教室，一站就是一生，直到白发苍苍？

　　"青春不是年华，而是心境；青春不是桃面、丹唇、柔膝，而是深沉的意志，

恢宏的想象，炙热的恋情；青春是生命的深泉在涌流，青春气贯长虹，勇锐盖过怯弱，进取压倒苟安。如此锐气，二十后生而有之，六旬男子则更多见。年岁有加，并非垂老，理想丢弃，方堕暮年。岁月悠悠，衰微只及肌肤；热忱抛却，颓废必致灵魂。忧烦，惶恐，丧失自信，定使心灵扭曲，意气如灰。无论年届花甲，抑或二八芳龄，心中皆有生命之欢乐，奇迹之诱惑。"

谨以塞缪尔·厄尔曼的诗句向老教师们致敬！

Mar 17th　一次别开生面的高效讨论

来美国三个月后，在东西方中心的安排下，我们十五位学员齐聚纽约，参观纽约的学校并分享访学收获。

3月17日，中美教师分小组交流。

八张桌子围成一圈，每张桌上只能有两名中国老师和一到两名美国老师，中国老师不动，美国老师顺次交换，每一轮只有十分钟交流时间。

我和小新一组。首先跟我们交流的，是两名负责教师培训和选课的老师。他们所在的机构在下午放学后、晚上和周末时间提供各种教师培训课程，如果教师通过考试，就可以涨工资。教师成长和个人收入就这样一举两得。

第二轮，过来一位漂亮的女教师，她在斯卡斯代尔（Scarsdale）高中的咨询中心工作。她的工作室有9名学生顾问（counselor），每人负责150名高中生四年的选课、辅导、大学申请等。她说咨询中心与各大学交流频繁，因为帮助学生选课、升学等问题可不简单。她说学生升大学时，考试成绩只占1/4，个人特长、选课情况、社会实践经验等方面同样重要。

第三轮，是负责特殊学生教育的门德森（Michael Mendelson）老师。该地区从幼儿园到高中的特殊学生培养计划、任课教师等都是由他来协调安排的，这是一份需要更多爱心的工作。

第四轮，是埃森斯泰德（Eve Eisenstad）老师，他负责学科艺术在课堂上的实施。他解释说，很多课程都与艺术紧密相连。如历史老师讲第一次世界大战，需要用艺术的手法来表达；生物课、语文课有时需要用美术来展示；英语课离不开艺术；社会学、数学课，也离不开艺术……

第五轮，是一名化学老师。他的教学特点是关注社会和生活，特别是环境问题。他在水资源的研究方面有很深的造诣，学生们通过他的博客发表意见，他说多年来他和学生们一直致力于水质的研究。

第六轮，是斯卡斯代尔中学的表演艺术教师。他兼任整个学区25名音乐教师的教学督导，其中小学教师13名，高、初中各6名；他还负责数学、物理、书法、历史、诗歌、世界语和通俗文化等课程的艺术教学设计。

他说从小学二年级开始，学生每天有半小时的音乐课；三年级时，除音乐课外，学生要以小组为单位，认识各种乐器，发现自己感兴趣的乐器；四、五年级的学生都要参加合唱队或者乐团，每天有45分钟的排练时间；六至八年级的学生必须从乐队、管弦乐团、合唱、音乐入门中选择一门课程；学校在放学后还要提供爵士乐合奏、唱诗班、戏剧音乐等俱乐部课程；九至十二年级，学校需提供不同级别和难度的合唱团、乐队、戏剧、乐理、爵士史、音乐鉴赏、钢琴等课程。

短短一个小时，我对美国教育又有了新的了解！

June 6th　瞧，美国的"高考"

众所周知，我国的高考被称为"千军万马过独木桥"，而"独木桥"也只是在每年6月7、8、9日才有，其重要性不言而喻。于是便有了"母亲为了考试迟到的儿子下跪"、"女儿忍痛抛下因送自己考试遭遇车祸生死未卜的妈妈"、"因为怕影响孩子学习毒死一池青蛙"等让人感慨的事件。教育改革二十多年，新招迭出，可七十二变后，依旧是考分指挥学校、指挥家长、指挥社会。

"应试已成为学校教育的全部目的和内容，不仅教育者以此作为评价标准，还成为学生、家长的自觉要求。"北京大学教授钱理群沉痛地说。

美国学生怎样高考呢？我跟很多美国师生进行了交流，并在杰克逊高中的咨询中心访学两周，试图了解美国学生如何"备战高考"。

美国大学的门向每一个学生敞开，生怕高中生毕业后不读大学。名牌大学去不了，可以去私立大学；实在不行去社区大学，社区大学学费低，获得的学分也可以转到名牌大学；再加上一年有七次高考，高考成绩只占1/4权重……一股股活水使美国"高考"的压力大大减小了。

但是，考名牌大学就不同了。目前高等教育的竞争已扩展到了全球，一流大学必须在世界范围内"掐尖"，才能维持其领先地位，美国好大学的门是绝对不好进的。

与我国一样，进名校是良好工作机遇的重要筹码，预示着光明的前途。想进名校的学生从高一就开始准备：安排好自己的课程和课外活动，请家教传授SAT考试和论文得高分的技巧，还要做社区服务等。"我每天早上5点起床做功课，7点半去上学，一天中除了上课只有半小时午餐时间，放学后还要打棒球、做零工，还要准备AP课程和SAT考试，连睡觉都觉得是浪费时间。"在杰克逊高中咨询中心时一名高三学生对我说。

什么样的学生进名校？全A的GPA成绩，优秀的SAT或ACT成绩，AP课程的修习情况，学生领袖，创新能力，丰富的社会实践活动，个人的兴趣爱好和运动强项，教师推荐信和申请文件，面试表现等都是重要的筹码。

面试之前，绝大多数美国大学主要从六个方面了解学生：GPA、SAT、

AP或IB课程、课外活动及特长、社会实践经历、申请材料和推荐信等。

一、GPA成绩

GPA（Grade Point Average）就是学生平时在校期间的成绩，是美国大学衡量学生平时学习的分数体制。美国人相信过程是正确的，结果也应该是正确的。大学是否录取你，或者是否给你奖学金，首先看你的GPA，这是一份记录你在哪里学习、所学课程及表现的完整档案。

在美国中学，学生的平时作业计分，做实验计分，课堂讨论计分，甚至连学生出不出勤都计分，有些老师还提供给学生各种取得附加分的机会。平时成绩日积月累，到高校招生时，很多大学就用这个成绩来衡量学生的学习态度。美国大学尤其是那些名校希望能全面了解学生的高中学习过程，所以GPA是大部分高校最为看重的一份证明。

GPA4分相当于A（90分以上），GPA3分相当于B（80分以上），GPA2分相当于C（70分以上），GPA1分为及格，GPA0分为不及格，所有课程的成绩加起来后除以课程数，就是GPA成绩，GPA要高于3分才可以在大学里申请奖学金。

正是因为有GPA成绩的要求，因此，无论任何时候松懈了，都将直接影响到大学入学的成绩。记得弗吉尼亚班上的一名学生因为一次考试得了B很不开心，他找到弗吉尼亚，问能否改成A。弗吉尼亚拒绝了那名学生，学生难过地离开了。"他担心考不上好大学"，弗吉尼亚向我解释说。在感叹弗吉尼亚有点"不近人情"的同时，不禁对学生平时学习成绩的诚信肃然起敬，也让我知道，美国高中生每天的学习都是在参加"高考"，学习的过程即是"高考"的过程。

当然，学校成绩是老师给的，不同学校、不同老师给分的可比性是个问题。

为了消除不同老师评分标准的差异，学生可以采用两种方法加以说明：一是在成绩单或是推荐信中说明自己GPA成绩的评分标准十分严格；二是在提供成绩单的时候，说明这样的成绩在班级或全年级的排名情况（当然这得有学校的官方文件证明）。

二、SAT或ACT成绩

SAT考试曾被称作学术能力测验（Scholastic Aptitude Test）和学术评估测试（Scholastic Assessment Test），是由美国大学委员会（大约4300所美国大学共同组成的文教组织）委托美国教育测验服务社（Educational Testing Service，简称ETS）定期举办的世界性测验。该服务社组织大学教授和经验丰富的高中教师长期进行试题研究，持续出题构成试题库，如今已完全实现了出题和阅卷的标准化和专业化。

SAT考试是美国高中生进入美国大学的标准入学考试，旨在考查学生的理性思维、创新能力和学科素养等是否能够适应大学教育。SAT作为一种标准化的考试可以使GPA这种区域性的成绩在更广的范围内具有可比性，同时也可以削弱资金、课程、评分标准等因素对学生客观评价的影响，是美国大学可以用来比较来自不同地区和学校的学生成绩，所以它对名校录取及奖学金发放的影响非常大。

SAT考试每年7次，学生可多次参加考试，然后用自己分数最高的一次去申请大学。学校不会为学生准备考试开绿灯，没有人来督促你，更没有模拟考试和统一进行的魔鬼训练，一切都严格按照教学大纲正常进行，很多美国学生甚至不怎么花时间准备"高考"。与此不同的是，近些年的数据显示，中国留美申请者选择重复考试"刷分"，平均参加SAT各科考试6.3次，大大拉高了美国大学录取中国学生的平均分。"中国考生的SAT考分远远高于美国考生的平均分。这相当于一个美国人来参加中国高考，考到了清华、北大的分数线。"常春藤盟校（美国东北部8所顶尖高等学府）的一位面试官如是说。

SAT考试总时长3小时45分钟，报名费50美元，满分2400分，由批判性阅读（Critical Reading）、数学（Mathematics）和分析性写作（Writing）三部分各800分相加而得。

"批判性阅读"的目的在于"帮助学生在进入大学后具备阅读和分析各领域的学术资料的能力"。如在阅读材料之后，考生会被要求分析：这两句话的逻辑关系是什么？这一段如何跟结尾联系？作者的分析是否能自圆其说？……

而"分析性写作"则是为了"测试学生用精确的语言有逻辑地表达的能力"，试卷提供的作文材料和内容涉及社会、哲学、文学、历史各个领域，要求有自己的一家之言并准确阐述，非常有挑战性。

由于SAT成绩两年内有效，学生一般会在10、11或12年级参加SAT考试，一直考到自己不愿考为止，如2011年上半年的SAT考试在3月12日、5月7日、6月4日各一次。

虽然SAT考试是公司性质的考试机构提供的有偿服务，但其公信力相当高，美国的3800所大学都会参考高中生的SAT成绩。SAT成绩和平时成绩GPA结合起来，可以更好地让大学招生委员会了解一个学生的学习水平。

学校之间的教学差别那么大，薄弱地区的学生会不会因为考分低永远与名校无缘呢？不会！SAT高分但没有其他"闪光点"不被名校录取的例子比比皆是，SAT分数低被名校录取同样不稀奇。除了SAT，名校更注重品格、领导力等综合素质的选拔，也会考虑教育的地区差异。

陈太太告诉我，在美国考名校不是成绩全A、SAT高分那么简单。父母的职业和个人成长背景、自传性作文、证明自己领导力的课外活动同样重要。比如，一名学生成绩平平，一般会认为上名校无望，可当录取委员会发现该学生母亲失业、父亲离家出走、生长在犯罪率极高的社区时，成绩就不那么重要了，大学照样会录取这名学生，理由是该学生具有克服艰难险阻应对生活挑战的品格和对他人的理解力（这是领导力的基础）。一般来说，学生（美国考生）父母的收入和受教育程度越低、所在高中越薄弱，同等程度下就越容易被录取。陈太太一个朋友的孩子在一所薄弱学校，SAT只考了2000分，在杰克逊高中这样中产阶级子弟集中的学校，SAT成绩考到2200分也许不是件难事，但哈佛大学照样录取了他——因为在他的学校2000分就是高分了，而且他在学校成绩全A，有丰富的社会实践经验和参加社团的经历。事实证明哈佛大学录取他是对的，因为他只用三年就读完了大学课程。当然，这样考查学生绝不是以出身取人，也不是把大学变成慈善机构，最终目的还是选拔人才。

陈太太谈到，现在中国学生考SAT的越来越多，对于英文、数学基础好的学生，只需一两个月的准备就能拿到2200分这样不错的成绩；可是对于英文实力薄弱的学生，即使花很长时间进行题海训练，侥幸得个好成绩，最终结果依然令人忧虑，因为英文能力的提升直接影响着学生的阅读分析、写作风格及语法运用是否到位，影响到接下来的大学生活。

在美国，SAT在东、西海岸地区被普遍接受，而ACT考试在中西部和南部接受程度更高。ACT(American College Test)是对申请读大学的学生进行的入学资格考试，与SAT考试均被称为"美国高考"。目前ACT成绩被全美包括哈佛大学等常青藤名校在内的3000多所大学作为本科入学标准。

ACT考试有215道题。其中英语测试75道题，旨在考查考生书面英语的理解与分析能力；数学测试60道题，旨在考查考生定量推理能力；阅读测试40道题，旨在考查考生理解、分析、评价性推理和解决问题的能力，内容涵盖自然科学、社会科学、人文科学甚至文学和艺术；科学推理测试40道题，旨在考查考生运用图表、表格和处理科学概念的能力。此外，还有非必选的30分钟英语写作。考试时间为175分钟，满分36分。

ACT考试每年举行5次，时间分别是2月中、4月中、6月初、10月底和12月初。和SAT不同，ACT考试更像一种学科考试，它强调考生对中学课程知识的掌握程度，直接测量考生分析、解决问题和批判性思维等高校学习所必备的技能。从难度上看，ACT比SAT更容易在短期内获得相对满意的成绩。

除了检测考生的智力因素，ACT考试还十分关注考生的非智力因素。ACT考试附有中学所学课程及等级问卷、学生个人信息、学生兴趣问答三份资料，可以比较全面地了解考生的需求、兴趣与能力。在考试结束后4—7周内，美国大学测试社结合考生答卷情况和上述三份资料向考生反馈相关信息，推荐适合考生的专业和相关职业供学生参考和选择。

三、AP或IB成绩

AP是Advanced Placement的缩写，即大学预修课程，是由美国大学理事会（College Board）主持，在高中阶段开设的具有大学水平的课程。IB课程全称为国际预科证书课程（International Baccalaureate Diploma Programme），是由国际文凭组织为高中生设计的为期两年的课程，具有统一的教学大纲、统一的教材、统一的题目、统一的评分标准，被称为国际教育的"统一度量衡"，是富有挑战性并享有较高承认度的课程。中产阶级和中产阶级以上的社区高中几乎都开设AP或IB课程，极少数的低收入社区也开设此类课程。

美国的名牌大学对学生在高中时是否选修了难度大的课程十分重视。根据美国教育部的统计，美国的高中约20%为私立学校，80%为公立学校。不管公立还是私立学校，开设AP课程的高中占70%，有30%的高中既开设AP课程，又开设IB课程。

开设此类课程的学校都是相当优秀的，自然列在美国好大学录取的优先名单上。比如哈佛、耶鲁、普林斯顿和斯坦福大学每年都会抢招优秀高中的前几名学生。

如果学校开设了AP或IB课程，而你没有选修，你的GPA成绩再好，SAT成绩再高，名牌大学也会对你打问号：大学生活要求学生必须能够承受学术、生理、心理等各方面的强大压力，你在高中没有尝试最艰难的，怎么可能在我们这样的好大学完成学业？就这样，AP或IB课程使想进名牌大学的学生有了十分辛苦的高中生活。

该类课程的选修也是有条件的。学生从初中进入高中时需要通过考试和修习一系列课程，才能学习难度更大的AP或IB类课程，这类课程的作业也很具有挑战性，需要学生更宽广的知识面和创新思维，付出更多的时间和精力。

选修哪些AP课程跟学生的未来定向相连。如果你未来想当医生，你的成绩单上最好有AP生物、AP化学；如果你想被新闻专业录取，你在高中就应该选修AP英文、新闻学或者学校年鉴（Yearbook）等科目并取得优异成绩。如果你没有选修相关的挑战性课程，录取委员会就无法确认并认同你的优势。

可见，美国中产阶级的孩子从小就投入了艰苦的竞争，中产阶级是美国社会的中坚力量，这股中坚力量并非轻轻松松玩出来的。对于想进名校的美国高中生来说，每天能睡6个小时，那是幸福！每天能睡5个小时，那是正常！每天能睡4个小时，那不稀奇！

华裔学生参加AP和IB课程的比例很高，但在教育导向上跟美国白人有很大不同。白人学生除了学习AP或IB课程，还要在课外活动、义务劳动和文体方面有出色表现；而华裔学生太重视分数，特别是家长，把成绩看成进名牌大学的唯一条件，因此即使有些孩子进了名牌大学，也缺乏全面的竞争力。

四、课外活动及特长

学生的学术成就虽然是基础中的基础，但却是在评估中最不能打动录取官的，因为申请名校的学生成绩都不错。真正让录取官动心的亮点往往来自于你的与众不同，来自于你内心的诚实和正直，来自于你的专注和激情，来自于你的成长经历和特长……这些做人的最基本品质就是美国精英教育的实质，因为名校要的是将来可以影响世界的人，是具有发展潜力的人。

好大学十分看重学生的课外活动（Activities）。参加球队、艺术团体、演讲辩论、科技创新、学术活动，成立俱乐部，做校刊编辑……所有艺术类、体育类、学术类的活动都会为你的形象加分，增加进大学的筹码。因为这些活动能够锻炼胆量，积累经验，提高你的表现力、心理承受力和思辨能力。

在大学申请表上都有这样一栏：高中期间参加过什么课外活动，参与了几年，担任过什么职务，得过什么奖励或获得过什么荣誉，奖励或荣誉是地区级的、州级的、国家级的还是世界级的。如果学生成绩中等，但课外活动十分出色，或有特殊才能，名牌大学也会抢招。不少大学挑选学生的时候，都会"偏心"特长生，实行"加分"政策，开辟特长生专用通道。

多参加活动和经历丰富当然能让你在填写大学申请书的时候有东西可写。但兴趣并不是越多越好，因为你不可能事事都成为佼佼者，参加某项活动并不能说明问题，体现你领导和组织能力的活动才重要。名校要的不是"框子里的人"，也不是全才，而是各有所长且多才多艺的学生群体。确定自己的兴趣、专注自己的特长、展示自己的与众不同会使你获得积极关注。

五、义工和社会实践经历

当国内家长们花重金送孩子去发达国家"微留学"时，美国富裕家庭的孩子反而都争相到世界上的贫困地区做义工。

美国大学录取时，还会考察学生有无完成中学规定的公益活动时间，看你有无打零工的经历以及被社会认可的经历。

在美国，不管是家庭还是学校，都非常鼓励孩子参加服务性的公益活动。五花八门的慈善募捐，去非洲、南美等不发达地区做志愿者，去敬老院为老人读书，去孤儿院作调研，到图书馆管理书籍，在红十字会为献血者服务，去教堂做义工，为各种赛事服务，环保宣传，送报纸，给低收入家庭的孩子补课……对于美国高中生都是再平常不过的事了。这些宝贵的人生经历，会带来意想不到的收获，改变学生对人生和世界的看法，使他们在精神上脱胎换骨，影响甚至改变他们的人生。当学生发自内心地去做愉悦自己、有益他人的事情时，他们讲述出来的故事，足以打动名校的录取官。

弗吉尼亚的三个孩子都曾在商店或餐馆打零工，戴维先生说这样的经历能让孩子深刻理解谋生的不易，学会与各式各样的人打交道，懂得善待别人、为别人考虑。在这样的过程中，孩子所受的磨练和方方面面的收获，都是在学校里学不到的。

此外，很多大学还非常注重申请人是否具有与申请专业相关的研究和实践经历。如申请医学院的学生有没有和医学相关的研究或工作经历，护理专业的申请者有没有去医院或贫困社区做义工的经历等。

六、申请论文和推荐信

申请大学的时候，都需要学生写个人陈述论文（essay）和命题小作文。有这么两位名校申请者：一位成绩全A，会舞蹈，有做志愿者和打零工的经历，但这位学生的优异成绩并没有给录取委员会成员留下深刻印象，该生很快就被录取委员会否决了，因为"这样的人太多了"；另一位生活在贫困社区的学生在个人陈述论文中生动地描述了自己对食物和家庭的热爱，以及他与自己智障弟弟的亲密关系，结果一下子被大家看中，获得一致通过。

命题小作文的题目更是五花八门。"你接受过的对你最有帮助的建议是什么？它在你生活中发挥了什么样的作用？""你的梦想是什么？对你最有影响的人是谁？""你的故事是什么？请写一篇散文描述一下自己。""你为什么要选择这所大学？""为什么选择这个专业，可否谈一下你的专业经历？""你做的事情，是否影响或改变了他人和环境？""你能给学校带来什么？你的未来规划是什么？"……你的个人经历和故事，你的关注和兴趣所在，你的特长会为学校的新生群体增添什么样的光彩……都有助于录取委员会了解你的人格特质，发现、识别你在未来学校学生群体中的角色和位置。这是个没有标准答案的领域，恐怕最好的选择就是展示真实、独特的自己，让录取委员会通过你的才华和潜力，在众多申请者中找到并记住你。

教师的推荐信(recommendation)是一个重要筹码。不要只是被动地委托某位老师或者第三方完成对你的评价和推荐，而应该慎重选择推荐人，然后认真地与推荐人沟通，积极地争取让推荐信与你期待的目标相一致，展示出你的"品牌"。

我问在美国私立中学任教的北京姑娘陈扬："教师推荐不会有水分吗？"她说写推荐信的时候，如果学生的学习成绩不那么突出，她会介绍学生其他的特长，不会为学生撒谎。一旦你推荐的学生不像你介绍得那般出色，一进大学很容易就被看出来，以后你的诚信就有问题了。而且如果学生的实力不够，学起来也会非常吃力，对学生也不是什么好事。

诚信在美国是很严肃的事情，推荐学生的同时，也在推荐自己！没有人会为了一名学生赔上一生的信誉。陈扬告诉我，随着近些年来中国留学生的增多，中国学生因涉嫌申请材料造假（如伪造高中成绩单、各种竞赛奖项和荣誉）被退学的情况时有发生，在有些人眼里"成功"远比"诚信"重要！不过，在严格保护个人隐私的美国，大学的纪律委员会对学生的处分实行"保密原则"，出问题的学生不会被公之于众，而是悄悄"被退学"。

在美国，每所高中都有专门的咨询机构，学校为每位学生配备课程顾问。课程顾问的主要任务就是根据学生具体的学习情况，为学生升学提供建议，告诉学生做哪些准备。由于美国高中生数量比我国少得多，因此课程顾问对每个学生的学习情况、智力情况和兴趣爱好都非常了解，个性化的指导也做得特别好。

杰克逊高中的多名高四学生谈到，他们一进高中，就与自己的课程顾问交流，以确定自己报考大学的方向，然后从十一年级的春假和暑假开始，有选择地走访高校，与大学招生部门的老师见面，了解大学的录取要求和标准。

杰克逊咨询中心的卡罗琳老师告诉我，不少学生同时申请多所学校，有的能收到几所大学的录取通知，但学生最终只能选择一所学校就读，所以各大学都会预留申请者候补名单，即使是一流大学，候补的机会也是相当大的。当然，被动等待不会让你脱颖而出，你在最后一段时间的积极努力，你与大学录取委员会主动、真诚的沟通，你在AP课程和社会实践方面的新进展，申请表之外的作品、经历、媒体报道等展示你诚信和个人成就的"软件"等，都可以让录取委员会对你重新考虑，把候补变成录取。

卡罗琳还提到，各大学的录取委员会人员构成具有多样性和代表性。录取官中有刚大学毕业的新手，也有在此领域工作了二三十年的资深官员；有学校的教职员工，也有各行各业的人士；有严肃古板的倔头，也有风趣幽默的笑话大王。有时候，学生的申请材料能否落到发现和赏识他们的录取官员手中也要看运气。

录取委员会的官员都是依据学校的录取评估规则来开展工作的，了解一下录取官的工作和评估规则也是明智之举：录取委员会的中心任务是寻找理由来录取考生，所以你要提供被录取的理由；每位录取官每月要看几百份表格和命题文章，真实感人、与众不同、富有特色的故事更能强烈地呈现出你的形象和人生理念，有助于录取官发现你。

"英雄不问出处"，政府虽然不能保证每个人都能成功，但应该让每个公民都有机会实现梦想。西班牙语老师帕赛娜告诉我，美国有些名校实行"need-blind"政策，不管你来自农场或贫民窟，也不管你是何种肤色、何种民族、哪国公民，只要你足够优秀和努力，就应该被发现并得到最好的培养，享有最好的教育。

录取之后，学生的材料被送去财政中心，这时候学校会通过学生的家庭情况，确定补助金的发放。如果学生的家庭收入比较低，学校会提供全额助学金，包括学费、生活费补助，甚至包括假期回家的路费。父母年收入低于4万美金的学生可以在美国名牌大学拿到全额助学金。父母年薪在4万至12万之间，也都会不同程度获得助学金。越是名牌大学，助学金的名额越多，对于学习特别优秀、特别有建树的学生，不分家庭经济背景，学费一律全免。

每年的4月，都是美国人最忙碌的时候。忙着投票，忙着报税，家里有高中生的，要忙着挑选大学，对很多考生来说"选学校和专业比考试更重要"。因为4月15日不仅是报税截止日，同时也是美国很多大学录取新生的最后期限。伴随着大学录取通知书的纷纷到达，学生依然不能掉以轻心，要正常上课，完成最后一学期的考试。不少学生还要紧张地准备每年5月份的AP课程考试，考试通过后进入大学就可以免修，考试成绩要汇报给将来要去的大学。

美国的高考，诚信为基础，注重过程，尊重个性，实用，规范，令人深思。

Mar 18th 教育的较量

纽约会议的最后一天，中美教师四人一组，共同探讨什么是成功的教育。我们组决定由中美教师各自写出自己心目中的成功教育，然后找出共同点和不同点。

我和小新眼中的成功教育：勤奋、适应力、创造力、自信心、热情、健康、合作、礼貌、爱。

美国教师眼中的成功教育：健康、尊重、激情、批判性思维、创造力、真诚、合作、自信、为兴趣而学、对现代社会的技术准备、竞争与合作。

自信心、团队合作、身心健康、创造力是我们小组的共识。我和小新提到了努力和勤奋，美国老师强调了批判性思维、为兴趣而学和为适应现代社会做准备，这是不同。

讨论归讨论，现实中两国教育的不同之处要大得多。赴美几个月来，这个问题一次次出现在我的脑海里：未来，我们将面临怎样的对手？

这个问题总是不期而至：当美国学生课余打工自食其力的时候，当美国学生参加公益活动的时候，当美国学生在体育场上挥汗如雨的时候，当美国学生在食品课、木工课、汽车修理课上学习的时候，当美国学生去跨国旅游或做志愿者的时候，当美国学生为自己的未来选修多样课程做各种项目的时候，当美国学生有条不紊地设计并实

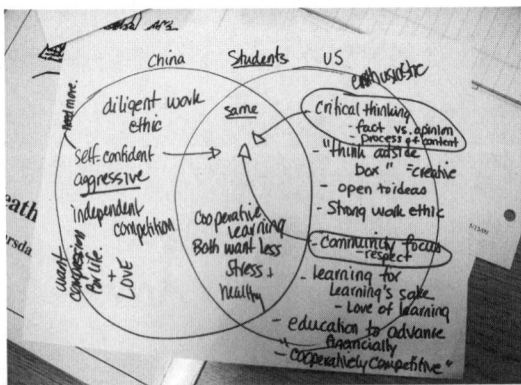

中美教师看教育

施实验的时候，当美国学生垃圾分类回收的时候，当美国学生质疑教材和老师的时候……

不一样的教育决定不一样的结果。我们是在培养怎样的孩子？他们是否具有作为强者的生存技能？他们是否具有幸福生活的能力？他们能否成为具有责任担当和文化意识的国际公民？他们能否与别人、与自然和谐相处？他们将来是否有能力跟其他国家的孩子竞争？

近期听闻上海学生在"国际学生评估项目（PISA）"测试中获得世界第一的好成绩，这究竟是喜是忧？杨振宁也曾说过我们的基础教育很扎实，我们赢在了起点。

我们真的赢在了起点吗？赢得了考试，赢得了笔试条件下的"能力"，我们就赢了吗？真正的能力是考试能完全考出来的吗？爱心、健康、态度、体验、自尊、人格、习惯、情趣、适应力等教育该追求的本质的东西能用成绩量化吗？我们学生的身心健康如何？生存竞争力如何？在考试第一的背后，我们又付出了什么样的代价？

我在波士顿、纽约、俄亥俄、夏威夷与一部分老师作了交流。我问他们："什么是基础教育的核心？"

老师们排第一位的是身心健康，排第二位的是创新性、批判性等思维品质，排第三位的是生存能力、适应能力和解决问题的能力，第四位才是知识。而我们基础教育的重中之重是基本知识和基本技能，是知识和智力。

我们把最宝贵的人生押注在某几门学科的知识和做题上，健康、快乐、自信、审美、见识、修养、兴趣、实践能力、创新能力……被我们不由分说地放在了次要地位。我们有没有想过，在一生最好的时光中，究竟悄悄地失去了什么？

看到学生牺牲了健康，牺牲了当下的幸福快乐，牺牲了自信心，渐渐降低了学习的兴趣和好奇心，学了太多不知道何时有用的知识，我们会不会扼腕叹息？

人生除了功课，还有更重要的事。

对生活和世界的激情、生存能力、强健的体魄、良好的性格和情趣、坚强的意志、责任感、人文道德、自我控制能力、沟通能力、对问题的判断和解决能力……这些才关乎我们的一生，关乎我们民族的未来。

民族的振兴必须依靠教育！而教育的根本性改革，必须以社会的变革为依托！

我们看到，作为国家生存战略之一的美国教育改革一直在扎扎实实地进行。从1959年前苏联先于美国火箭升空，美国人就把源头找到教育上，他们通过了《国防教育法》，把教育与国防联系在一起；1983年4月，美国国家优质教育委员会（National Commission on Excellence in Education）提交了一份主题骇人的报告——《国家在危急中：教育改革势在必行》（A Nation at Risk：The Imperative for Educational Reform），此后美国的教育从未停下改革的脚步；2004年小布什政府通过了《不让一个孩子掉队》的教育议案，全美所有三到八年级的学生必须参加全州的阅读和数学统考，成绩不好的，学校财政、任课教师都将受影响，此项改革作为法律在全国强制实施，以促进教育质量的全面提高。

当今的奥巴马政府更是大力进行教育改革和创新，他们通过各种数据，以一种更让人信服、更理性的方式反思并改进美国教育。针对毕业率低、辍学、理工科相对薄弱、教师待遇偏低等教育的"老大难"问题，奥巴马政府采取了种种举措：提出了《力争上游》的教育改革议案；优化《不让一个孩子掉队》的教育议案；改进大学入学制度，让每个孩子上得起大学；加大教师培训力度，改进教师的聘任、奖励制度，以留住、激励教师；创新教育制度，应对辍学危机；

加大教育投入，增加选择和学习机会，促进教育的创新和平等；针对理工科相对冷落的状况，在所有学校优先发展数学和科学教育……可算是一场自上而下的全方位的教育改革。

诚然，中美教育各有千秋。美国人如果到中国来，他们肯定也能借鉴到我国教育的优势：知识传授比较系统，理工科基础知识教育扎实牢固，注重孩子智力开发，注重集体和责任意识的培养，纪律性较强，要求严格，尊老爱幼，家庭观念强，亲情浓厚……

几个月以来，当我放空心思去欣赏的时候，发现美国教育有些方面确实值得我们思考、借鉴。

美国人重视阅读，学生在校内外用于阅读的时间是我们远远不及的。美国学生把很大一部分时间花费在读课外书、动手制作和玩耍上，大量阅读使得美国学生阅历很广，视野开阔，善于思考，具有批判精神。而我们的学生，宝贵的时间几乎都放在从未间断的作业和辅导班上，成堆的教科书和教辅材料使很多学生患上了"晕书综合症"，大大扼杀了学生的阅读兴趣。

美国的课程进度和难度尊重孩子成长的规律，讲究瓜熟蒂落。不少科目内容浅显，不用机械记忆，也没有标准答案，而是通过做项目、游戏、动手制作、社会实践等让学生融入学习。丰富多彩的项目和明确有序的要求，潜移默化地影响着学生的思维方式、学习方式、做事方式，培养了学生的自信心、团队精神和规范意识。

在教育过程中，美国教育尊重、欣赏、鼓励学生的独立思考和思想自由，强调批判意识和创新意识的养成。课堂总是围绕着开放性问题展开，没有标准答案，没有过多的干涉，没有太多对错的评判，哪怕有悖常理的观点也受到欣赏和尊重。我的视角、我的尝试、我的观点、我的思想……百花齐放，百家争鸣，培养了创造力，张扬了个性，促进了学生形象思维、空间构想力、动手能力和创造力的发展。

美国学校开设多样课程，在小学阶段注重培养学生兴趣，帮助学生发现自己的特长所在。美国从初中开始选修走班，课程设置尊重差异，注重与生活相连，学生依据兴趣爱好、职业定向和生活需要选课，每个孩子都享有各得其所的教育，更为未来做好了准备。

当然，美国学生在基础知识和逻辑思维方面不如我们，加上中学生写作业和考试大部分用计算机，美国学生拼读、背诵和书写这样的基本技能也比较薄弱。知识经济时代，人才的培养既需要扎实的基础知识，也需要过硬的创新能力，东西方教育互补性很强，应该取长补短、互相学习，才能创造出更高质量的教育。我们需要思考：美国可行的事，我国可行吗？一部分地区可行的事，大部分地区可行吗？现在不可行，将来是否可行？

爱我们的孩子，给予他们珍贵的礼物：给予他健康的体魄；给予他对自然的敬畏；给予他对生命的尊重，使他善待、悦纳自己，享受到属于自己的生命乐趣和尊严；给予他关注和价值感，让他找到个体在整个社会中的地位，以及由此而习得的品质——独立、勇气、信念、责任感；给予他幽默感，因为笑使生活更轻松；给予他面对失败的智慧和勇气，让他遇到挫折时不卑躬屈膝，面对掌声不趾高气扬，改变可以改变的，接受不可以改变的；给予他心灵的快乐和痛苦，让他明白，前方的荆棘是当然的，那又如何，我们必得在体验和挫折中寻找人生的意义和幸福；给予他纪律的意义，如果我们不遵守规则，就会受到惩罚；给予他良好的受教育条件，给他各种潜能以发展机会，让他自由快乐地成长为健康幸福的人。

鸟鸣，蝴蝶，云朵，阳光，月夜，运行有序的星辰，乐于助人的双手，意想不到的亲吻，温暖的眼神，真诚的拥抱，直截了当的回答，乐观的白天，无所畏惧的夜晚，一往情深的憧憬，以及美好之家的回忆……这些都是成功的教育应该给予孩子的礼物。

一个国家的经济繁荣、政治清明、国民幸福离不开教育，未来的较量归根结底是教育的较量，我们该如何承担起这样的重责？

Sep 19th 定格美国校园的N个瞬间

美国校园生活有什么不同？为什么奥巴马政府要采取措施"留住"教师？美国学生学习哪些课程？请让我们通过一个个瞬间，绘一幅美国校园的"清明上河图"吧。

学校"素描"

1．学校没有围墙。

2．走廊里是学生橱柜，专门放书包、衣物、音体美课程用品等。

3．美国的学校不宣传高考状元、大学录取率，走廊里天天展出的是学生在音、体、美方面获得的奖杯，走廊的墙上常贴满各种海报、项目展示的照片，还有各届毕业生的"全家福"。

4．小学五年，初中三年，高中四年。初、高中实行走班制，教师固定在一间教室等学生来上课，学生走班。每个班多为9-24人，不会超过30人，20人以上的班就算是"大班"了。课间只有3—5分钟，到处都是抱着书本换教室的学生。因为上课期间喝水、吃东西、走动、上厕所都很自由，课

毕业生全家福

间时间长短也就不再那么重要。

5．课程多，教室多。每年刚开学时，总会看到有些学生背着书包匆匆找教室的情景，特别是刚来美国的外国学生，如果没有人带领，很难在第一天找到自己上课的相关教室。

6．早上八点上学，下午两点半放学。法定假期从不上学，没有晚自习，周末永远都是正常的双休日；暑假从6月初到8月末，近三个月；怕学校假期太多，国家规定学校每年上课时间要达到183天。

7．学校设有专门的音乐教室和高规格的室内体育馆。冬天暖气、夏天冷气都开得很足，不少学生一年四季在教室内穿短袖T恤，白天教室也亮着灯，能源消费量很大。

8．美国有公立学校、私立学校、特许学校，还有家庭学校和网上学校。私立学校有完全的办学自主权，学费很贵，一年上万美元；公立学校的经费主要来源于联邦、州和地区三级税收，有严格的学校经费预算；特许学校由社区和政府合办，有一定的自主权。不同州和地区的教育因有自主权而各具特色。

走廊里的体育奖杯

9．教室就是老师的办公室，像化学、生物等学科，同时也是实验室。教室都铺着地毯，有电子白板和电脑，便于教师上课、学生上网查资料和项目展示，配套的视频网络资源很专业。喝水、喝咖啡、削铅笔、打印资料都可以在教室内完成！很多老师喜欢把学生的作品展示在教室里，讲到什么内容，就会有相应的展品。

10．城郊小镇上的学校教学秩序、教学质量通常都很好，因为那里居住

着中产阶级。有些大城市中心的学校比较糟糕，毕业率低，学校治安堪忧。朋友告诉我纽约市中心附近的教学楼要装安检门，每天检查学生有没有带枪进入校园。

11．在美国，如果高中生怀孕了，学校没有权力开除学生，还要专门为其安排相关课程；如果学生带孩子来上学，学校还有义务帮着照顾孩子！在坎顿高中访学的一位老师告诉我，学校里有个怀孕的女生竟然让他给即将出生的孩子取个中文名字！弗吉尼亚说高中生谈恋爱很普遍，学校不会禁止，只是教育、引导学生保护好自己，学会绅士、淑女般地交往。她说黑人学生集中的地方和某些大城市中心的学校，未婚妈妈并不罕见，但在家教良好的中产阶级社区并不多见。学校会专门设立女生援助中心。她告诉我近几年杰克逊高中没有一名女生怀孕，说这话的时候，弗吉尼亚的表情很自豪。

12．学校都有明确、详细的规章制度，对学生纪律、作业、出勤等问题都有非常严格、细致、具体的要求，并有各种惩戒措施。虽然从来没有通报批评和公开处罚的布告，但任何学生违纪都要受到惩罚。对于违纪学生，学校有"静思室"，严格按规章办事，不会因为认错态度好就减轻惩罚，这也是美国法制在教育中的缩影吧！

13.老师经常鼓励学生的是："Try your best。"只要尽力了，学生都可以骄傲地说："I've done my best！"美国学生在自信中成长，因为他们只跟自己比较；我们的自信来自跟别人比较，所以我们没有安全感，在焦虑中成长。

14．学校与社区、大学、社会各部门、家长的联系很密切。学校财政问题需要地方支持，学校的各项工作都要经过社区推选的学校董事会监督裁决，家长每年都要发表对学校的意见和建议。

15．上学、放学都有校车接送。但也有些学生不坐校车，有的不喜欢校车内的喧闹，有的孩子集体乘车会紧张，有的家长顺路送孩子，还有不少高中生自己开车上学。

16．学校有专门机构协助学生选课和升学。每所高中都有咨询中心，每个学生都有课程顾问。

17．特殊学生在普通学校接受免费教育。学校对特殊学生要无条件接收，并提供一切生活、学习条件，拒绝接收特殊学生是违法的。特殊学生通过专门的机构鉴定，有单独的教育计划，政府有专款资助，对任课教师要求很高。

18．教学不太注重知识的系统性、严密性，在哈德逊高中的化学课上，在纽约斯卡斯代尔（Scarsdale）高中的科学课上，我都在课堂上遇到过此类问题。美国正在加强测试和统考，他们认为美国教育过分强调创新和批判性思维的培养，忽略了基础知识和基本技能。

19．美国高中午餐时间有四五段，每一段只有25分钟，学生根据自己的课表选择午餐时间，吃得比较简单。

20．对老师的评价，学生和家长说了算。参观者不能随便听老师的课，因为这会干扰教师的教学，想听课要事先安排或与校方沟通。

21．每月都有法定的火警演习，这是件很严肃的事情，马虎不得。

突然的火警演习

22．校董比校长更权威，校董参与管理学校，任免校长。美国没有官本位，校长只是管理者和服务者，很多美国校长认识学校的每一位老师和很多学生，每天在校门口迎接学校师生，笑容可掬。

23．校外体育教练都是家长志愿者，球队的啦啦队既有漂亮的女生组合，更有家长团队。

24．保护学生的自尊和隐私权。作业、测验、考试成绩都是个人隐私，从来不排名，不公布成绩，也不会以学生成绩评价老师。学生成绩及评语以邮件的方式发给学生。

25．大学奖学金和助学金的数量很可观，能否申请到取决于你的成绩和家庭经济状况。

26．"Need-base"（根据需要）在学校教育中是个重要的词，学生是为了自己的需求和未来选课学习的。

小学课堂

27．毕业考试比较简单，是面向全体学生的水平性考试，而非选拔性考试；试题源于生活，侧重解决生活中的问题；考试压力小，多用铅笔，考前没有模拟考试；题目不多，多是开放性的；有的科目考试时甚至允许带一定的资料；大学里的考试还可以选择笔试或者做展示。

重视阅读和写作

28．办公会直接切入主题。什么时间，做什么事，谁负责……简洁明了，一丝不苟。

29．慈善募捐活动在校园中常常见到，学生常通过卖鲜花、零食等活动来筹钱。

30．公立中小学社区出钱，教学资料免费，教材循环使用。私立学校学费很贵。私立中小学一年2万—4万美金；私立大学，一年4万—5万美元；公立大学每年一万至几万美金不等；大学每月的住宿费是七八百美金。

31．你可以享受校园的宽松环境，但决不能违反校规。学生入校后不仅要清楚校规，还要签字保证对自己的行为负责，一旦违反，绝不通融。校规很细致，对衣着、诚信、性骚扰、携带枪支、酗酒、烟草、毒品、出勤、与人相处等涉及学校生活的细节都有具体规定。

"地位低下"的魅力教师

32．盖茨基金会在美国教育的调研报告中指出：最能影响学生水平的因素，不是学校的管理系统，不是班级大小，不是课外活动，而是高素质、高效能的教师。在美国，教师教学各具特色，教学水平千差万别，吸引学生积极参与课堂是教师必备的能力。

33．在美国，大学毕业后实习一年，经过严格的入职培训，考取州教育部门颁发的教师资格证才有资格任教，前四年为试用期。大学毕业只能证明你学过什么，并不能证明你能干什么，只有通过相关的执照考试才有资格去申请工作。

34．教师资格证每五年更新一次。杰克逊高中的副校长瑞斯先生（Mr. Candace Reece）告诉我，教龄长短不同，教育经历不同，工资是不一样的。很多老师业余时间去大学学习进修，拿到学分之后，就会涨工资。不少老师选择读硕士，既修习了课程，又获得了学位。马萨诸塞州90%以上的小学教师有硕士学位。

35．教师很辛苦,是真正的服务者。他们每天早上要提前一小时到校备课，大部分人守着自己的教室一天到晚地上课，每天上课4—6节，周课时一般是二十多节，回家还要批作业。

36．五六十岁的老教师很多，虽然六十岁就可以退休，但究竟什么时候退休自己说了算。

37．不管多大年龄，很多老师都有孩子般的心态。不少老师语言风趣幽默，动作夸张，教学轻松活泼。在这里，教育不是老师高高在上，而是平视眼前的学生并敬畏他们的天真。

38．师生关系中第一原则是学生的权利，然后才是教师的权威，这点毋庸置疑。美国老师喜欢和学生平等交流，尊重学生的发言和想法，没有师道尊严意识，这是一个教师地位特别"低下"的国家。

39．大多数老师有发自内心的激情和内驱力，爱学生，爱自己的课堂，享受这份辛苦的工作。不少老师是工作狂，周末时间也用于备课，责任心非常强。

40．教师之间没有任何形式的评比，不分三六九等。工资高低只取决于工作年限和教育经历。

41．教师是学习环境的设计者、学生学习的指导者、帮助者和学习伙伴。课前，老师会把上课的主要内容与安排通过各种方式公布给学生，让学生明了预习哪些内容、开展哪些活动、需提前准备哪些东西；上课时，老师的主要工作是组织活动、分发资料、解释规则、回答问题、观察学生的课堂表现、做好记录、对学生表现及时反馈等。在这里，教师永远都是为学生学习服务的，而且服务必须是优质的。

42．教师在课堂上常常分小组教学，分组依据学生的学习情况，不同组学生活动内容和方式常常不一样。这对教师提出了很高的要求，教师要了解每个学生，采用不同的备课方案。

43．平等对待每个学生是大多数美国教师的品质，教师主动

民主的师生关系（左一是教师）

跟学生打招呼很常见，师生关系民主、平等、和谐。

44．学生提问题不用举手也不用起立，即使学生发表的见解有悖常理，教师也很少作否定性评价，而是跟学生朋友似的讨论。绝少批评，真诚的关注和表扬令人感动。学生回答正确时，老师常说："Good job""Thank you""Exactly""Definitely""Absolutely"" Excellent""You are right""I think so""I agree"；当学生提出比较新颖的问题或见解时，老师会说："Good question""Good idea""Interesting"；当学生完成学习任务时，教师常用语为："Well done""Good job""Excellent""Wonderful""Terrific"；当学生提出好建议时，教师会说："Good idea""Sure""Great""Sounds good""Sounds great"；学生回答偏颇时，老师喜欢说："It depends""In my opinion"。

45．对于重点问题，老师会让学生通过做研究项目来运用知识，然后在班上展示，即所谓的"project-based"。这种学习方式很好地培养了学生查阅资料、处理信息的能力，培养了学生的批判性思维和创新性思维。这样获取的知识，学生不仅能深刻理解，记忆也是最牢固的。

46．美国老师"一个萝卜一个坑"，有些老师跨年级、跨学科教学，很少集体备课和听别人的课，课堂保留了个性，也因此五花八门。

47．"做你想做的（You can do anything you want）"是老师对学生常说的话。

48．教师的教学是否能吸引学生参与，对待学生是否民主平等，能否给学生提供及时的帮助，教师的出勤、作业设置、仪表等都有具体的评估细则。

49．很多老师不用教材，他们认为教材里写的只是作者的理解，只是理解的一个角度，那里没有真正的标准答案！不少教师对配套教学资源和设计项目情有独钟。

50．老师的知识面很广，多面手教师很多，教学注重学科融合，所教科目的学科界限不像我们那么明显。幼儿园、小学教师实行"包班制"，即一位老师负责上这个班级的大部分课程，包括阅读、数学、科学、社会、美术、音乐等。高中教师所教学科相对单一，一人教几门课的老师也不少。

51．很多老师不是师范院校毕业，不少教师的第一份职业不是教师，学校有兼职老师，有临时代课教师，有"客座教师"，中小学有些班级除了任课教师还有助教。

52．对教师任教学科的资格要求很规范，教什么课需要拿到哪些课程的学分规定得很细，如从事特殊学生教育的老师必须选修一定的医学课程。

53．美国老师不会因为有人听课就特别准备，一切都按正常计划来，都是常态课。教师有自己的教学空间，他们认为教学是很私人的事情，学习也是很私人的事情。

54．不少老师喜欢在课堂上发爆米花、甜点、糖果等小食品作为奖励。表扬和感谢的话语不绝于耳，"Awesome（棒极了）！"是常听到的表扬话语。不管你做得好不好，老师都习惯夸你好，这增强了学生的自信。

55．教师会议和培训很少空谈理论，主要是活动、交流和分享，培训内容直接切入主题和操作层面——在教学中遇到了什么问题，解决的方法是什么。

56．教师要穿正装。何谓正装？就是不穿牛仔，不穿没有领子的衣服，衣服不能太暴露，也不可以穿运动鞋。连续几天穿同样的衣服是不礼貌的。

校园主人翁

57．"未来的主人翁"是从"校园的主人翁"开始的。独立、自信、自尊、诚实、礼貌、守规矩……这些都在学校里潜移默化地培养形成。

58．每个学生都有自己的课程顾问。学生的选课指导、升学指导、奖学金申请、感情困惑、学业压力等课程顾问都要负责。

59．提问题是课堂良好表现的重要指标。学生在课堂上十分积极，常常向老师提问题，"我有一个问题"是学生的课堂常用语。"Good question！"是很多老师经常说的一句话，它的意思是说这个问题很有价值，更多时候是说这个问题难倒我了。

60．会学，会玩，会生活。在美国，中学生边玩边学的大有人在，书呆子是非主流的，很多学生兴趣广泛，日子过得多姿多彩；然而大学学业负担重，学生也需要玩命地学。

61．美国人认为犯错误是一个不可缺少的学习过程。在美国校园里，对学生的爱是减少批评，是允许学生做他想做的事、说他想说的话、做他想做的人。在这里，不用担心提问浪费时间影响教学进度，也不用担心出错被其他同学嘲笑，错误从来没有什么了不起。即使走弯路又有何惧？对于漫长的人生体验而言，那条弯路上的风景，也许更美。

62．美国学生从高中开始，要通过对未来的定向目标安排自己的课程计划，必修课和选修课的选择全是自己拿主意。不喜欢学的课可以用其他课来代替学分；不喜欢可以退课，改选其他课……因为可以选择，大多数学生学得主动、自信、开心，在校很少有紧张和挫败的体验。

63．美国学生身体素质好。棒球、篮球、橄榄球、曲棍球、足球、排球等是学校的主流体育项目，下午两点半放学后学生以参加各种体育活动为主，成绩好的学生也常常是体育场上的"明星"。

64．每个学生至少会一种乐器。学校艺术类表演很多，由学生组织，老师、家长、学生买票观看。合唱、钢琴、戏剧、吉他、小提琴、现代舞、芭蕾……应有尽有。在这里，每一种天赋异禀都受到尊重。

65．全 A 的 GPA 成绩、优秀的 SAT 成绩、个人素质、贡献力、领导力、社区活动、兴趣爱好、运动强项、教师推荐是上名校的筹码。

66．不是每个人都想考大学，想当园艺工人、厨师、修理工的大有人在。我去过的几所高中，大约有四分之一的学生选择不上大学，毕业后直接工作。在美国高中，小部分想上名校的学生拼命学习。

67．美国教育注重社会实践，鼓励学生接触社会、服务社会，以积累社会经验。学生除了选课，还要忙于参加各种俱乐部、打工、做义工等，并不轻松。

68．16 岁可以拿驾照，18 岁才能吸烟，21 岁才能喝酒。

69．高中四年，多数学生高三开始考虑大学申请、参加高考。一年有七次高考机会，一直考到自己满意为止。

70．学生在教室里自由而不散漫，课堂、作业都围绕着开放性的问题展开，没有死记硬背，也很少有"标准答案"，强调基于问题的学习（problem-based learning）。你获得什么等级的评分，全看你搜集材料的功夫，看你有没有独特的见解。美国学生不相信权威，他们习惯对教科书上和教师的结论提出质疑并展开探究，你会时常听到学生对老师的反问："你真的觉得这段话是这个意思吗？"

做中学

71．每所高中都有毕不了业的学生，某些大城市的公立学校毕业率很低，对辍学问题政府也很头疼。

72．学生在假期里也根据自己的爱好去报培训班，但无关功利。我美国住家的女儿钢琴就弹得相当好，他们的儿子田径项目也相当出色，都只是一种爱好而已。

73．学生穿着随意、舒适，中学的女生都化妆，素面朝天的极少。有些私立学校有校服，很多公立学校没有统一的校服。

74．学校每年举办盛大的高年级舞会和毕业舞会。

75．美国学生知识面很宽，喜欢学习他们认为有用、有意思的东西，注重实践操作，独立做研究时常常不拘一格。在学校里，做海报、做模型、做幻灯片、做实验、做个小课题等是再平常不过的事了。

76．学生在数理化知识方面远不如中国学生有优势，即使属于尖子生的AP微积分对中国学生来说也很简单。

77．大学学费很高，但半数以上的大学生得不到家长的财务支持。学生上大学的费用通常通过打零工、奖学金、贷款等来支付。这就促使孩子能够真正了解教育和金钱的价值，变得更负责任，更努力地完成学业，也让孩子学会独立。

78．学生课余打零工的现象很普遍，学生打工受法律保护。洗车、在娱乐场所扮小丑、帮忙看孩子都是学生课余的赚钱之道，而快餐店是中学生们打工最集中的地方。美国家长让孩子从小就从事一些"勤工俭学"的活动，自己挣钱自己支配，这种经历既锻造了孩子吃苦的精神和适应能力，也让美国孩子从小就比较有经济头脑。

79．老师无权替学生做决定，学生需要自己判断和选择，需要自己对自己负责。父母也不会煞费苦心地替孩子安排未来，而是顺着孩子的天性培养孩子。在美国，父母不是孩子的"靠山"，而是孩子的"精神支柱"。

丰富实用的课程

80．美国课程开设分必修课和选修课，还开设了丰富的职业选修课程，如护理、缝纫、驾驶、烹饪、电工、木工、建筑、园艺课等。学校提供五花八门的课程，有的学校甚至开设一百多门课程，以帮助学生通过选课发现自己的兴趣，明确职业定向。我们讲教育要为未来奠基，美国人把这种理念落实到了课程上。

81．高中课程丰富多彩，学生不会花那么多年集中训练几门课，像数理化等学科，美国中学生学的内容和知识比我们少而且浅。

82．课程可分为语言类、社会学类、自然科学类、艺术类等，每一类都包括系列课程，如科学类课程包括物理、化学、生物、环境科学、地球科学、天文学、解剖学、生理学、地理学等十几门课程；艺术类课程包括表演艺术、音乐鉴赏、戏剧、舞蹈、高级绘画、素描、油画、交响乐、管弦乐、爵士乐合奏、唱诗班、钢琴、乐理、合唱、高级摄影等；社会学类课程包括美国政府、美国史、高级美国史、世界史、社会学、心理学、经济学、宗教学、伦理学、人类学、通俗文化等；语言类课程就更加五花八门了。

83．阅读、数学、科学、外语、美国政府、经济学、艺术、历史是美国中学的核心课程。美国的教育之所以把人文学科放在首位，是基于一个认知：开阔的视野对将来任何一种工作都重要。即便你以后是一个科学家，因为视野开阔，你可能只做了100次实验，结果就出来了；而一个视野狭隘的科学家，可能要做200次实验结果才出来。他们认为，阅读对将来从事任何工作都有潜在好处。

84．没有功利的主、副科价值判断。艺术、体育类课程特受欢迎，每个学生都参与其中。

85．高中数理化内容相当于我们初中的水平，很简单。

86．每个学生的课表都不一样，选哪门课、难度水平、修习时间都要自己规划，选课要求也很规范。尊重学生的个体差异诠释着美国教育的自由和平等。开学后，学生根据各自的课程计划，走进不同的教室，找到不同的老师。

个人兴趣和对未来的职业定向决定课程选择。以科学课为例：如果你未来是文科类学生，可以选低水平；如果未来从事的职业与工程或与数学有关，就要选高水平。

87. 注重个性发展加上课程的选择性，使得美国中学都是走班和小班教学，教学成本大大增加。

88. 高中开设了许多大学承认学分的AP课程，突出了课程加速性和选择性。不少高中生选修大学课程，一是可以满足优生发展需要，证明自己的学习能力和未来发展潜力；二是省钱；三是增加进名校的筹码。

89. 学生文科素养相对较好，数学、工程技术等理工科门庭冷落，所以近些年全美上下加强理工科教育。

90. 学科间的融合无处不在，课程学习重理解能力、综合能力和创造能力，死记硬背的东西不多。

91. 教科书每本动辄几十美元，很多教室专用柜里有教科书，不同班级循环使用。

合唱彩排

第二乐章

走进美国课堂

半个月的夏威夷集训之后，由东西方中心负责协调安排，我们15名学员进驻五个不同的州，走进美国中小学课堂，为期五个月的"下马观花"项目开始了！

不一样的科目，不一样的学习方式，不一样的课堂文化，不一样的评价机制……一切是那么新鲜而有趣！

"项目为基础"的课堂，使学习变得"有意思"、"有意义"、"无退路"！

规范的实验设计、操作，对实验结果一丝不苟的分析、反思，是科学家的生活方式。

与生活紧密相连的五花八门的课程，书写着教育的务实。

形形色色的学困生教育，人手一张的个性化课程表，不同水平和难度的多样化课程选择，是对"因材施教"的最好诠释。

无处不在的阅读创造，带来一个国家"软实力"的强大。

请带上美好的心情、好奇的眼睛，走进美国课堂第一现场吧。

一、项目为基础

在美国，教学活动最显著的特征之一是以项目为基础，即所谓的"Project-based"。学生从小学三、四年级就开始做项目，"我们这周做项目"、"我们这周做展示"是在校园中常听到的话。

什么是Project？就是老师布置一个主题，通常这个主题跟刚刚学过的知识紧密相关，老师给学生提供丰富的资料、充足的时间、清晰的评分标准和时间表，让学生利用课堂或课后的时间，独立或合作完成对这个主题的研究，最后在班级内展示。

这种学习方式不仅很好地培养了学生查阅资料、处理信息的能力，促进学生将所学知识和自我实践相结合，还给学生的自学和创新提供了很大的空间，更重要的是，这样的学习方式照顾到了不同学生的学习水平和学习效果。这样获取的知识，学生不仅能深刻理解，记忆也是最牢固的，可谓一举三得。

Apr 1st "玩中学"——生物课上那些精彩的项目

史密斯和她的科学教室

3月21日至4月1日，每天的9:10—10:40，我都去听瑞塔·史密斯（Rta Smith）女士八年级的科学课。

史密斯的科学教室在一层，所教知识包括物理、化学、地理、生物等。

教室里座位的摆放不同于我们的秧田式，比较自由，围成一个圈。这学期他们学习生物学，教室布置与上学期大相径庭：教室里悬挂着各种病毒的模型，绕墙一周是实验桌和计算机，墙上贴着人体结构图。

史密斯的科学教室

史密斯四十多岁的样子，是公共健康专业的硕士，曾在大学任教。她说自己喜欢孩子，非常享受跟孩子们在一起的时光，但也希望某一天能再回大学读医学博士，成为公共卫生方面的专家。

在我看来，史密斯天生就是一名好教师——有爱心，有耐心，从不批评学生。孩子们过分活跃时，她总会说："女士们先生们，请让我看到你们良好的行为，谢谢！(Ladies and gentlemen, please show your good behavior. Thank you)"

她的教室里有一些玩具是专为一个多动的孩子准备的，当那个孩子不能控制自己时，史密斯老师会拿给他，让他缓解压力。

生态系统的精彩视频和教育投资

3月21日，星期一。

这节课讲生态系统。介绍完生态系统的基本概念，开始看视频。

看视频是美国课堂教学最常用的方法，视频的清晰度和针对性令人惊叹。

史密斯发给学生一张印有相关问题的纸，答案都在视频中。学生对这种方式习以为常，拿到答题纸后先拿出笔，在观看的过程中随时把答案写下来，视频结束，自觉交卷。这也算平时的小测验，要记成绩，所以学生不敢掉以轻心。

这节课学习关于世界著名野生动物学家珍·古道尔（Jane Goodall）的视频，回答教师提出的问题。比如"珍·古道尔用哪些工具完成她的研究？她在使用这些工具时获得了哪些信息？请举例。""珍·古道尔共观察了几代黑猩猩 Flo 家族，为什么她要长时间观察同一个家族？""请在珍·古道尔的黑猩猩研究中找到至少一个生物个体、生物种群、生物群落、生态系统的例子。"学生很兴奋地围坐在课堂上观看，气氛很热烈。可爱的小猩猩依偎在妈妈怀里撒娇，弱小的猩猩使用工具驱散强大的外来入侵者以保护自己的领地，猩猩们为争夺食物打架……这些镜头深深地吸引着孩子们。他们时而惊呼，时而奋笔疾书。

我问："史密斯女士，我发现很多老师上课都有那么好的视频，这些资源是从哪里来的？"史密斯指了指窗边的几个大盒子——那里面全是教学的光盘。她说国内有些大公司专门制作配套的教学网站和软件，学校会选择买某个公司的教学配套资源，这为课堂教学和教师备课提供了强有力的保障。

我很羡慕，因为教学资源的开发在我国基本上还是老师自己的事，什么时候我们的教学也有如此专业而强大的支撑呢？

我问："是不是所有的老师都用这些资源？"她说："有些老师用，有些不用。"

我问："这些资源能从网上免费下载吗？"她说很少有免费的资源，学校要花钱买教学网站和光盘资料，这些都是很贵的。

她把所用资源的网址、用户名和密码告诉了我，并向我演示如何在网上学习，她说我在中国也可以享用这些资源。

投资巨大的美国教育，善良慷慨的史密斯！

我的海报我做主

3月22日，学生做生态系统项目。

设计一个项目要花费老师不少心思。比如，给学生提供哪些信息资源，针对项目实施过程中学生可能出现的问题需提供哪些背景知识，前期需要做哪些准备，项目需要具备哪些要素以及每个要素给分的维度，等等。

每次做项目，教师都会下发有关资料：

1. 项目要求（包括海报格式、需涵盖的内容、信息说明等）。

2. 项目时间表（每天要完成的进度、上交的时间、展示的时间）。

3. 评分标准（哪些方面及每个方面的权重）。

针对每个要素教师都要规定严格的得分标准，还要让学生自己打分、同伴相互打分、教师打分，再根据各项的权重得出最后结果。

史密斯和她的学生们

因为有了项目，美国的课堂多了一个特征——高产。教室里到处可见琳琅满目的学生作品，几乎每个项目结束后教室就会换一种面貌，史密斯说她的一个烦恼就是不知道往哪儿放这些"宝贝"，因为课堂上实在是有太多"产品"了。学生的作品被老师收藏和张贴，自信心和积极性就在不知不觉中培养了起来。

今天，学生两人一组制作海报，展示一个典型的生态系统。史密斯有两大箱过期的国家地理杂

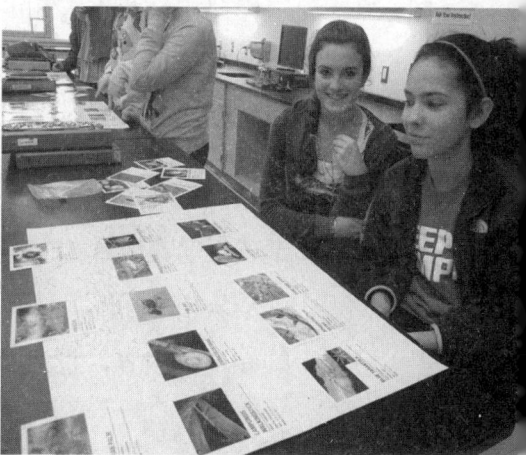

制作生态系统海报

志，学生可以任意裁剪上面的图片，制作自己感兴趣的生态系统海报。有的学生觉得这样不够有个性，他们上网查找某些动物的自然习性、食物、天敌、栖息地，用打印机打出来，再剪贴，还有的学生干脆自己亲手绘图。

有一个小组做的是热带雨林专题，另一个小组是海洋生物专题，还有个小组是极地生态系统专题。下课的时候，已经有那么多优秀作品出炉。

马萨诸塞州的统考——"奇怪"的美国教育

考试从来没有什么了不起，即使是马萨诸塞州的统考。这里的考试没有考前训练和模拟考试，直接上考场。

因为马萨诸塞州的统考就在下周三和周四，孩子们还是有点紧张。离下课还有十分钟时，老师请来两名"过来人"介绍经验。那两位"过来人"是高一新生，背着大背包，头上戴着夸张的帽子，走进教室，东一句西一句地回答着学生提出的问题：要保持安静，不能吃东西，要带铅笔，要睡好觉。大约五分钟，介绍完出去，在门口把帽子摘了下来，让人感觉很滑稽。

一切都按教学计划正常进行。没有复习，没有训练，没有考前突击……就这样迎接马萨诸塞州的统考！我至今仍清晰地记得当时自己小半是羡慕大半是费解的那种惊讶的心情，更希望到时候"欣赏"一下孩子们在考试时的表现。

我担忧地问史密斯："不复习学生能取得好成绩吗？"她告诉我考试是学生平常表现的反映，专为考试做特别准备从某种意义上讲算是"作弊"。

如果用我们的价值观去判断，这样的教育真的很"奇怪"：每节课教那么少的知识和内容，也比较简单，正如美国人自己对教育的评价："一英里宽，一英寸深"；课堂基本以互动、讨论为主，假如学生不提问，美国老师都不知道该怎么教；对于学生的观点和想法，老师不置可否；课堂活动多是体验性的，不深究，老师也不要求学生背概念、记知识；教学跳跃性比较大，根本没什么逻辑、条理，让人感觉东一锄、西一耙的，很不系统……今天，对待马萨诸塞州的统考竟然如此淡定！难道教师和家长不担心学生考不好吗？

这究竟应该视为一种缺陷，还是一种特色？这些教育行为背后隐含着什么样的价值观，又根植于什么样的土壤呢？

食物网是动手做出来的

3月25日，星期五。

这节课学习食物链，学习生产者、消费者、分解者和无机环境之间的关系。

老师分发给每组学生一套美国某国家公园的图片、一张大白纸、一支铅笔和一块橡皮，要求学生在大白纸上摆出生物群落的各营养级，然后用箭头连起来形成食物网。食物网中要求有三个"生产者"、两个"初级消费者"，两个"次级消费者"，一个"三级消费者"，并根据卡片上提供的信息，用箭头表示出各营养级之间的营养关系。

每个小组的生态系统卡片都不一样。有热带的，温带的，寒带的；陆地的，海洋的，沼泽的……卡片的一面是动物图片，另一面则是动物的自然习性、食物、天敌、栖息地、繁殖情况等。

学生完成后，请老师来检查。有的小组觉得老师的要求过于简单，他们用更多张图片构建复杂的食物网，比我们的课本插图还要漂亮。相信通过这样的学习，学生对许多动物的食物关系会更清楚，因为这次作业成为研究某种生物的专家也说不定呢！

"保护色"是这样知道的

3月28日，星期一。

今天，史密斯首先给学生放了一段录像，录像中清晰地展示了许多种动物，它们在不同的季节、不同的地点，变成不同的颜色。

然后，史密斯老师让一位学生做她的助手，教学生在网上学习这部分知识。

打开网站www.fossweb.com，然后选择middle school，用户名：rcsmith，密码：Hudson，进入游戏，点继续，进入吃虫子（eating insects）的界面。

界面丛林中有各种颜色的虫子，有的虫子与周围环境颜色差异大，很容易辨认，短时间内吃这样的虫子当然吃得多一些；而有些虫子的颜色跟背景很相似，不容易看到，吃这样的虫子自然速度慢，同样时间内吃的虫子数就比较少。学生在画面上找到虫子，点击鼠标就可以吃掉它，时间三十秒，看谁吃的虫子多。电脑会自动反馈吃掉虫子的总数和各种颜色虫子的数量，重复五回合。

史密斯发给学生一张表，让学生把每次吃掉虫子的总数和各种颜色的虫子数填入表格中，并按颜色将五次吃掉虫子的数量绘制在作业纸上，思考为什么吃掉的虫子数因为颜色而不同。

知道这是在做什么吗？这是在让学生通过游戏的方式感受保护色的作用，体会生物对环境的适应。

整节课老师完全没有提到"保护色"这个概念，只是让学生做游戏并处理数据得出结论。我们课堂上几句话就交待清楚的问题，美国老师却要如此大费周折。

初来美国听课时我总为我们教学内容的充实、教学思路的严谨沾沾自喜，但看着看着我不禁对美国老师的"别出心裁"肃然起敬了。在美国教师看来，学生学了多少知识并不那么重要，重要的是他们在学或者玩的过程中，真的体会到了科学的神奇，成功的喜悦！

闲暇的教育才能呈现教育的规律和自由，才能照见学生心灵深处的天光云影，才能点燃学生渴求知识的欲望。正如苏霍姆林斯基所说："只有当孩子每天按照自己的愿望，随意使用5小时至7小时的空余时间时，才有可能培养出聪明的、全面的人。"

本周作业

本周作业(assignment)：关于濒危物种的幻灯片制作及展示。

什么是濒危物种？是指生存和繁殖能力为人类活动所破坏，目前数量很少，有可能从地球上消失的物种。(Endangered species are any plant or animal species whose ability to survive and reproduce has been jeopardized by human activities. It is a species present in such small numbers that it is at risk of extinction, or disappearing from the face of the earth.)

老虎、棕熊、美洲豹、黑猩猩、咸水鳄鱼（淡水鳄鱼叫做alligator，咸水鳄鱼叫做crocodile）、亚洲象、西印度的海牛、大熊猫、犀牛、亚洲狮都是濒危动物。

作业要求：

选择一种濒危动物做一个幻灯片展示(Make a powerpoint presentation for an endangered species of your choice)，展示必须包括以下内容(The presentation must include the following)：

1. 两张濒危动物图片(At least two pictures of the endangered species)。

2. 濒危动物的学名和俗称(Scientific and common name of endangered species)。

3. 列出它的食物和天敌并描述其栖息地(List its food sources, predators and a description of its habitat)。

4. 该物种濒危的原因(Reasons why your species is endangered)。

5. 人们拯救该濒危物种的措施和行动(Solutions that humans are using to try

to save your species from endangered).

6. 资料来源：至少包含一本书和一个网站，注明你的图片和信息来源 (Works cited slide(s) include at least one book source and one online source. Remember you must have citations for your pictures as well as your written information)。

* 记得做幻灯片时要用你自己的语言来传递信息。(Make sure that you are putting the information in your own words.)

对动物的保护是人类作为自然界最高级动物的特殊心智感受，这种对自然界的善待不仅反映了人类社会道德文明的发展水平，更是对人类自身发展的深沉关怀。而这一切，都在生物课堂上潜移默化地渗透着、浸染着。

生物课上的精彩展示

3月31日，星期四，学生展示课。每个学生展示的时候，教师都会发打分表，师生一起打分。

第一个上来展示的是艾玛（Emma），她介绍的是北极熊。包括以下内容：生活环境、重量、习性、为什么濒危、人类活动如全球变暖对北极熊的影响、人类可以采取什么样的措施保护北极熊。

接下来上场的是伊文（Evin），他介绍的是袋鼠。图文并茂，内容比较简单，大家很感兴趣。

第三个上场的安娜（Anna）做了关于白虎的陈述。语言幽默，学生不时发出笑声，只是幻灯片的颜色有点灰暗单调，字体小而密，不够赏心悦目。

接下来蕾切尔（Rachiel）做了关于大熊猫的幻灯片展示，大家兴致盎然。记

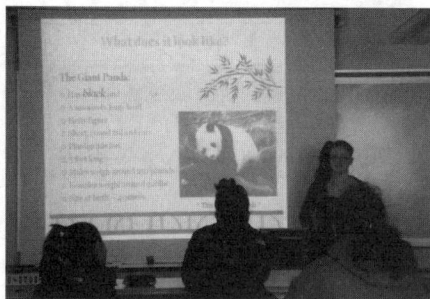

项目展示　全班打分

得在法利小学介绍中国文化时，学生就追着我问大熊猫多重、大熊猫能活多少年等诸如此类的问题。

尼克（Nickel）展示的是关于海牛的项目，幻灯片做得简洁，讲解很清晰。

中场休息后是关于保护海龟和拉丁虎的项目展示。

因为该班有两个叫再克的学生，所以穿红衣服的那个被称为双再克（Double Zack），他关注的濒危动物是埃及龟。他看上去心理年龄比较小，是个特别聪明的孩子，总有那么多问题，同时他又是班上过分活跃的一位，常常难倒老师。在展示结束后的现场提问时间，他对答如流。

最后做展示的是个留级生，他不大爱学习，看起来如懵懂顽童。但今天的展示课他做得很棒。他讲的是鲸鱼，很活泼，很灵动，口才相当好。

每次看到学生落落大方地站在讲台上展示自己的"研究成果"，或将自己展示于走廊墙壁上的作品自豪地与同学分享时，我都无法把"教学组织松散"、"课堂效率不高"这样的话冠以美国课堂。看似松散随意的课堂却可以生产出如此之多的奇妙之作，难道不是美国创新教育的最好体现吗？

附：濒危物种项目展示打分表（与作业要求一致）

濒危物种展示评价表（Endangered species PowerPoint Rubric）

姓名（Student name）_____

濒危物种（Endangered species）_____

项目内容及赋分选择	得分
两张以上濒危物种的图片（Two or more different pictures of endangered species） 0　　3　　5	
濒危动物的学名和俗称（States scientific and common name of species） 0　　3　　5	

濒危物种身体特征的详细描述（Detailed physical description of the endangered species） 0　　　　5　　　　10	
列出它的食物资源和天敌，并描述其栖息地（List of food sources, predators, and a description of habitat） 10　　　　15　　　　20	
该物种濒危的原因（Reason(s) why your species is endangered） 10　　　　15　　　　20	
人们拯救该濒危物种的措施和行动（Solutions that humans are using to try to save your species） 5　　　　7　　　　10	
专题陈述的总体表现（Work cited, overall effort and presentation） 5　　　　7　　　　10	

Feb 4th　关于怪异名人的心理学视角探究

我一直固执地认为，每个人的内心世界就像一座远方的冰山，你能看到的只是很小的一角。所以，不应对他人简单地下结论，用宽容和敬畏之心，看待这世上的每一个生命吧。

今天午饭后去听杰克逊高中的心理学指导课程。授课教师本（Ben Ghiloni），长得颇像拳击运动员。

课程开始，一名学生把一张图文并茂的个人海报粘在黑板上，介绍自己的家庭、爱好、特长及值得自豪的经历。介绍完毕，老师把该生的个人海报贴在墙上。整整一面墙都是学生制作的个人海报，有助于选同一课程的不同时段的学生之间相互了解。

接下来教师播放了两段录像。

第一段是关于条件反射的实验录像。一个人背对着射击者，射击者首先用一发很轻的塑料子弹射击，被击中的人跳了起来；第二次用空枪打，那人同样跳了起来；第三次没打，只是下令"准备射击"，被瞄准的人也跳了起来。

另一段录像是出生几个月的小婴儿对各种动物的反应。看着可爱的小婴儿对蛇、小狗、老鼠等动物抓来抓去、毫无惧色的那份淡定，让人明白什么才是"初生牛犊不怕虎"。

接下来老师布置了本周的项目，该项目主要帮助学生理解应用刚刚学过的第二章第一节《21世纪的心理学》，了解心理学研究的各种分支。老师给每位学生发了讲义，学生三三两两地聚在一起，准备小组讨论。

下面是老师关于该项目的要求：

1. 2—3人一组，选择你能想到的过去或现在最怪异的名人。

2. 跟你的小组运用头脑风暴列举出怪异名人的一系列诡异行为。

心理学课堂上的小组讨论

3. 小组合作从以下心理学分支中选择六个心理学的视角来解释怪异名人的行为表现：认知心理学（Cognitive）、生物心理学／神经学（Biological/Neuroscience）、社会文化心理学（Social—culture）、行为心理学（Behavioral）、人本心理学（Humanistic）、心理动力学（Psychodynamic）、行为遗传学（Behavioral Genetics）、进化心理学（Evolutionary Psychology）、积极心理学（Positive Psychology）。

4. 你的解释可以如怪异行为本身一样荒谬，只要适合这个视角即可。

5. 每个小组需要上交打印作业，使用统一案例格式。

6. 本次作业15分。

整齐度（打印、易于阅读、正确的格式等），2分；

名人简介和名人的怪异行为介绍，2分；

每一种心理学视角的相关解释1分，共6分；

语法、用词、标点符号等，2分；

作业的创造性，3分。

这样有趣而规范的作业让我不得不佩服教师的用心，第二天学生上交并展示的作业更让人大开眼界。一起看看其中一组学生的项目展示吧。

怪异篮球名人：丹尼斯·罗德曼

名人介绍和怪异表现：丹尼斯·罗德曼是一位著名又怪异的篮球明星，有"篮板王"的美誉，也有"假摔"的小伎俩——对方稍有接触，他就像火箭一样飞出。另一方面，他的乱发脾气、喜穿女人衣服、不断地变换头发颜色等怪异行为与他的抢篮板技术同样闻名。

1．从神经学的角度解释：可能丹尼斯·罗德曼体内雌性激素水平比较高，所以他觉得自己应该穿女人服装。

2．从进化心理学的角度解释：丹尼斯·罗德曼高大且有运动天分，是自然选择的结果，他的祖先应该是高大并善于运动的。他的异装癖是一种基因传承的变异。

3．从行为遗传学角度解释：我们应该测试丹尼斯·罗德曼的遗传背景，看看他的行为是来自他的家庭还是NBA的环境。

4．从心理动力学角度解释：在丹尼斯·罗德曼的童年时代，由于家庭贫困，他没能在万圣节像其他孩子那样穿怪异的万圣节服装，这给他留下了精神创伤。为了弥补那段记忆，他穿着过分怪异，结果过度补偿了那些童年时失去的东西。

5．从行为心理学角度解释：丹尼斯·罗德曼的爸爸和爷爷都是异装癖，并且不断打理他们的头发。这种行为影响丹尼斯的一生，他现在是在模仿同样的行为。

6. 从认知心理学的角度解释：丹尼斯·罗德曼想表达他在NBA篮球队中的重要作用，他需要以此来吸引人们对其球队的关注。他认为怪异服装、变换发型、纹身会使他的球队获得积极关注。

7. 从社会文化心理学角度解释：或许在NBA文化中，这些行为是正常并且被广泛接受的，所以丹尼斯·罗德曼相信他的那些怪异行为并不过分。

这样的学习，比起一口气背出心理学的各个分支是不是要更深刻更有魅力？

Apr 22nd 在真实案例中探究的美国政府课

在美国，人们的公民意识相当强，大家都认为国家大事与自己的切身利益息息相关。各级竞选、各种法案的讨论、各种公共问题的商讨和解决……很少有人做旁观者。这种公民意识、公民责任的培养，既归功于社会和家庭，也归功于学校教育。

高中期间，学生都要选美国政府（American Government）这门课。该课程主要介绍美国政府的职能、结构、政治体制的沿革、政府的全方位运作（包括竞选机制）等。教室在A203，授课教师米歇尔（Mr. Dan Michel）额头很大，头发不是很多，经常说的一句话是："好，我的朋友们。"

他喜欢吹口哨。什么时候吹、吹多少分贝取决于学生的纪律情况。这里的学生可不像我们的学生那般安静，他们随时都准备找事做，随时都准备讲话。

教材洋洋洒洒近六百页，编排得专业而生动。如关于宪法和政府的基本职能，教材这样引入：

大部分人的生活与学校、工作、游戏、家庭、朋友有关，政府和政治看起来很遥远，但当你打开电视，看报纸，上网……政府就在那里。

政府是什么？为什么存在？怎样工作？

设想史前的男人和女人，凶杀、偷盗、饥饿、寒冷、事故、灾害……为了维护公众权益、解决社会冲突、维持社会稳定、保护公众资源……人们聚在一起，共同寻求谋生之路，最初的政府产生了。

进化论认为政府是家庭的延伸；强迫论宣称，政府是一方战胜另一方，胜的一方把自己的规则强加给另一方，就像二战中希特勒的想法和做法；15—18世纪"王权说"被欧洲人广泛认可，人们相信"君权神授"……

政治课本是生动的，米歇尔老师的课堂也是生动的。在他的课上，案例式教学、项目研究、社会调查报告的撰写是主旋律。这样的教学大大开阔了学生的视野，增强了学习与社会生活的联系，也因此深受学生欢迎。

每节课的开始，他喜欢展示一张卡通画，用一种讽刺调侃的方式引入关于美国政府的学习。看来，在对待政府的态度上，不同地区的人是一样的，都有很多的建议和不满，觉得自己的政府做得不够好。

一、关于《独立宣言》

1月31日—2月4日，他们做有关杰弗逊政府的项目。

1月31日，研究杰弗逊的独立宣言。米歇尔让学生阅读492—495页，讨论以下问题：

1. 什么是政府哲学？(What is philosophy of government?)

2. 依据《独立宣言》，哪些是"不言自明"的事实？(What does "self—evident" mean? Which truths are "self—evident" according to the Declaration of Independence?)

3. 当杰弗逊谈到"所有人生而平等"时，他想表达什么？(What did Jefferson mean when he said "All men are created equal"?)

4. "所有人生而平等" 在今天有什么新的含义？ (What does "All men are created equal" mean today?)

5. "不可剥夺的权利" 意味着什么？你的权利是什么？ (What does "unalienable rights" mean? What are your rights?)

6. 人们应该如何保护自己的权利？ (How is a man supposed to secure his rights?)

7. 政府的权力来自哪里？ (Where does the power of government come from?)

8. 当杰弗逊谈到 "任何形式的政府一旦对这些目标的实现起破坏作用时"，他想表达什么意思？ (What does Jefferson mean when he said "Whenever any form of government becomes destructive of these ends"?)

9. 如果政府的行为具有破坏性时，我们民众有权做什么？ (What do we, the people, have the right to do if the government becomes destructive?)

10. 《独立宣言》是历史上最具影响力的篇章，因为它包含了对人权的承诺。你能举出在历史上这项声明被用来判断和平或暴力演变的例子吗？ (The Declaration of Independence is one of the most influential writings in history for it contains promises of human rights. Can you think of situations in history in which the Declaration was used to justify peaceful or violent change?)

11. 在一系列段落的开始，反复出现 "他拒绝批准……"，"他" 是指谁？ (In the series of paragraphs beginning, "he has refused his assent……" to whom does the word "he" refer?)

12. 根据宣言，"作为独立自由国家" 的美利坚合众国有什么样的权力？ (According to the Declaration, what power does the United States have "as free and independent states"?)

本来想看学生如何讨论，结果呢？半节课的阅读之后，学生开始向米歇尔老师提问。米歇尔老师认真回答着学生的问题，在我眼里，学生就像答辩委员会的主席，米歇尔老师就是参加论文答辩的毕业生，以至于我觉得师生的角色有点混乱，这究竟是谁给谁出的题目啊？

美国学生是不相信权威的，他们习惯对教科书上和教师的结论提出质疑并展开探究，特别是文史类的问题。在课堂上时常听到学生对老师的反问："你真的觉得这段话是这个意思吗？"

二、国会项目

4月11日至15日，米歇尔老师和学生做"美国国会项目（Congress Project）"。

米歇尔老师讲了基本要求，学生分小组在网络教室做准备，周末展示。

项目展示是不需要谦虚的，你要用你的视角、你的研究、你的分析判断征服老师和同学。平时成绩在升大学的时候是一个很重要的筹码，所以没有人敢掉以轻心。

下面是米歇尔老师关于国会项目调查报告的撰写要求：

目标（Objectives）：在该项目中，你要深入了解国会由哪些人员组成，承担起一名真正的众议院成员的职责。(In this part of the project you will gain insight into what types of people make up the U.S. Congress. You will also take on the identity of an actual member of the House of Representatives.)

调查和展示要求（Research and Presentation）：

作为一名特定地区的国会议员，你的工作是就这个地区做些调查，将所有的信息用PPT展示。(You and a partner will become a congressperson from a list of house districts from a given state. Your job will be to do some research about a district and compile the information into a PowerPoint presentation for the class.)

你的展示要包括以下内容(Your presentation should include the following information)：

（一）你扮演的议员是谁？属于什么党派？(Who is the representative and which party affiliation?)

1. 他任职多久了？(How long in office?)

2. 他属于哪个委员会？(What committee is he/she on?)

3. 个人信息，如他的经历、职业等。(background information: previous experience, occupation, etc)

4. 他的主要政绩。(What is his major political successes?)

（二）所在地区在该州的位置，参考网站 (Where is the district located in the state. Use the map from)：www.nationalatias.gov/printable/congress.html#list(select district/copy & paste)

（三）通过此网站 http://proximityone.com/cdprofiles.htm 查找下列信息：

1. 该地区人口 (population of district)。

2. 城市人口占总人口的比率 (% urban)。

3. 占人口数前三位的种族 (top 3 race percentages)。

4. 年龄分布比率 (age percentages)：20—29 岁；30—60岁；60岁以上。

5. 本地区居民受教育状况 (education)：9年级以下 (＜9th Grade)；9—12年级，无毕业证 (9—12 no diploma)；高中毕业文凭 (High School Diploma)；大学修满两年课程肄业证书 (Associate Degree)；学士学位 (Bachelors Degree)；硕士学位 (Graduate Degree)。

6. 家庭贫困率 (% of families in poverty 18 & under)。

在网络教室做项目

7. 家庭总收入和主要资产来源 (total household income and top 3 earnings by %)。

（四）你的国会议员对于下面问题所持的立场 (What stand does your congressperson take on the following)：

1. 健康/奥巴马政府的保健举措 (Health Care/Obama Care)。

2. 医疗/社会保障改革 (Medical/Social Security Reform)。

3. 债务/赤字(Debt/Deficit)。

因为参加哥伦布世界语会议，我没有听学生的调查报告展示课，很是遗憾。

三、无休止的"自由"和"人权"
——在最高法院的案例中纠结

4月18日至22日，米歇尔老师跟学生做"自由和人权项目"(Civil Liberties/Civil Rights Project)。

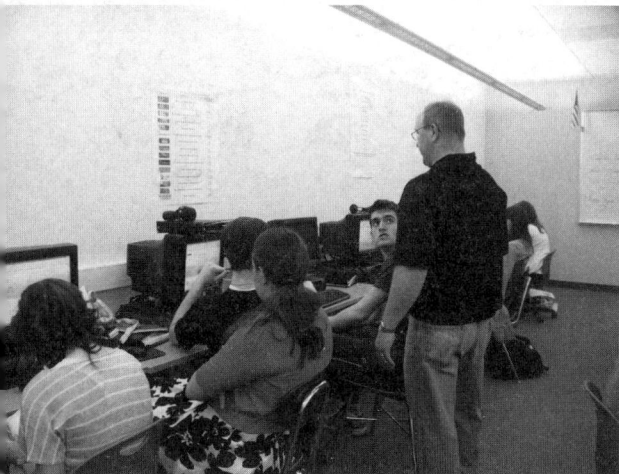

在图书馆做自由和人权项目

米歇尔老师提供了80个美联邦最高法院的典型案例(U.S. Supreme Court Cases)，每个小组要选其中两个案例进行研究分析，然后在班上作展示。

研究展示的核心内容包括：小组所选案例的名称、涉及的双方、发生了什么事、牵扯哪些法律条文、法庭的判决、该案例对美国自由和人权产生了哪些冲击、法律条文因为该案例的发生做了哪些修改……

这个项目他们要用两周时间。

下面是米歇尔老师关于这个项目的学习要求。

（一）项目目的

下面这个项目的目的是让大家熟悉美国联邦最高法院及其在促进公民自由和权利方面所发挥的职能。(The following project is to make each of you be familiar with the U.S. Supreme Court and the function they have played in shaping the civil liberties and civil rights in the United States.)

（二）项目要求

每个案例都是典型的真实判例，每人研究两个案例，完成下列内容 (Each of you will be given two court cases for the research. Each case was a precedent setting case. Your job is to fill in the following outline)：

1.案例的名称(name of case)。

2.事实（facts）：发生了什么事（What happened）？该案例涉及什么人（Who was involved）？双方为什么这么做（Why did the parties act as they did）？

3.论题（issues）：涉及的法律条文（涉及的有关修正）[legal (amendment(s) involved)]，公共舆论（当时公众如何处理这件事）[Public policy (How did the public handle the issue at the time)]。

4.法庭辩论（arguments）：判决如何（judge）？判决的理由是什么（reasons for judge）？法庭的观点是什么（opinion of court）？

5.分析（analysis）：这个案例怎样改变了我们的权利（How did this case change our rights）？你赞同还是不赞同(Do you agree or disagree)？为什么(Why)？

（三）相关提示

每人完成两个案例，也可与搭档合作完成4个案例。(Each of you will be given two court cases. You can work with a partner and do 4 if you want.)

利用有关信息制作PPT，至少包括7张幻灯片。每一部分要用独立的幻灯片，事实、事件和争论部分可以用多张幻灯片。(You will take this information and put it into a PPT that should have at least 7 slides. Each letter of the outline should have its own slides. Facts, issues, and arguments may take multiple slides.)

4月20日和21日我们将去图书馆着手项目的研究工作,更多资源从下列网站中查询 (We will be in the library April 20th and 21st to work on this):

1. www.oyez.org

2. www.findlaw.com

3. www.google.com

4. www.firstamendmentschools.org

5. www.landmarkcases.org

参考书目:《美国法庭案例》

(四)自由和人权项目展示评分标准

1. 事实陈述:发生了什么?(10分)[Facts: What happened? (10 points)]

2. 事件:法律及公众政策。(10分)[Issues: Legal, public policy. (10 points)]

3. 法庭辩论:正反方观点、判决结果及依据。(10分)[Arguments: pro/con, consequences decision/reason. (10 points)]

4. 分析:同意还是不同意及理由。(10分)[Analysis: agree/disagree and why. (10 points)]

5. 幻灯片:质量、正确率。(10分)[Slides: quality/effort, pictures. (10 points)]

(五)美国联邦最高法院的80个案例

1. 简·蕾尔堕胎案。

2. 废除学校种族隔离案:布朗请求黑人与白人孩子同校案。

3. 逆向歧视案:加利弗尼亚大学歧视白人案。

4. 性别歧视案:弗吉尼亚军事研究院拒收女生案。

5．罗吉勒雇员超时工作案。

6．布兰伯格记者拒绝出庭作证案。

……

"有意思"、"有意义"、"无退路"！案例教学的魅力，在米歇尔的课堂上得到了充分展示。在他的课上，学生是忙碌的，是充满兴趣的，是处在深度学习中的。他的课也让学生明白，每个公民都应受到民主和法制的庇佑，在自己的国家里永享权利和尊严。

原来，政治课可以这么上！

Jan 13th　墨西哥礼仪项目展示

1月11日，我去听瑞斯女士（Ms. Candace Reece）的国际贸易课。

这节课主题是墨西哥礼仪项目。

墨西哥礼仪项目要求学生研究展示墨西哥文化、语言、风俗、外交礼节、国歌、资源、汇率、就餐礼节及着装等。

今天是项目展示时间，瑞斯老师发了棒棒糖和爆米花，学生边吃东西边听各小组的展示。每组学生展示完毕，是现场提问时间。

下面是一组学生的展示。

首先一名学生介绍了墨西哥的国土、标志性建筑、货币、国歌、首都及与美国的相对位置，介绍了墨西哥的资源——石油、白银、铜矿、黄金、铅、锌、天然气、木材，

项目展示课的评委们

现场答辩

还介绍了美元兑墨西哥比索的汇率是 1：12.2178。

接下来另一名学生介绍墨西哥的餐桌礼仪：经常迟到半小时，早到或准时是不合适宜的；大型晚会要自我介绍，小型晚会主人会介绍你；吃饭时手不要藏起来，手腕放在桌边；被邀请且指定位置之后才能入座，主人开始吃后才能开始吃饭；吃完时把刀叉交叉而且刀叉柄向右；只有男人祝酒；留一点食物在盘子里不吃光是一种礼节。

墨西哥的社会习俗：贸易项目申请要提前两周；开会时要跟秘书确认而且让他们知道你的联系方式；开会一定要准时，虽然你的贸易伙伴可能要迟到半个小时；当人们拖延时不要表现出不高兴；会议常被延期；第一次会议常常很正式；书面材料通常用英语和西班牙语两种语言书写；日程表通常没有，即使有，他们也通常不按时间表来做事。

身体语言：在社交场合，当别人把你介绍给墨西哥人时，不要只是站在那里说"你好，见到你很高兴"，女性通常彼此拍右臂或者肩膀，男性一般是握手，等他们彼此了解和熟悉后会拥抱。

着装：正式场合男人穿西装，女人穿裙装；平时穿着随意；不同季节和地区着装要求不同。

商业交往：谈话时墨西哥人通常比美国人和欧洲人离对方更近一些，离得远了表示不信任。

小组展示后，其他学生现场提问，然后全班给该小组打分。在这里，"论文答辩"是再经常不过的事了。

在这门课上，学生要做很多国家的项目。每个项目瑞斯老师都有细致的项目要求和得分标准。请看这门课的基本要求：

国际贸易项目 (International Business Project)

幻灯片演示内容 (PowerPoint Presentation)	分值 (Possible Points)	得分 (Points Received)
首都 (Capital)	5	
国旗及国歌 (Flag/National Anthem)	5	
与美国地理位置的关系 (Location in Relationship to US)	10	
自然资源 (Natural Resources)	10	
汇率[Money Exchange (Currency Rate)]	10	
饮食文化 (Dining Customs)	10	
社会习俗 (Social Customs)	10	
身体语言 (Body Language and Gestures)	10	
着装 (Dress Code)	10	
商业礼节 (Business Protocol)	10	
拼写/语法 (Spelling/Grammar)	10	
总分 (Total)	100	

项目展示和幻灯片制作得分标准

口头陈述 (Oral Presentation)	分值 (Possible Points)	得分 (Points Received)
信息充足 (Adequate information was given)	10	
全面 (All areas of information is covered)	20	
有效使用艺术和色彩 (Clip art and color was used effectively)	10	
过渡自然 (Transition was appropriate)	5	
整体构思 (Builds were present as needed)	5	
幻灯片连续性 (Consistency of slide mechanics)	10	

内容品质 (Sufficient quantity of information per slide)	10	
拼写/语法 (Spelling/Grammar)	10	
更多信息演示 (Speakers presented additional information)	20	
总分 (Total)	100	

Feb 22nd 雪天和散漫的地理课

俄亥俄的雪

窗外，落雪如雾，覆盖了森林和苍茫的大地。小鸟，飞走了；松鼠，不见了；太阳，躲在哪里？

二月，是俄亥俄最冷的时候，冬天长得让人绝望。阳春三月，出去是踏雪而非踏青。在美国东北部，早春要从四月开始。蝴蝶的翅膀，布谷鸟的歌声，牵牛花的笑靥，湖中央的涟漪……那些撩人心弦的实实在在的幸福，都需要耐心地等。

最寻常的是雪，下起来没完没了，在深沉如海的天地间，氤氲出一片朦胧的白。

2月22日，因为大雪，杰克逊高中的课程推迟两个小时，每节课只有25分钟，可是老师却要按时到校。我问弗吉尼亚为什么，弗吉尼亚说："初中的课程没有推迟，这样做是为了教师之间的公平。"

距保罗老师的AP物理实验室不远处，就是J107，格雷琴·赫尔（Gretchen Hull）老师的地球科学教室。

该节课上有十几名学生，课程内容让我感到很亲切，因为这正是我们高中地理课程的内容。可是，一切又那么不同。

上节课，赫尔老师给学生介绍了有关火山的基本知识，播放了关于火山的影片。这节课，老师发给每小组一张标有著名火山分布的世界地图，布置了若干问题，学生分组活动。

首先是关于世界著名火山的看图讨论，问题如下：

1. 命名大西洋中的两座火山。

2. 太平洋和大西洋中的活火山数量有何不同？

3. 在北美洲和南美洲最活跃的火山分别坐落在何处？

4. 绘制坐落在太平洋中的火山分布图。

5. 南美洲南部的活火山叫什么名字？

6. 非洲最活跃的火山在什么地方？

7. 维苏威火山在哪里？

8. 哪个大洲没有活火山？

接下来是关于火山带的研讨：

1. 环太平洋带在地图上如何展现？

2. 地中海带如何展现？

3. 在南北美西海岸的火山带是怎样的？

4. 阿留申群岛属于哪个火山带？

5. 维苏威火山属于哪个火山带？

6. 富士山在哪个火山带上？

7. 概括一下世界上哪些地方最容易火山喷发？

轻松的课堂

费尽周折，只是为了让学生了解火山的带状分布情况，得出板块边界处是地壳不稳定火山多发的地带，而我们是直接让学生记住最后的结论。

今天每节课只有25分钟，课堂也很松散。吃东西、闲聊、商量问题的学生都有，如果在我国，可算得"教学事故"了。赫尔老师说，有时课程很有趣，有时趣味性差一些；有时孩子们表现很好，有时很闲散。是啊，在这里，即使是高中的课堂，兴趣也是最主要的。"Have Fun（学得开心）"是师生对话常用语，也是每天我去学校时我的住家跟我说的话。如果教师的课吸引不住学生，他们就会整天无所事事。

这里都是最真实的课堂，从来没有作秀和形式，教学内容很少，从来不赶进度。课上多体验、质疑、探究，"Dilly Dally（消磨时光）"的状态在某些课堂上也很常见，耽误课也不是大不了的事情，这大概是知识目标取向和能力目标取向的不同吧。

Feb 23rd　火山研究项目

今明两天的地理课做火山研究项目。我们学习这部分内容时，通常是简单讲解火山的种类和板块构造学说的知识，可是这里更多地是引领学生关注一座火山方方面面的信息，关注火山对周围人们的影响，人类如何应对火山喷发，如何安全撤离。

不要小看这个差别，前者关注的是遥远的知识，后者关注的是现实的生活，美国教育的务实可见一斑。

在这里，对于探究的问题，师生事先都不知道答案，因而研究过程和结果都令人期待。

赫尔老师发了关于《火山探索计划》项目要求，学生自愿分组，然后上网学习。

大家都忙了起来，讨论方案、查资料、剪辑视频……昨天松散的课堂一下跑到了爪哇国，是什么把学生吸引住了呢？

项目目标：你和你的团队被派往一座世界知名的火山，研究这座火山，准备火山的专题介绍。

研究任务:

1. 确定你研究的火山的位置。

2. 设计一个火山爆发撤离计划（借助网络和模型）。

3. 设计一个专题介绍，包含研究成果、撤离计划、展示安排。

下节课以小组为单位作专题展示。项目要求如下:

一、火山项目的研究要求

1. 该火山的名称。

2. 该火山的地点。

3. 该火山的类型。

4. 该火山熔岩的粘稠度、组成物质和温度。

5. 该火山的海拔。

6. 火山坑的大小。

7. 该火山最后一次喷发的时间。

8. 该火山最后一次喷发的破坏力大小。

9. 该火山造成了何种灾难？人员、动植物的死亡状况和城镇的破坏程度如何？

10. 有专家研究过该火山吗？为什么？

11. 该火山喷发时是什么类型的？

12. 谁为该火山命名的？为什么？

13. 该火山提供什么地理考察项目？你还知道关于该火山的其他重要信息吗？

二、关于火山爆发撤离计划的要求

1. 界定火山活动影响的城市。

火山研究项目

2．调查那个地区是否已有火山撤离计划，如果有，有效性如何？

3．界定人们转移的安全区域。

4．界定一连串的指挥程序（谁制定这个方案，谁来执行）。

5．在一张地图上，用红色区域标定火山影响最强的区域，然后用橘红色和黄色标定影响逐渐减弱的地区。

6．在另一张该区域的地图上，用颜色标注撤离计划。要有三个可选择地点，考虑风的方向或火山垂直喷发的情况。三个地点分别用绿色、蓝色、紫色标注，确保把所有城市和重点地区标识出来。

7．把你的计划按规范组织好，让它像官方的正式文献一样。

三、班内展示要求

1．设计一个视频小电影。

2．你的视频需演示以下内容：关于火山爆发危害的细节描述，撤离路线演示（用地图），如何返回。

3．在展示过程中，视频或者现场表演均可使用，要尽量清晰。

四、关于专题陈述的要求

1．陈述至少四分钟。

2．小组的每个成员都必须参与展示。

3．必须有关于撤离计划的演示。

4．必须包含两张图：撤离过程图和危险区域图。

5．必须对该火山有详尽的了解，准备就师生提出的问题答辩。

6．必须准时，不能浪费全班同学的时间。

五、关于本次作业的分值

过程分50分。包括：

过程	分值	得分
研究探索	10分	
撤离计划	10分	
演示效果	10分	
全员参与	10分	
准时	5分	
不超时	5分	

结果分120分。包括：

结果	分值	得分
项目内容	40分	
撤离计划	35分	
视频或演示	25分	
小组评价	10分	
全班评价	10分	

每次做项目，不仅有明确的要求，每一项任务的分值也是清清楚楚，课堂自由、轻松而有条不紊。

Jan 19th　社会课上的研究主题

在美国，初中的世界地理知识是渗透在科学课和社会课里的。

本周三第一节，我来到斯嘉丽（Scarlett）老师的初一社会课教室。教室文化是关于宗教、阅读、分析、写作、寻求真理和尊重历史等方面的。

首先是地图的基本知识复习。

1. 认识七大洲、四大洋、地中海、尼罗河、亚马孙河、密西西比河、恒河、长江、撒哈拉沙漠、落基山脉、阿尔卑斯山脉、安第斯山脉、喜马拉雅山脉。

2. 了解地图的种类：地形图、政治地图。

3. 了解地图的要素：图例、方向、注记等。

如果你认为这是一节地理课，那你错了。

接下来的两周学生将分小组讨论，主题是：不同的地区，人们如何建立自己的文明，如何管理自己的生活。

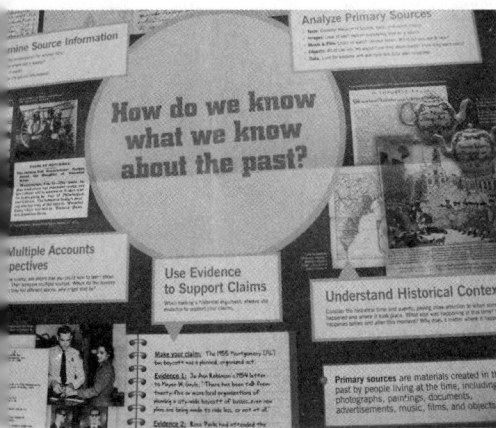

如何判断我们对过去的认知是否正确？

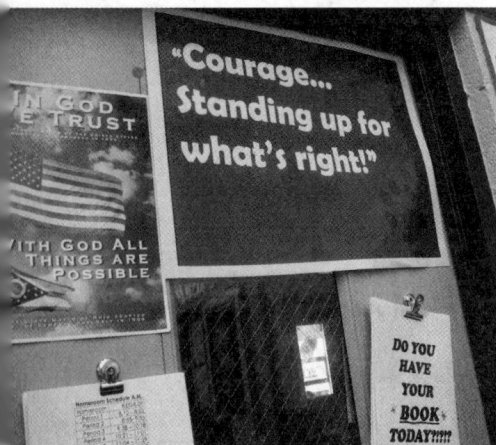

相映成趣：追求真理的勇气（右上）
今天你带课本了吗（右下）

有十三个小问题：

1. 为什么古人喜欢群居？

2. 最初的文明跟现在的文明有什么不同？

3. 早期的哪种经济形式到现在依然存在？

4. 不同时期经济运行情况如何？

5. 文化怎样影响生活方式？

6. 世界五大宗教如何影响人们的生活方式？

7. 为什么理解五大宗教是一件重要的事情？

8. 为什么需要不同形式的地图？

9. 政府的组织形式如何影响公民的权利和责任？

10. 殖民地有什么特征？

11. 哪些自然资源对社会的发展是必需的？

12. 在国家经济中自然资源的地位如何？

13. 政治、经济、文化、历史、地理如何帮助你了解一个国家人们的生活方式？

初一的孩子，就要考虑这样深刻的问题么？看到孩子们那么带劲地讨论，想起在克里普尔老师初二阅读课上学生的独到见解，我发现原来初中生的思维也可以这样深刻！

还是抛掉一切固有的观念慢慢观察吧。

Apr 20th 历史大事年表——动荡的60年代

很多美国人认为，他们的批判性思维始于中学的历史课。当历史老师引入多种分析角度时，如从黑人角度看大熔炉、从印第安人角度看西进运动……你对问题的认识，就会越来越理性而深刻。

4月18日至21日，每天的上午第三节，我去听特瑞（Dan Taray）老师的AP美国史。

这周他们研究动荡的60年代（Turbulent Sixties）。要求学生搜集20世纪60年代排名前20位的动荡事件，如"马丁·路德·金被暗杀"、"女权运动"、"反文化运动"、"肯尼迪总统遇刺"等，然后利用视频、图文资料演示并制作一份历史大事年表，以更好地了解那段历史和那个年代。

一、项目背景

在美国史第31章中引用了Brinkley 教授的一段话：20世纪50年代末的不安定因素致使60年代成为20世纪最为动荡的年代。(In the introduction to American history, chapter 31, professor Brinkley states that the restlessness present in the United States at the end of the 1950s "would make the 1960s one of the most turbulent eras of the twentieth century".)

二、任务

1. 收集并制作一份20世纪60年代排名前20位的动荡事件的历史大事年表。相关事件可在本章节

两人一组制作历史大事年表

开始的大事年表中选择，或利用网上资源，两者结合最好。作品必须包含对每个事件的简单描述（最少两句话），并且要说明你为什么选择这个事件。[Your assignment is to collect a list of the "top twenty" turbulent events of the 1960s. You may select your events from the timelines at the beginning of the chapters, internet sources, or preferably, a combination of both. You must also include a brief description of the event (2—3 sentences minimum) and be able to defend each selection (tell why you feel it belongs on the list).]

例如：1968年4月4日　马丁·路德·金被暗杀。(Example: April 4,1968 Martin Luther King was assassinated.)

这一天，马丁·路德·金博士一行在孟菲斯的Lorraine汽车旅馆集会，同时会见了当地的领导人，讨论本月下旬在华盛顿举行的穷人游行事宜。下午6点，当他走出旅馆迎接朋友时被步枪子弹打中。一小时后St. Joseph 医院院方宣布马丁·路德·金博士医治无效死亡……(Dr. King spent the day at the Lorraine Motel in Memphis working and meeting with local leaders on plans for his poor people's march on Washington to take place late in the month. At 6pm, as he greeted friends in the courtyard, King was shot with one round from a 30.06 rifle. He was declared dead just one hour later at St. Joseph's hospital ……)

资料来源：http://www.stg.brown.edu/projects/1968/reference/timeline.html

2.只要提前阅读并理解了相关资料，你就可以将其复制并粘贴，但要确保注明材料来源。(It is permissible to copy and paste descriptions as long as you read and understand them beforehand. Be sure to parenthetically document of your sources.)

3. 展示时可使用视频、幻灯、剪报等来尽显你们的创造力。[Feel free to be creative with your method of presentation (ie. scrapbooks, video presentations, PowerPoint, etc).]

三、项目要求

1. 利用照片或60年代风格的艺术品使你的历史大事年表看上去更有吸引力。(Use photographs and/or 60s style art work to make your list visually appealing.)

2. 最多两个人合作。(You may not collaborate with more than one person.)

3. 4月21日离校前上交。(Turn in before you leave class on April 21.)

4. 最终作品75分。(75 product points for final product.)

5. 作品展示25分。(25 process points for staying on a task.)

6. 用两节课的时间在计算机教室准备该项目。[I will provide at least two class periods(in the computer lab) for you to work on this assignment.]

我看了特瑞老师本学期的教学计划,他为学生设置了不少"文史组合"的作业项目。如历史人物专访、给历史人物写颂文、给一部历史电影写影评、给一部历史书写书评、书写

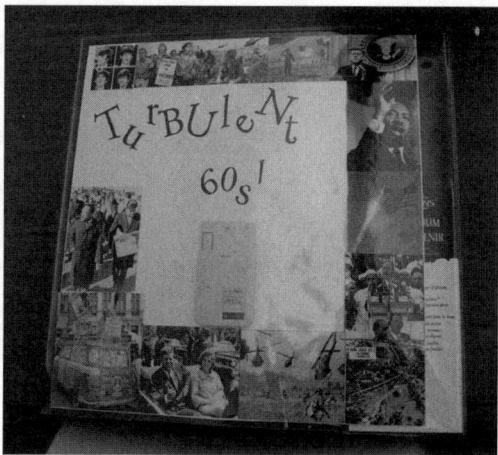

学生制作的剪贴本《动荡的60年代》

历史假设文章（假设某段历史中的一个事件没有发生将会产生什么结果）、制作某个历史年代的海报等。

这些教学计划让我疑惑:这究竟是历史课,还是作文课? 特瑞老师告诉我,他想通过这种方式让学生走进历史,学会发现和鉴别事实真相,寻找证据表达自己思想,以培养学生的批判性阅读和分析能力,使学生能够理性地认识历史问题和道德问题,而不是一味地接受他人的观点。这也是AP美国史课程的教学目标,这门课大学承认学分。

一周后,学生们上交了项目展示作业,各小组制作的剪贴本异彩纷呈,

让我这个理科生从心底生出几分羡慕，这样去研究历史真有趣。

Mar 27th　沙漠史诗——哈德逊高中的世界文化课堂

最受欢迎的老师

有些人天生就是好老师，好老师会影响学生一生的学习和生活，June Murray 让我确信这一点。

她是哈德逊高中最受欢迎的老师，学生和老师提起她，总是赞誉有加。走进她的教室，无人不被她和她的课堂深深感染，参与到对异域文化的探讨之中。

通常每间教室有几人到十几个人，June的课备受欢迎，人满为患，我听的这节课有35人，是我来美后见到的人数最多的班级（原则上每个班不能超过30人）。

June教世界文化、美国史和心理学。这三门课的素养使她的课有着不一样的灵动。本学期她每天上四节课：第一节，大洋洲文化；第二节，美国史；第三节，心理学；第四节，非洲文化。这两周，我上午听化学和高级基因课，然后吃午餐，最后一节，我去June的教室感受不一样的非洲文化。

因为哈德逊高中每节课90分钟，所以June相当于每天上8节课，可已经46岁的她总是那么有活力。

June老师有点胖，皮肤也不是很好，仔细看，脸上还有不少小雀斑，但那又有什么关系？在我眼中，她很美。

每节课开始，她喜欢说："女士们，先生们，今天是特别令人激动的一天！（Ladies and gentlemen, today is an extremely exiting day！）"

幽默、激情、磁性的声音，丰富的肢体语言，充满吸引力的课堂项目，还有她组织的假期跨国旅游……这一切像磁石一样吸引着她的学生！她说这门课主要让学生了解不同的文化、不同的种族，通过引领学生对世界所有文明的关注扩展其公民意识和参与意识，让学生明确自己对世界的责任和义务，成为优秀的世界公民。

关于图阿雷格人的课堂项目

这几天他们研究图阿雷格人（Tuaregs）——北非撒哈拉沙漠地区的一个游牧民族。

图阿雷格人有个独特的习俗——男子带面纱，所以人们把图阿雷格人称作"戴面纱的人"。

据说，最初图阿雷格人是女人戴面纱。有一次，图阿雷格男人战败归来，一个个垂头丧气，他们的女人见了之后，又羞又怒，将自己脸上的面纱扯下来，扔给那些男人，对他们说："你们这些男人真是没用，看来应该由你们来戴这些面纱。"就这样，图阿雷格男人戴起了面纱。

图阿雷格男子无论何时都不能揭开面纱，连睡觉时都要戴，即使陪着客人喝茶，也要小心翼翼地把嘴巴藏在面纱内。只有吃东西时才将面纱揭开一部分，但还需用手遮住嘴。男人若当着女人的面露出脸和嘴，则被认为是失礼行为。

June老师说，面纱被揭起，对图阿雷格男人自己来说是羞耻，对揭面纱的人来说则意味着死亡。

据说，如果一个图阿雷格人死了，他的面纱也掉了，即使是他最亲密的同伴也认不出他是谁，只有将面纱重新蒙上才能确认死者到底是谁。

在学这部分知识之前，June老师提供资料并建议学生去网上查找更多信息，然后课上讨论。

下面是June布置的作业。

项目名称：沙漠史诗(Desert Odyssey)

1. 在看起来都是一个模样的沙漠地区，图阿雷格人怎样发现穿过沙漠的道路？(How do the Tuareg people find their way through the desert when the terrain looks the same?)

2. 阿达姆在旅程中学到了哪些沙漠求生的技巧？(What are some desert survival skills that Adam learned on his journey?)

3. 描述阿达姆旅程中必须履行的成年仪式，你怎么看待图阿雷格人的这种宗教信仰？(Describe the coming of age ritual that Adam had to pass on his journey? Why do you think the Tuaregs have this ritual?)

4. 填表

社会组织（家庭、社会等级、男女的社会角色等） [Social Organization (family, class, people, gender roles etc)]	
标志（体态语，特殊文化现象） (Gestures, anything that carries a particular meaning to a special culture)	
语言、文学 [Language (literacy, importance)]	
风俗传统（价值观、信仰、道德观念、社会习俗） [Customs and Traditions (values, beliefs, mores, folkways)]	
工艺技术（富有地方文化特色的工艺品） [Technology (tangible human creations unique to a culture)]	
艺术（书法、音乐、舞蹈、饮食文化） [Art (literature, music, dance, food)]	
宗教信仰 (Religion)	

政府组织形式（过去和现在）[Government (historical and present day)]	
经济体系（商品的生产、分配、消费和服务设施）[Economic Systems (How do people produce, distribute and consume goods and services?)]	

在June老师的教室里，课堂讨论、作业都围绕着开放性的问题展开，没有死记硬背，也没有标准答案，强调基于问题的学习（problem-based learning）。你获得什么等级的评分，全看你搜集材料的功夫，看你有没有独特的见解，不必担心答案对还是错，遵从你自己的见解是最重要的。

今天，他们讨论图阿雷格人的游牧生涯。谈到沙漠游牧民族分享的美德，学生问June分享是文明发达的标志还是文明落后的表现；谈到图阿雷格人旅行时不带女人，男人在艰苦的环境下扮演着重要的角色时，他们问June为什么有些资料上说图阿雷格人是个女权主义的民族。

有一段时间，男生都不说话了，女生跟June老师讨论得很带劲。仔细一听，原来他们在讨论穆斯林的割礼问题，教室里的气氛竟然那般轻松活跃。

在June的课堂上没有错误答案，任何人都可以有自己的想法。课堂是那般平等，而June则是平等中的首席。

世界文化课上的心理测试

离下课还有十分钟，June从兜里掏出一个小本，心理测试开始了。这可是June的独门绝活，谁说世界文化课堂上只能讲世界文化呢！一起来回答这些问题吧。

1. 你在深夜驾车撞了一只狗，你会不会停下来？如果你看到那只狗死了，狗的脖子上有门牌号，你会不会去向那家人道歉？

2. 如果你发现妈妈牵一陌生男人的手，你会不会告诉爸爸？

3．如果让你全裸，走四个街区回来，给你一百万，你会吗？

几名男生说愿意，一名女生也说愿意。

4．如果你父母老了，送他们去养老院（Nursing Home）还是让他们住你们家？

令我惊讶的是，几乎所有的学生都选择把父母送养老院，他们说父母是两个人，不孤单，护士照料得更好。June问："如果父母只剩一个人你会跟他们住在一起吗？"学生说还是送养老院，因为那样父母活得更自由、更自尊。

5．你愿不愿缩短五年寿命变成一个非常漂亮的人？

有学生问June一个问题："你愿意让谁吻你？吻你哪里？"你猜June怎么回答的？她说这个问题她不喜欢。

第一眼爱上它——沙漠史诗

今天的90分钟，June给学生播放关于图阿雷格人游牧生活的纪录片（这些片子是June花钱买的）。

神秘的音乐响起，一部真正的沙漠史诗上演了。

沙漠生活是那般美好，如遥远的梦：驼队，头巾，苍鹰，绿洲，婚礼，女孩，鼓，舞蹈，赛驼，水……日落时分驼队的剪影，美得让你屏住呼吸。

沙漠生活是那样艰难：不好的年份，荒芜的田野，无尽的风沙，骆驼的尸骨，艰难的行走……即使你膜拜，日子还是很艰难。是自然太伟大，还是人类的祈祷太卑微？

沙漠生活是那么温情：亲人的牵手，夜晚的篝火，祖母的眼神，太阳和月亮……还有盐和希望。"我爱我的骆驼。"那个孩子说道，"如果我有钱，我要买一只赛骆驼。"

沙漠生活是那么奇特：朝拜，图腾，虔诚的祈祷，石头，瘦骨嶙峋的手，黑色的面罩，还有金钱。

视频上的主人公赛迪迪·爱内卡说他从没见过电视、洗刷间和电话，从未读过一张报纸，从未听说过传真机，也没见过美元。

但他不在乎。"我的爸爸是游牧民族，我是游牧民族，我的孩子也将是游牧民族。"不知道自己究竟多大的爱内卡说，"这是我祖先的生活，也是我的生活，我喜欢这种生活。"

很多住在撒哈拉西部的人与爱内卡持同样的观点。几个世纪以来他们与世隔绝，骆驼、羊是他们赖以生存的交通工具和食物，他们活了下来。

但他们也为远离文明付出了代价。他们是世界上最穷的人：不能给孩子提供教育和健康保障，每一天都在贫困线上挣扎，干旱来临的时候，日子变得更加艰难。他们就住在这片有着荆棘树、尸骨、风沙、饥饿和灼热的地方，得不到救援，只能靠自己。

他们逐水草而居，有时跟其他家庭结伴而行，一走就是几个星期。

历史上的图阿雷格人曾遍布北部的马里沙漠和尼日尔河，很多家庭拥有上千只山羊和绵羊，还有奴隶。时光荏苒，随着降水量减少，湖泊干涸，草地减少，可以生活的区域越来越小。

一场以图阿雷格人的失败告终的暴乱导致数千图阿雷格人被杀，更多人逃往阿尔及利亚、布基纳法索和毛里塔尼亚。现在的图阿雷格人变得非常贫穷。贫穷使图阿雷格人开始接受某些发达国家和地区提供的水、食物、动物和其他救济。

爱内卡每个周六要去距自己住所40英里的一个市场上进行货物交易，他的妻子做了山羊奶酪让他带着，他希望卖掉这些奶酪买一些糖、茶、烟草和山羊尸骨做的盛水器。很多游牧者聚在那里。有的想卖掉牲畜，有的想卖米和其他的东西。他们拥抱，谈笑，最终，爱内卡卖掉了他的奶酪。

爱内卡返回他的帐篷，里面是他的全部家当：一个金属碗，一个山羊皮袋子，三个羊皮枕头，四个草席，一个小煤气灯，一个茶盘，一包糖，一罐茶。

数十头牲畜在爱内卡的帐篷周围散步。他有五头驴、四只山羊和五十只绵羊。山羊提供奶和奶酪，绵羊皮可以用来取暖，驴子代替骆驼作为长途跋涉时的帮工。

不远处还有三个帐篷，是爱内卡的两个兄弟和一个朋友的家。游牧民族喜欢一起旅行，他们分享收获，彼此帮忙照看牲畜。

"牲畜是我的生命。"棕色眼睛、古铜色皮肤、眼角有着深深皱纹的爱内卡说，"如果牲畜死掉，我就没法活了。"

是的，在干旱的年份，有些牲畜生病、瘦弱甚至死亡，日子就变得更加艰难。

有些机构愿意救助图阿雷格人，可是很多图阿雷格人并不愿意使用这些特权。大部分人从来没去过首都巴马科，也不知道马里的总统是谁。他们逃避政府，妇女在帐篷里生孩子，生病的时候使用烟草等药用植物，只在生命垂危时去政府的医院。

每天日出时刻，他们要向太阳跪拜，然后带骆驼去水井喝水，黄昏时把绵羊、骆驼、山羊集合在一起。

沙漠里是没有学校的。孩子除了读伊斯兰教的《古兰经》、穆斯林的《圣书》之外，没有接受其他教育。

孩子从很小开始学习照看牲畜。"我喜欢我的生活，我照看我的骆驼，我不知道世界是什么，世界就是我在的地方。"视频中的男孩15岁了，他对世界所知甚少。

但是那个叫阿莫德的瘦瘦的男孩有他的梦想。他想知道学校什么样，他怀疑飞机是否真的能在天上飞。

阿莫德说："我想知道开车和骑骆驼有什么不同。"

那个黄昏，爱内卡和他十岁的儿子莫哈默德召集绵羊、山羊和骆驼，在沙漠的斜坡上，他们脸上绽放着笑容，太阳还没有落下，月亮已经升起，天空蓝得没有一丝杂色。

下面是本节课June布置的问题：

1. 撒哈拉的游牧民族要为他们的生活方式付出什么"代价"？(What "price" have the nomads of the Sahara paid to their life style？)

2. 你认为他们很在乎这种"代价"吗？在他们的解释中有没有民族优越感的成分？(Do you think that they interpret the "price" as something to be concerned about or is there some ethnocentrism in this interpretation?)

3. 过去的图阿雷格人为什么比较富有？(Why were the Tuaregs more affluent in the past?)

4. 游牧区的环境发生了什么变化？这些变化将对他们的生活产生什么影响？(What environmental changes have occurred in the territory of the nomads? What effects on their lives do you think this change will have?)

5. 贫穷对图阿雷格人的生活产生了什么影响？(How has poverty effected the lives of Tuaregs?)

6. 爱内卡的帐篷什么样？有哪些物品？这揭示了什么样的文化？(What does Inaka's camp look like? What kind of belongings does he have? What does this reveal about his culture?)

7. 牲畜对游牧民族的谋生起什么作用？(How do animals support nomadic life?)

8. 图阿雷格人信仰什么？你认为与世隔绝的他们是如何拥有这些传统信仰的？(What religion is practiced by the Tuaregs? With no contact with contemporary society where do you think this tradition came from?)

9. 图阿雷格人转变生活方式是不可避免的吗？（Is it inevitable that the Tuaregs will change their lifestyle and abandon the ways of their elders?）

每次看片子的时候，学生手中都有一张答题纸，看完片子，作业就完成了。交上作业，本节课结束。

Mar 30th　非洲部落项目

June老师的世界文化课上有一系列项目，她称这些项目为美国人类学协会（American Anthropological Association，即AAA）。这一周他们做非洲西部和北部文化展示项目（North and West African Cultural Fair）。

在项目活动中，学生要从Fon、Yoruba、Asante、Dogon、Hausa等非洲部落中选取其中一个部落，设想跟该部落一起生活六个月，了解该部落的文化，在课堂上作展示。

下面是June老师的项目要求。

一、情境创设

你将被邀请参加在马萨诸塞州哈德逊高中举行的美国人类学协会会议，你和你的同事必须组织好你的部落研究项目，并且创设一种情境来呈现你们与之生活了六个月的部落的最原始的文化。你们的展示应该包括翔实丰富的材料，与大家分享你所生活的部落信息，并分发表格让大家根据你的展示填写表格内容。(You have been invited to participate in the AAA conference that will be held in Hudson, Massachusetts, in the remaining time you and your colleagues must organize your research and create a display

非洲部落项目展示

that showcases your work and the culture of the people you have lived with for the past 6 months. Your display should be engaging and rich in detail and you must provide your audience with a sheet that they will fill out from the information you share with them about your people.)

二、重点展示内容 (The following criteria need to be addressed)

1．历史资料 (historical information)

这个文化群体的历史起源是什么？这种历史如何影响他们的生活方式？ (What is the history of this culture group in relation to the country it is a part of? How has this history impacted their way of life?)

2．社会组织 (social organization)

人们的生活方式和典型的家庭组成是怎样的？ (How do people live, what is a typical family like?)

3．代表性的文化现象 (symbols)

对该部落来说具有重大意义的事物是什么？为什么？ (What possesses great meaning for these people? Why?)

4．语言 (language)

人们如何交流？ (How do they communicate with each other?)

5．传统与风俗 (customs and traditions)

生日 (birth)、成年仪式 (coming of age)、衣着 (dress)、婚姻 (marriage)、葬礼 (death)、庆典 (celebrations)。

6．工艺技术或物质文化 (technology /material culture)

7．艺术 (arts)

有什么样的饮食文化？有那些娱乐活动？如何审美？ (What do they eat? What do they do for entertainment? How do they define beauty?)

"Asante部落"展示

8. 宗教 (religion)

他们信仰什么？这种信仰背后有什么样的故事？(What do they believe in? what is their creation story?)

9. 政府 (government)

这个文化群体中谁掌权？为什么？(Who has the power in this culture group? why?)

10. 经济 (economics)

人们靠什么生存？(What do people do to survive?)

参考网站：

http://dmoz.org/science/social science/anthropology/cultural anthropology/ethnography/

http://www.mankato.msus.edu/emuseum/cultural/oldworld/africa/fonculture.html

http://library.Webster.edu/ashanti.html

http://www.telematics.ex.ac.uk/molli/yoruba/1 about yoruba/index.htm

http://news.nationalgeographic.com/news/2003/05/029 030529 dogon.html

三、项目评估（共20分）

1. 完成度 (completeness)：4分

你的展示强调上述所有内容了吗？(Does the display address all of the criteria stated in the assignment?)

2. 整体效果 (cohesiveness)：8分

你们的项目流畅吗？你们的表达和表演能否准确、清晰地被观众理解？是否富有吸引力？(Is your project polished? Can your audience easily understand and interpret your information? Does your display provide the participant with information that is easily understood by the viewer and does it enhance your presentation? Is your presentation clear?)

3.你们的项目研究方法是否独特？（Was the approach to the assignment unique？）4分

4.小组分工（group dynamic）：4分

小组的每位成员是否都为该项目做出了贡献？（Did each member of your group contribute to the completion of your assignment？）

今天项目展示，老师给每个小组十分钟的准备时间。

第一组有两名男生、一名女生。他们介绍非洲Asante人。每讲完一个方面内容，老师和学生都会提问题，没有问题了才展示下面的内容。

他们谈到该部落的表兄妹结婚，人们不觉得死去的人已经死了，还有大法师和传说中的铸金工艺……这些都引起了大家的好奇。

他们还带了"来自Asante部落的蜂蜜"请大家品尝。学生开玩笑说："食堂的非洲蜂蜜味道好极了。"结果因为蜂蜜太甜，大家都吵着要水喝。

各小组依次展示，师生提问和小组回答是那么有趣和认真，比起大学里的论文答辩，少了几分紧张严肃，多了几分轻松民主，我不禁为课堂上自由和谐的氛围所感染！

在June老师的课上，教育不是结果，而是过程，是体验，是感悟，是慈悲，是自由，更是成长。

二、 课堂实验进行中

美国教育非常重视"动手做",以增强学生的好奇心,鼓励学生观察事物、提出问题。物理、化学、生物、地理等学科,很重视实验教学。实验设计新颖独特,实验要求细致规范,实验过程认真条理,实验数据真实可靠,实验结果科学精准……令人久久沉思。

而近些年,美国的"学习金字塔"理论被我国的专家们在各级教师培训中使用并烙上了"中国特色":"做中学"更多的是在"做题中学","马上应用"也成了"把学到的知识马上给同伴讲解"。美国课堂上的"做中学"究竟是怎样实施的?

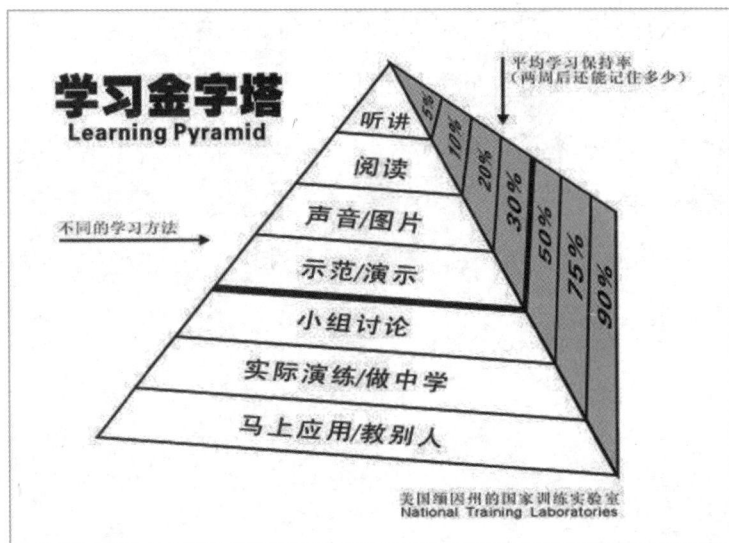

中国特色化了的"学习金字塔"

Apr 1st "少即是多"——高级基因课

朱莉老师和那些精灵古怪的女生

这段时间我在波士顿的哈德逊高中访学。哈德逊高中每天四节课，每节课90分钟。这两周每天的第一节课，我都去听高级基因课程，教师叫朱莉（Julie），韩裔。

上课后的第一件事是宣誓，然后是广播通知，讲今天的午饭吃什么。

教室里有六张实验桌，第一节课有9名学生过来上课：8名女生、1名男生。

高级基因课程是一门以实验为主的课程，整整一个学期就是做几个实验。这周做基因重组和细菌转化实验，下周做果蝇杂交实验。今天，老师主要做些准备工作，和学生谈论有关实验的情况，以明确接下来要做的事情。

朱莉老师的课堂

学生们总喜欢跟老师闲聊。

他们谈论上周音乐会上那位苏丹的黑人歌手，说亚洲人都很能干，而很多黑人不那么勤劳。

看到我，学生问朱莉："你也是中国人吗？"朱莉说："我是韩国人。"学生说："都是人。"

他们跟朱莉讨论精子、卵子，谈论伴性遗传问题，谈论下周的果蝇杂交实验。女孩子们聊得火热，那名叫约翰（John）的男生却一言不发。

果蝇杂交实验用品

谈到交配的问题，女孩子们拿那名男生打趣："这里有个John！"John一言不发，不过他的脸由白转红，一直红到耳根。

接下来她们跟朱莉老师谈论性的问题，仍是那般自然而轻松。这些女孩子，她们可是哈德逊高中的尖子生啊。

谈着谈着，朱莉老师说："打住。"学生立刻提出抗议："你想说的时候我们跟你说，我们谈兴正浓的时候你让我们打住，这不公平。"

"做中学"

朱莉让我看她的实验室，堆满了瓶瓶罐罐。她说这里的课没有现成的结论，都要靠实验做出来。

设计并实施实验比记住结论要难得多，花费也很昂贵。他们跟麻省理工学院的实验室有很好的合作关系，下周的实验用品就是从那里买的，在那里有一层楼都是用来做果蝇实验的。

瓶瓶罐罐里面蓝色的是培养基，睡着果蝇的幼虫。学生要辨认雌果蝇和雄果蝇，记下果蝇眼睛的颜色（红眼或白眼）和翅膀的特征（灰翅或黑翅，长翅或残翅），然后让果蝇交配，看生下的小果蝇基因重组的情况，多少像爸爸，多少像妈妈，多少红眼的，多少白眼的。如果实验效果不理想那就明天再做，有时一个实验甚至持续好几周。

他们不着急。

测验、实验

今天，他们用pGLO质粒转化大肠杆菌，用$CaCl_2$溶液做诱导剂，称为细菌转化实验。

做实验之前，先有个小测验。

朱莉首先要求所有学生把手机交上来，放在这个大盒子里，防止作弊。这个盒子是朱莉老师让学生在木工课上特别制作的。看，就是它。

小测验的题目，是朱莉现场写的，目的是看学生是否预习了实验要求。

实验准备测试（Starter Quiz）：

1．实验的目的是什么？（What is the objective of the lab?）

2．写出实验步骤。（Write out the procedure.）

3．你需要什么样的培养皿，每种需要几个？(What are the type of the plates you need？How many of each?)

4．pGLO是指什么？（What does the pGLO mean?）

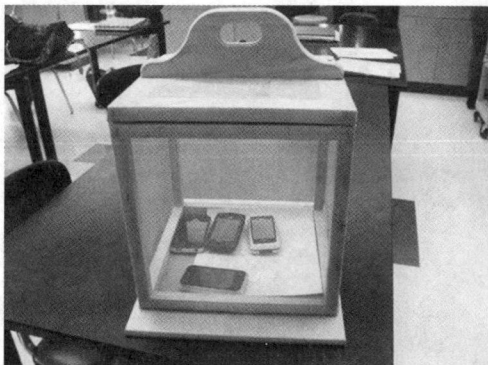
手机屏蔽箱

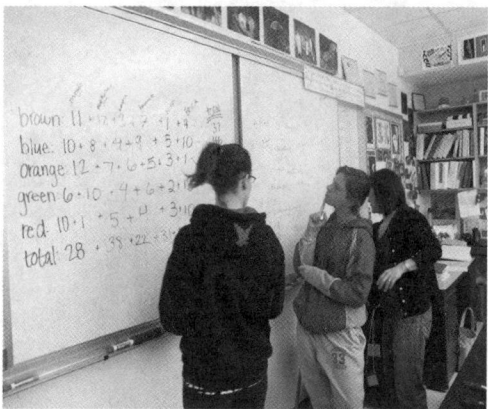
统计研究实验数据

女孩子们抗议说，问题太细了！朱莉老师却一脸淡定。

做完后交卷，实验开始。

首先要求准备好所需的东西：培养皿、培养基、试管、冰块、水、温度计、受体菌、pGLO质粒、转化液（$CaCl_2$）……都整整齐齐地摆在每一张实验桌上。

老师布置了实验步骤：

1．准备感受态细胞，在试管上编号。

2．在两个试管中各放入2.5ml转化液（$CaCl_2$）。

3．将上述两试管于冰上放置几秒钟。

实验进行中

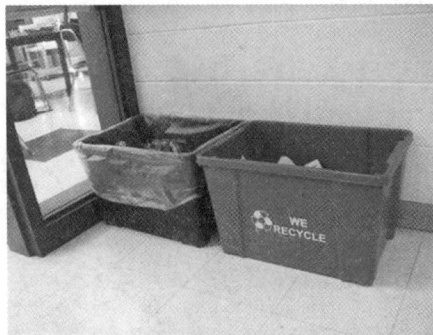

垃圾分类回收

4．置于42度水浴加热。

……

大家忙碌了起来。

小心翼翼地加入转化液（$CaCl_2$）；为了保证水温42度，一点点地加热水……那样一丝不苟，是科学的态度，让我这个习惯了"教"学的老师心生佩服。

这个实验，我们的很多高中不做。准备实验是精细、昂贵而且耗费时间的，我们总是忙着赶进度，忙着复习，我们没有时间慢慢来，我们也不会为此花那么多钱。

做完实验，清理桌子，一切都条理而规范。

你看，他们有时很松散，也爱玩，可是他们做事的时候，却是那般认真规范。在扔掉饮料杯的时候，那名女生先把杯子洗了一下，这个动作是那么熟悉——在我俄亥俄的住家弗吉尼亚家，所有瓶瓶罐罐都要洗净再回收！环境教育已经内化到每个人的生活习惯中了。

接下来，学生们等待明天看实验结果，这种有期待的学习是多么幸福！

实验总结报告

第二天，盒子里的细菌培养很成功，学生惊呼，跟老师击掌，有个女生甚至跳起了舞！

这些女生学习好，长得漂亮，又多才多艺，她们可以肆无忌惮地调侃那个憨憨的男生，还可以跟亚裔的顶尖教师斗智斗勇。我开始羡慕那些四处飘扬着的青春了。

这节课学生分小组记录、总结实验结果，上交实验报告。实验总结报告的要求规范科学，令人对教师教学的专业素养肃然起敬。下面是实验报告的要求。

成功的细菌转化实验

要求：把答案写在一张带横线的白纸上，第9题要重画四个培养皿和实验条件。(Directions: Put all answers on a separate white lined paper, for #9 redraw the four plates and conditions.)

细菌转化实验检测（总分42分，除第9题8分外，其余每

实验结果分析研讨

题2分）：[Bacterial transformation lab test (42 total points, 2pts each except for #9 which is 8pts)]

1. 怎样的细菌细胞是可用的？(What is meant by if a bacterial cell is competent?)

2. 加转化液（$CaCl_2$）的目的是什么？[What is the purpose of the transformation solution ($CaCl_2$)?]

3. 热击（生物学术语）的目的是什么，请解释。(What is the purpose of

heat shocking? Explain.)

4. 加LB培养基的目的是什么？[What is the purpose of the LB broth (Luria and Bertani)?]

5. 什么是质粒？(What is a plasmid?)

6. 什么是抗生素？(What is an antibiotic?)

7. 如果质粒有氨苄青霉素抗性基因会发生什么？解释这个基因是如何起作用的。(What happens if this plasmid has Ampicillin Resistant Gene? Explain how this gene works?)

8. 当有阿拉伯糖时，GFP基因为什么能表达为GFP蛋白质？请解释。(Why does the GFP gene express the GFP protein in the presence of Arabinose? Explain.)

9. 在下面画出培养皿里预期的结果。(Draw the expected results in the Petri dishes below.)

a. 画出应有的实验现象。(Draw what should have happened.)

b. 在每个培养皿对应的栏目下面，解释为什么会出现这样的结果。(Below each Petri dish, explain why these results should have occurred.)

加质粒、LB培养基、氨苄青霉素 (+plasmid LB/amp)	加质粒、LB培养基、氨苄青霉素、阿拉伯糖 (+plasmid LB/amp/ara)	不加质粒、加LB培养基和氨苄青霉素 (−plasmid LB/amp)	不加质粒、加LB培养基 (−plasmid LB)

10. BLA基因的功能是什么？(What is the function of the BLA gene?)

11. 在第9题的表中，如果在添加质粒、LB培养基、氨苄青霉素的培养

分小组讨论实验总结报告

皿中和添加质粒、LB培养基、氨苄青霉素、阿拉伯糖的培养皿中没有长出菌落，可能的解释有哪些？后面两个培养皿呢？(What are some plausible explanations for if you had no growth in the +plasmid plates LB/amp and +plasmid LB/amp/ara? The last two plates on the table on question 9?)

12. 如果除了最后一个只有质粒的LB培养基的培养皿长了菌落，其余的都没长，可能的解释是什么？(What are some plausible explanations for : if you had no growth on any of the plates except for the last plate—plasmid LB?)

13. 不加质粒只加LB培养基的培养皿的目的是什么？(What was the purpose of the —plasmid LB plate?)

14. 不加质粒只加LB培养基和氨苄青霉素的培养皿的目的是什么？(What was the purpose of the —plasmid LB/amp plate?)

15. 加质粒、LB培养基和氨苄青霉素的培养皿的目的是什么？(What was the purpose of the +plasmid LB/amp plate?)

16. 加质粒、LB培养基、氨苄青霉素和阿拉伯糖的培养皿的目的是什么？(What was the purpose of the +plasmid LB/amp/ara plate?)

17. pGLO质粒包含什么？(What does the pGLO plasmid contain?)

18. 通常阿拉伯糖C基因的功能是什么？在本实验的pGLO质粒中呢？(What is the function of the araC gene normally and now in this pGLO plasmid?)

我拍下了一名女生的实验报告，把实验报告还给她并说了句"谢谢"，她

下课前的即兴演唱会

用中文回了句"不用谢",这让我吃惊。我问:"你会说中文?"她说:"我的前男友是中国人。"

看到女孩子们总是谈笑,朱莉不断地说"打住"。

朱莉问我知不知道"dilly dally",我说不知道。女孩子们一起给我解释,说是开着车四处逛,什么也不做,慢吞吞。我问:"是做白日梦或者浪费时间的意思吗?"她们说:"Yeah! You got it(你说对了)!"

朱莉用这个词的意思是批评学生松散。亚洲人喜欢转弯抹角,可这些女孩子却装作不懂,依然谈笑风生。

朱莉拿出印有有毒标志的袋子,让学生把实验用品放在袋子里,密封,然后洗手。

离下课还有十分钟,一名女生弹起了吉他,另外两名女生唱起了歌,所有人都停下来静听。天籁之音!

果蝇杂交实验

从这一周开始,他们做果蝇杂交实验,这个实验要持续一个月的时间。

今天是果蝇实验的开始,观察果蝇眼睛的颜色(红眼或白眼)、翅膀发育的情况(长翅或残翅)。在这个小瓶子中,随着生长,果蝇会不断向上爬,当爬到瓶子的顶端时,就变成成年的果蝇了。只要打开瓶子,它们就能展翅飞翔了。

果蝇眼睛颜色、翅膀观察

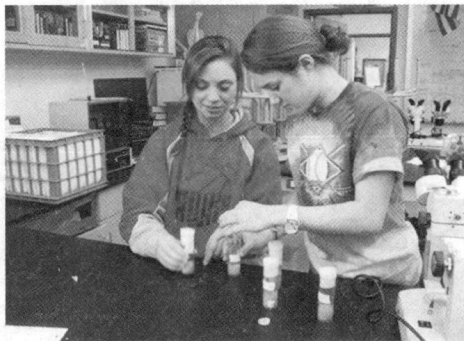
果蝇杂交实验

女孩子们告诉我，大尾巴的是雌果蝇，尾巴黑而且小的是雄果蝇，肚子大的是怀孕的果蝇……

他们要让眼睛颜色和翅膀形状都不同的雌雄果蝇交配，观察后代的眼睛颜色，然后让第二代中不同眼色的雌雄果蝇杂交，观察第三代果蝇眼睛颜色、翅膀的形状比率，以找出遗传的规律。

其中一项技术活是把十几天前开始培养的成年果蝇放入新瓶子中，让第二代杂交。当女孩子们成功地把成年雌雄果蝇放入另一个瓶子的时候，她们开心地跟我击了一下掌。

我问了一个很傻的问题：这符合伦理学吗？朱莉老师认为我很幽默，我们禁不住哈哈大笑。

关于考试

两周以来，我发现女孩子们相处很融洽。学习拔尖的是她们，多才多艺的是她们，爱漂亮善打扮的是她们，活泼开朗的是她们，落落大方、彬彬有礼的是她们，不停地向老师提问的是她们，严谨的是她们，喜欢闲聊和消磨时间的还是她们。

今天她们谈论SAT考试，因为她们明年毕业。

朱莉老师问我："你们怎么升大学？"我说："我们通过三天的高考来决定上什么大学。"

她们觉得难以置信。

一名女生问我："你通过了三天的考试吗？"我说是的，她过来跟我击掌。她常在班上做舞蹈动作，一脸阳光，是一名特聪明活泼的女孩。

今天又考试，是关于昨天的实验。

谈论毕业舞会

考试期间有学生提问，老师很酷地说："只管做。"学生做题的过程中，朱莉准备实验，声音很响，有学生提出抗议，朱莉依然我行我素。空气里传来隔壁班化学试剂的味道，化学老师说话的声音也很快很高，大家都无可奈何地笑了。

考试期间，女孩子们谈约男孩子的问题（因为还有一两个月就是高中的毕业舞会），谈学校的主流体育项目，谈论那些体育特别棒的男生和学校音乐会上的摇滚歌手，谈各自比较谈得来的男朋友。朱莉老师说："打住，他们只是人（They are just people）。"有个女生说："但他们是超人（But they are super people）！"

没过几分钟，女生们又开始谈笑，只有那名男生John，坐在最前排的角落里，一声不响地答着题。

愚人节的大雪和豌豆杂交实验

今天是4月1日，愚人节。落雪纷纷，天地一片苍茫。

当天气不好时，电视上的早间新闻会统一发布放假通知，可是今天没有。路上，司机贝蒂说："可怜的孩子们，可能都以为今天不上学呢。"

可对我来说，情况就不同了。今天是我在哈德逊高中的最后一天，世界文化课的展示，高级基因课的实验，愚人节……我都不想错过。

来到高级基因课程教室，已经上课五分钟了，只来了三名学生，其中就有沉默的约翰。

女孩子们告诉我，除了他们三个，其他学生和老师都还没来，都是雪天惹的祸。

师生陆陆续续地来了。学生两星期前种的豌豆苗已经长成了小丛林。种的时候是一样的种子，长出来的豌豆苗的茎却有紫色的，有绿色的，还有少数白色的。这个实验是关于性状表现的显隐性比例和白化苗概率的研究。

今天的任务是分组数出所有豌豆苗的数量，看有多少是紫色茎，有多少是绿色茎，有多少是白化苗，然后在黑板上汇总，算出比率。

整整一节课，就是数出结果，把结果在黑板上汇总。每个小组都做得一丝不苟。提前完成了的女孩在跟老师交流。

最后结果：共有559棵豌豆苗，有365棵是紫色茎，191棵是绿色茎，3棵白化苗。

种出来的实验结果

汇总结果，算出比率

美国的科学教育是围绕着实验展开的，他们会给予学生充分的时间，让学生去一点一点地体验、积累、建构，所以美国学生动手操作、记录、做出解释的能力很强。像基因重组，我们会让学生知道当温度骤变、化学环境变化或者宇宙射线影响时，基因就可能重组。可是在这里老师要准备那么多实验用品，让学生提出假设，精心地设计实验，一丝不苟地通过实验探究出结论，我们三分钟讲完的结论他们居然要用一个月的时间。

在这里，老师不必赶进度，不必为讲不完某些知识而被认为效率低，这恰恰应了那句"少即是多"的教育哲理，也启发我们思考这样一个问题："什么样的学习最有效？"是灌输知识、重复的练习更有效，还是一步一个脚印地建构起自己探究、解决实际问题的能力体系更为有效呢？

生命科学，在"玩"中学，在"做"中学。

Jan 27th　验证过程还是记住结论

1月27日，上午第二节(8:45—9:31)，我去275室听多明戈（Dimengo）老师八年级的科学课。

这节课是验证行星的公转周期与距日远近的关系。

关于这部分内容，我们高中必修一课本上有表格，一般会让学生通过比较八大行星的距日远近和公转周期，发现规律并记住结论：距太阳越远，公转周期越长。

记住结论是我们的要求。我们三分钟就让学生记住的结论，多明戈老师却要安排实验，让学生提出假设，通过实验验证假设的正确与否，用掉整整一节课！

下面让我们看看多明戈老师怎么上课吧。

每张课桌上都摆着实验用品，三人一组。一名学生实验演示，一名学生计时，一名学生记录。小组合作中没有旁观者，缺了谁都不行。

多明戈布置了本节课的任务。

（一）问题：距日远近是如何影响一颗行星的公转周期的？

（二）所用材料：1.5米的绳子、带孔的橡胶瓶塞、6厘米的塑料管、计时表、砝码（系于绳子的另一端）。

（三）实验程序。

1. 你认为行星的运转周期跟它的距日远近有什么关系？把你的假设用"如果……那么……"写出来。

2. 为了验证你的假设，你需要制作一个行星模型。操作流程如下：

A. 把绳子的一端穿过橡胶瓶塞系扣，把结系紧确保不会松开。

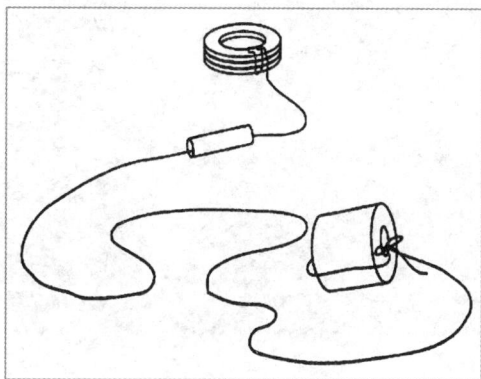
实验用行星模型

B. 把一个塑料导管穿在线上，在另一端系上重物，请老师检查两端是否都系好。

C. 一只手拿塑料管而且举过头顶，练习让橡胶瓶塞以恒定的速度运动，划过的圆圈代表行星轨道。注意：确保旋转的橡胶瓶塞不要伤及同学和物件，不要让绳子失去控制。

3. 在你模仿距日远近不同的行星时，请参照表中的数据。

4. 让绳子距橡胶瓶塞20厘米远，转动橡胶瓶塞让它足以飞起来。

5. 让你的同伴记下转10圈所用的时间，除以10得出公转周期，记下第一次实验数据。

6. 重复步骤4—5两次，分别记下第二次和第三次实验结果。把三次结果加起来除以三，得出平均的公转周期。

7. 如果绳子长度增加到40厘米，你认为公转的周期会增长还是缩短？想弄清这一点，把绳子拉长至40厘米，重复步骤4—6。

8. 根据第七步所得到的结论，想进一步验证你的假设吗？创造条件尝试吧！把绳子拉长至60厘米，重复步骤4—6。

多明戈老师做演示

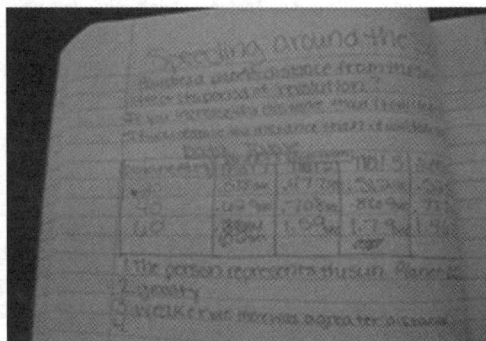

记录实验结果

多明戈老师首先做演示，接下来各小组分工合作，教室里一片忙碌。每小组一名学生演示，一名学生计时，一名学生填写如下实验表格：

距离（厘米）	第一次实验	第二次实验	第三次实验	平均值
20				
40				
60				

（四）分析实验，填写小组实验报告。

1. 在你的实验中，什么代表太阳？什么代表行星？

2. 绳子的拉力代表哪种力？

3. 当绳子加长即公转轨道变长时，你感觉绳子的拉力增强了还是减弱了？为什么？

4．观察你的实验数据，当绳长变长即公转轨道变长时，公转周期发生了什么变化？

5．用你所做的实验来支持你的答案，哪颗行星绕日公转的周期短？距日近的还是远的？

6．请思索：你最初的假设是依据什么提出的？如何通过实验修正你的假设？

（五）下课前上交实验结果。

实验结束后,学生整理好实验桌，开始计算平均值并就实验结果进行讨论。把讨论结果写在小组实验报告上，交给多明戈老师。

（六）本周课后作业：设计实验验证行星的体积与公转周期的关系。

这节课让我这个教了近20年高中地理的教师心中五味杂陈。我们总忙着学知识，忙着记住结论，忙着赶进度……我们的学习和生活错过了什么？什么才是真正重要的？

我跟我的住家谈起这节课的教学内容、方式与我国的不同，戴维说美国在20世纪80年代前的教育并非如今的模样，当时也是以记忆和做题为主，后来发现这样不行，才一步步改革的，他说当他上高三的时候美国教育发生了大的改变。

什么样的课堂是高效的？什么样的课堂是精彩的？记住结论和过程验证，两种教育方式，其间究竟又有多少不同？我们和他们，究竟谁学得多，谁学得少？谁学得深，谁学得浅？什么样的学习内容和方式才是符合教育规律的？在目前的国情下，我们的教育该何去何从？

Mar 7th 多面手教师和植物探究实验室

J107是格雷琴·赫尔（Gretchen Hull）老师的生物教室。两星期前，我听她讲地球科学。而今天，她教初级生物课。

赫尔老师告诉我，她教六门课，两门生物课和四门科学课。我说："这太有挑战性了。"她说："是的，有时候也感觉有压力。"她有四个儿子，最大的10岁，最小的2岁，她说有时真是忙得不可开交。

后来我渐渐了解到，由于小班教学，又选修走班，一名教师教多门学科是很普遍的事情。弗吉尼亚告诉我，任教哪些学科取决于教师在大学修过哪些课程，很多老师一边教学一边在大学学习。弗吉尼亚说她在大学所修的课程使她有数学、物理、化学、天文、解剖及计算机等学科的任教资格。

这段时间以来，我感触最深的一件事就是这里的学生比国内的学生幸福，而这里的老师比中国的老师辛苦。虽然他们周末从来不上班，还有那么多假期，可是他们上的课太多！而且还要设计创造性的项目让学生卷入深度学习，这样的教学没有智慧是不行的。现在想想我们整齐划一的教学是多么容易应对，如果我们也设置那么多丰富多彩的课程，也选修走班，教师上课时间会比现在长得多，对老师的要求绝对要比现在高得多，我们的老师有这样的准备吗？这也是目前国内教学改革推进困难的原因之一吧。

这是一节高一新生的课。最近他们在通过建立植物探究实验室(inquiry plant lab)来探究植物生长可能的条件。下面是此项目的安排：

目标（Object）：设计实验并验证影响植物生长的变量。(Design and test a variable capable of affecting plant growth.)

材料（Materials）：杯子（cups），土壤（soil），水（water），萝卜种子（radish

seeds），你自己带来的材料（materials brought in by you），教室里任何可以使用的东西如刻度量筒烧杯、平衡尺等。[You have permission to use anything you see in the classroom (graduated cylinders beaker, balance ruler etc).]

操作步骤（Procedure）：

在一张空白纸上完成以下内容（Please complete the following on a clean piece of notebook paper）：

星期五（Friday）

1. 确定你的小组成员和分工。(Identify your groups that will be a part of the experiment.)

2. 界定你想测试的变量。(Identify the variables you would like to test.)

3. 确定验证影响植物生长的变量所使用的材料。(Determine the materials you will need to actually test the variable affecting plant growth.)

4. 写出实验步骤。(Write out the procedure of your experiment.)

下星期一（Monday）

5. 提出一个假说，包括你这样认为的理由。[Make a hypothesis (include an explanation of why you feel this way).]

6. 设计安排实验。(Set up your experiment.)

7. 用表格记录每天的数据，确保考虑到各种相关而不同的信息。[Set up a data table to record your daily data collections (Be sure to think of all the different types of information that would be pertinent).]

下星期二（Tuesday）

8. 检查你的植物，记录必要的数据。记得一进教室就做这件事，铃响后六分钟必须回到座位上。(Check your plants and record any needed data. You can do this as soon as you get into class, and I expected you to be done and back in your

seats 6 minutes after the bell rings.)

实验完成后 (When finished)

9. 用数据做一张图。(Make a graph of your data.)

10. 记下你的探究结论，包含但不局限于相关的数据和信息。请阐明以下问题：你的假设是否被证实？为什么得到这样的结果？误差来自哪里？下一步该怎么办？(Write a conclusion of your findings, it should include but is not limited to background information, data, if your hypothesis was proven or unproven, explanation for why you got these results, sources of error, and what is the next step？)

几天后，窗台上的瓶瓶罐罐中长出了很多新芽，各种肥料混合的味道很难闻。那几天每次我去听课，Hull 老师都要跟我说对不起，她还喷了不少空气清新剂，还有女生在教室里洒香奈儿。

直到现在，我都记得植物实验室的味道呢。

Feb 9th 保罗老师的AP物理课堂

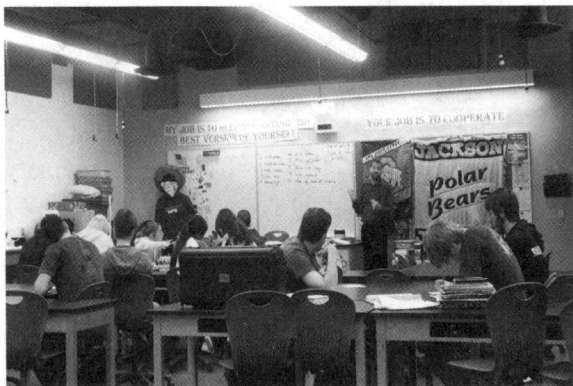

保罗老师的课堂

今天，七点之前我就赶到了学校，我要在教师准备时段去听保罗老师（Paul Dillick）的AP物理课程。

第一节课是在7:45开始，可是这节课在教师准备时段（7：00—7：45）进行。

本节课有15名学生，8女7男，着实吓了我一跳。在我上高中的时候，我们理科班是男生多女生少的，何况这是属于尖子生的 AP 课程。保罗老师说，过去这门课几乎都是男生，每次班里只有 1—2 名女生，可是现在不同了，几乎男女生各半。我问一名男生："你觉得物理难学吗？"他说："是的，有时比较难，但是有时候越难越有趣。"

保罗老师告诉我他的几乎所有课程都是在实验室里完成的。这节课主要研究不同形状物体的转动惯量，材料有空心管、实心管、木棍、长方体等，即使是同一种物体，旋转方式不同，旋转惯量也不同，如花样滑冰中的旋转，张开双臂与抱紧双臂是不一样的。保罗老师先说明实验要求，然后学生做实验，实验设计源自网络——美国一些大公司的教学配套资源做得相当专业。

小组讨论

这节课学生分组学习，然后各小组轮换并交流，分享自己的实验过程和结论。

即使是在实验室里，不同的学生也可选择自己喜欢的学习方式。

有一个小组在讨论。

有两名学生选择网上学习，这些网络资源是教育部门根据教材设计的网上学习作业，学生也可以在家里做。

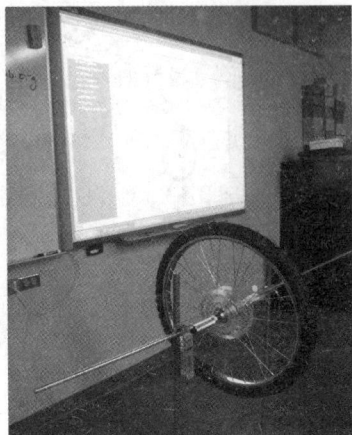

实验设施配备

有四名学生在做实验。在一个自行车车轮上绑上一根细线，长度可调，细线一端系上不同重物，测量转动惯量，找出影响转动惯量的因素。

快下课时，保罗老师让学生围坐在一起，放了一段类似多米诺骨牌的小电影，是精彩的本田汽车广告设计，清清楚楚地演示了多种物体的旋转方式。每到关键时刻，他先暂停，让学生预测接下来物体的旋转情况。

这是毕业班的 AP 课程，他们为了探究一个公式的由来和正确性，要做那么多实验，不惜用那么多节课的时间，让人感叹。但保罗老师却说，因为学生即将毕业，所以他们课上动手的时间不像过去那样多了。

在保罗老师的课上，师生大部分精力都放在探究过程中，而我们只是记住并演绎结论。我记得自己学物理和数学的时候通常是记住并理解了公式，就掌握了某种规律，就可以应对各种题目了。

看到我对那些小实验和网上的小电影感兴趣，保罗老师告诉我，他有一套非常完整的网上学习测试系统，他给我做了详尽的演示。在这个网上学习系统中，教师可以根据所学内容和学生情况选择网上资源，每一种教学资源的难易度、内容、时间长短、受欢迎程度都有清清楚楚的显示。如果学生选择网上答题和提交作业，其得分、答题难易度、作业进展情况、每一点改进和提高等都有准确、即时的反馈。

做得好的学生可以选择难度更高的；做得不好的学生可以不断尝试；如果你的成绩一直不进步，保罗老师就会单独给你补课了。他对每个学生的学习情况都一清二楚，这是通过学生的每一次作业、每一次实验和各种网上学习的统计数据得来的，是客观的。

每次下课后，都会看到一两名学生跟保罗老师单独交流。一次当我走进教室的时候，两名学生在与保罗老师讨论一个物理题目，保罗回到黑板前，仔细审视，过了一分钟，他对学生说，是他错了，少写了一个开方。他连续说了两次对不起，然后继续跟学生一起讨论，那种平等与和谐，令人感动。

除了按标准配备的实验仪器，保罗老师还有很多跟学生共同制作的教具。他给我展示学生做的平衡挂件，给我展示一种发射玻璃球的器具，还有学生根据声波原理制作的各种乐器。

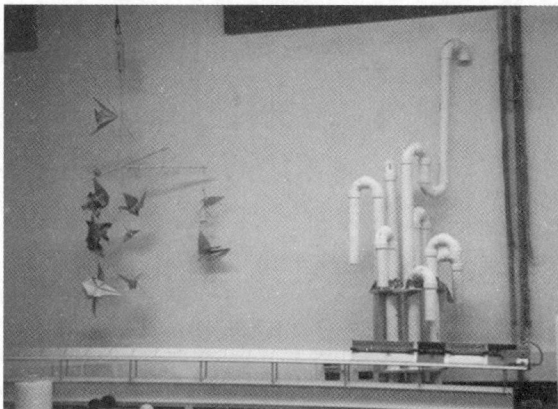
平衡挂件和自制乐器

科学是很好玩的事情，有太多的乐趣藏在其中。

Mar 9th 实验在先，考试在后

美国学生对死记硬背是不买账的，他们对现成的结论不热衷。许多课堂项目具有探究性，而且事先不知道结果。比如，学习"力学"的时候，学生要自己通过实验得出结论，教材到最后也不会给出牛顿第二定律的公式。

再比如，学习关于"声波"的知识，我们一般要求记住声波的传播方向、可以通过哪些介质传播等，可是在这里，老师必须设计实验，让学生在做中学。

通过这些天来的观察，我发现美国学生课堂上发言更多使用"我观察、我发现、我了解"，而我们的学生习惯说"我认为、我觉得、我感觉"，这个小小的差异应该也能反映出认识问题的主观和客观之别吧。

声波实验和弹性系数

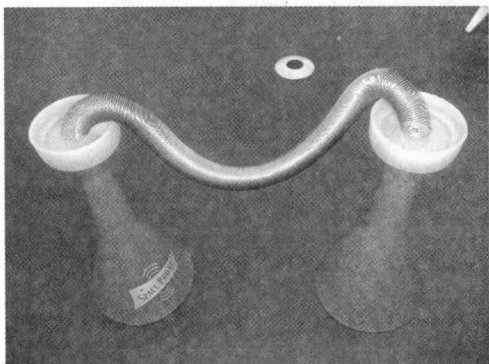
演示声波用的弹簧和听筒

今天（3月7日）一上课，库克老师让一名学生与她一起做关于声波传播方向的实验，上下晃弹簧的时候听不到声音，弹簧拉伸的时候能听到声响。这说明弹簧的振动方向和声波的传播方向相同，声波是纵波。

每学一部分内容，他们总要提出假设，设计实验，写实验报告。在此过程中，学生会提出各种问题，课堂总是在学生的问题和教师的回答中进行；老师也会提问，但问题都是开放性的，同一个问题不同的学生有不同的回答，绝不像我们那般追求标准答案。

这节课是有关弹性系数的分组实验，库克老师像勤杂工一样把实验仪器放到每个小组的实验桌上。

整整一节课就是做一个实验——在弹簧秤上挂重物，测量弹簧的长度，计算弹簧的弹性系数，小组讨论，书写并上交实验报告。轻轻松松又有条不紊，这就是美国的一节物理课。

上这节课的绝大部分是高中四年级的学生。一名女生说，她未来要从事商业类工作；一名男生告诉我，暑假后他想去马龙大学学习生物学。因为这些学生的未来定向与物理学的关系不大，所以要求也比较低，他们在高中最后一年选修物理课只是为了拿学分，因为杰克逊高中学生要想毕业都要选一学期的物理课。

不禁感叹我们的孩子不管将来做什么，都要学那么多物理知识，做那么多题目。这些东西给我们的生活带来了多少幸福？多少触动？若干年后我们还记得多少？有些知识是那般遥远和枯燥，我们学习它不是因为喜欢，不是因为对未来生活有用，只是因为好成绩让我们有机会上好大学，赢得"未来"，赢得工作。

小组实验分工明确

如此考试

3月9日，一进教室，库克老师正在给学生发作业。她误把鲁卡斯的作业发给了文森特，她有点紧张，跟鲁卡斯说了好几遍对不起，文森特解释说："我只看了作业本上的名字，没看鲁卡斯的作业。"

都是隐私权惹的祸。

今天这节课是分组考试。考试是从分组实验开始的，每一组都紧锣密鼓地忙碌着，讨论、设计、测量、计算……实验之后，是关于实验的考试——以小组为单位填写实验报告。

考试要求：

建立一个弹性系统，让弹簧的弹性周期尽可能接近1秒钟，你要不断调整弹簧上挂的物重，探究影响弹性周期的因素。[In this group test, you will construct a mass—spring system and set it into motion so that it will have a period of 1 second (or as close to one second as possible).you should know the factor(s)that influence

小组讨论实验结果

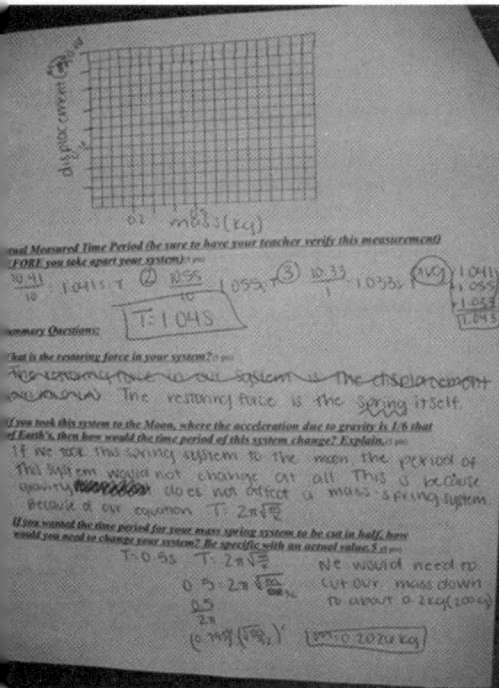

小组实验答卷

the time period of a mass spring system in simple harmonic motion. Use your data to make a good prediction and then test it.]

题目要求：

1.从中选出与本次实验相关的公式。（5分）[Relevant Equation(s). 5pts]

$$F = kx \quad f = 1/T \quad T = 1/f$$

$$T = 2\pi\sqrt{L/g} \quad T = 2\pi\sqrt{m/k} \quad v = f\lambda$$

2.影响弹性周期的因素有哪些？（5分）（What factors influence the time period of a mass—spring system? 5pts)

3.根据实验数据预测。（10分）（Prediction based on calculations. 10pts)

4.实验程序描述：简短论述如何建立实验，一定要包括测量、记录等细节，需要时可使用附页。（20分）（Procedure for set up: Briefly discuss how you set up your experiment, be sure to include details such as measurements needed prior to setting up your experiment. Use additional paper, as needed. 20pts)

5.实际周期测量数据（拿走实验仪器之前让老师确认你的实际测量数据）。（5分）[Actual measured time period (Be sure to have your teacher verify this measurement before you take apart your system). 5pts]

6．总结。(Summary Questions)

①　在实验中，回复力是什么？(5分)(What is the restoring force in your system? 5pts)

②　如果把这个系统放在月球上，那里的重力加速度只有地球的1/6，振动周期将如何变化？请解释。(5分) (If you took this system to the moon, where the acceleration due to gravity is 1/6 that of earth's, then how would the time period of this system change? Explain. 5pts)

③　如果你想要本实验的振动周期减半，你应对该系统做哪些改变？(5分) (If you wanted the time period for your mass spring system to be cut in half, how would you need to change your system? 5pts)

我问库克老师："我国对结论和结论的应用很重视，可你们为了一个简单的公式要用这么多节课，一学期究竟能学到多少东西呢？"库克老师说："结论就摆在那里，知道多少结论并不重要。我们需要知道结论是怎么来的，是不是真的正确。"

质疑是一种思维的自由，你怎么可以没有自己的思想，只屈从课本和权威？

库克老师告诉我，先做完实验再做那些题目，学生会做得很好。可是如果没有实验，只做后边的题目，学生们就会很困惑，会做得一塌糊涂。

想到我们的学生有那么多"做题"高手，我们应该自豪，还是担忧？

Mar 31st　哈德逊高中的化学课

这周我在波士顿的哈德逊高中访学。每天的第一节，我都去听化学课。

因为高中才开始学化学，大部分美国高中生化学学得很浅。本年度他们

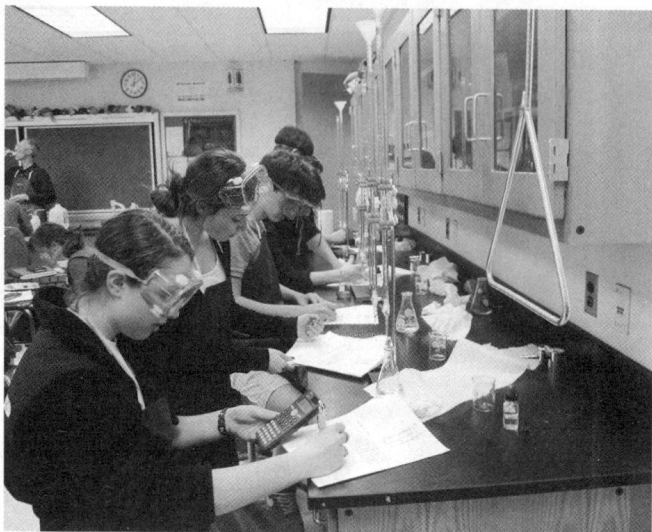
中和滴定实验

学习七单元内容：水、物质、石油、空气、工业、原子、食物。

化学教师是个长发飘飘的美女，她常常出些小错误，不过在美国这不是什么大不了的事。比如，昨天锌置换铜的实验中，关于反应物的转化率，师生忙了两节课竟然得出了110%的结果，原来置换出的铜是附着在锌片上的。

每节课90分钟，课堂上学生总是聊天，跟同学聊，也跟老师聊。但是，只要做实验，学生状态就不一样了，实验操作、观察、记录都一丝不苟。在这里，做任何实验都讲究规范。老师会发实验材料，告诉学生实验步骤，提醒学生实验注意事项和安全要求，并让学生学习、讨论。

昨天，学生做了锌置换铜的实验，今天，处理实验数据，打印出实验报告。如果不想回家打印，可以发到学校的印刷中心。可老师说这样不好，因为你的作业有被别人看到的危险，在美国

认真做实验

"隐私权"是很严肃的问题。

即使你的报告全错了，也没有什么。老师会跟你重做一遍，然后针对问题，师生共同找原因。

处理完昨天的实验数据，上交实验报告。接下来是焰色反应分组实验，实验仪器是由教师和助教来准备的。

实验台上有橡皮圈，做实验时，女孩子要把头发扎起来；实验桌上有天然气开关，是做实验用的；教室一角有淋浴器，一旦出问题，及时冲洗。

今天的实验要求：小组为单位做实验，观察实验现象，记下每种金属火焰的颜色。

以下是学生需要完成的表格。

金属 (Metal)	火焰的颜色 (Color of Flame)

做实验的时候，大多数学生都很认真，但有一对男女学生竟然在课堂上拥抱。老师低声跟我说："你看，那对准备结婚的夫妇，总是慢吞吞的。"

还有五分钟下课，学生就开始收拾书包了。在这里老师没有拖堂的特权，一打下课铃，学生马上走人，而上课也常常要过好几分钟才开始。

哈德逊高中的化学课，有着幼儿园般的随意。但化学是一门以实验为基础的学科，这点，他们没有违背。

May 18th　布鲁斯的AP化学课堂

5月16日，星期一，我在俄亥俄的杰克逊高中，第一节去听AP化学课。选AP化学课的是高二的学生，他们在高一都选了基础化学课。

任课教师是布鲁斯（Bruce Lautzenheiser），一位五六十岁的老教师，头发有点少。他是杰克逊高中最受欢迎的化学老师，眼神睿智而温暖。弗吉尼亚说，她的孩子迈克和凯蒂都很喜欢布鲁斯老师。

布鲁斯老师爱开玩笑，在他的课上，不会有人打盹，也不会有人置身事外。

这节课他们先讨论昨天的作业，六名男生和一名女生去实验区域单独讨论，原因是他们都明白了，就不用再听这部分内容了。

布鲁斯老师在讲桌上放了两个透明水箱，一个装满水，另一个则是空的。他拿了两个大小不同的量杯，同时从一个水箱往另一个水箱里舀水，经过一段时间，两个水箱里的水量不再变化。原来，这是为了演示化学反应的可逆性和化学平衡问题。

语言难以解释清楚的原理通过一个小小的演示就诠释得清清楚楚，这就是教师的水平，也是实验的魅力。

5月18日，星期三，布鲁斯老师安排了分组实验，教室里有六张大实验桌，两人一组，每张

掌握了，就可以不听课

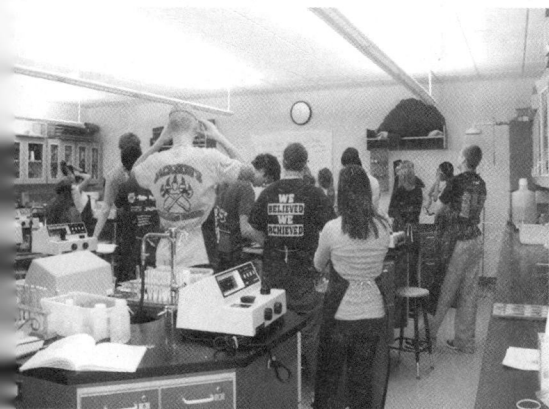

先了解实验注意事项

桌上安排两组实验。

　　实验开始，学生带上护眼罩，系上围裙，围在黑板前听布鲁斯老师讲实验要求。布鲁斯老师认为，安全、规范在化学课上是大问题，他强调了实验注意事项。黑板上，是布鲁斯老师对实验的要求。

　　每次实验之前，学生必须清晰地了解要准备哪些材料，物品如何摆放，

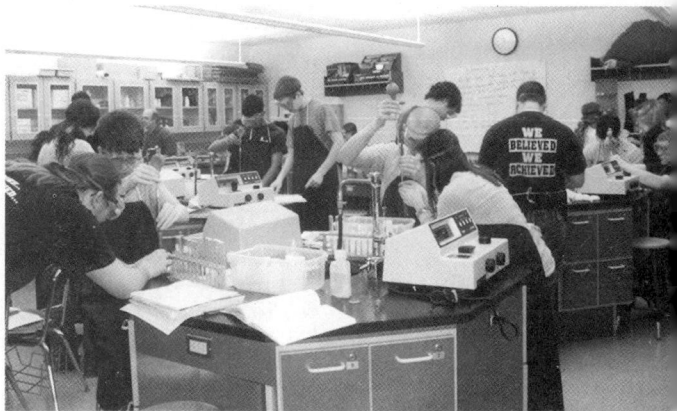

实验规范精准

仪器如何使用，如何观察反应现象，如何准确地测量和添加试剂，如何分析实验过程，如何闻味道……整个操作流程，都要清清楚楚地写在实验预习报告中。

　　各小组都按实验步骤忙碌起来，添加试剂、加热、观察反应现象……规范认真，有条不紊。而布鲁斯老师呢？则面带笑容地转来转去，不时满意地点点头。

　　也许因为化学是一门实验学科，老师很少用课本。不过课本幽默的封面还是吸引了我：几只大象要坐在一张桌子前吃饭，有人跑来阻止："This is not an elephant table, this is an element table（这不是大象的饭桌，这是化学元素周期表）。"

　　严谨又不乏幽默，老美的风格！

三、面向生活 面向未来

　　教育要面向生活和未来。这句话在我国学生看来，总觉得有些遥远。学习不是为了生活而是为了学历，严酷的考分竞争异化了学习过程，封闭了学生感知生活与社会的触角，教育的真正目标变成了彼岸的理想。

　　在美国，中小学是学生发现自我的过程，是让学生通过选修走班，在五花八门的课程里，发现自己的真正兴趣和天赋、自赋的长处。多样的课程，不同的课题，图书馆，野外实践，学术讲座，社团活动……只要你不断尝试，就能找到你的兴趣和才华所在，找到你一生的方向。

Jan 11ᵗʰ　被高一新生的"未来"吓坏了

　　1月11日，星期二。

　　上午8：45—10：45，我去远程学习教室听安·凯勒（Ann Kellar）的远程护理课。

　　这是普通高中的课程。只要学生未来想从事与医学有关的工作，就会选这门课。在这里，高中生的选课是与未来的职业定向相连的，不像我们不管未来做什么在高中阶段都学统一的课程。

　　护理行业有很多精细分支。有些

远程学习教室

学生高中毕业后就可以工作；有些要上两年或四年大学，再有几年的实习经历后才能取得任职资格。弗吉尼亚的女儿梅根高中时就选修了护理课程，然后上了四年大学，现在做理疗医师，工作对象为3个月至12岁肌肉活动有障碍的儿童。

今天，我看到了"面对面"的远程教育。

两个注册护士克里斯汀娜·莫兰（Cristina Moran）和伊丽莎白·布斯（Elizabeth Booth）与各学校选修护理课程的学生同时在线互动交流。这些学校和机构有：

Alliance High School	Beaumont High School
Columbus City Schools	Beachwood High School
Cuyahoga Valley Career Center	Ford Middle School
Diamond Oaks CDC	Polaris Career Center
Massillon Jackson High School	Revere High School
Midpark High School	Warrensville Heights High School
Shaw High School	Trumbull Career & Tech Center

这次对话谈论的主题是关于护理领域的职业类别、相关课程和就业问题。学生不停地向大屏幕上的专家提问，从护理行业的职业训练、工作条件到今后的就业，他们竟然有那么多的问题和想法！

主持人和两位注册护士说得最多的一句话是：这个问题提得好！

我像刘姥姥进了大观园，心中啧啧称奇：这些学生才上高一，他们怎么能提出那么多我到现在都还一无所知的问题？他们从什么时候开始关注护理专业？怎么有那么多的认识和想法呢？

学生的问题如下：

1. 护士都做哪些工作？（What is the role of a nurse?）

2．是什么吸引你从事护理职业？（What attracted you to do the nursing profession?）

3．俄亥俄的哪些大学提供护士资格教育？（Which colleges in Ohio offer nursing degrees?）

4．作为高中生，我现在如何为从事护士职业做准备？（How can I prepare for a career in nursing now?）

5．暑期临时护理工作好找吗？（Are summer jobs available?）

6．如果我想把护理作为我的终身职业，我最需要具备哪方面的素质？（What should be my greatest asset if I am interested in pursuing a career in this field?）

7．注册护士、持照初级护士和护士助理有何不同？在护理领域工作必须获得执照吗？（What is the difference between a registered nurse, licensed practical nurse and a nurse assistant? Do I have to be licensed or certified to work in the nursing profession?）

8．我怎么知道我是否适合护士职业？（How do I know I am suitable for a career as a nurse?）

9．在护理行业你见到过的最大的挑战是什么？（What are the biggest challenge that you have seen in the nursing field?）

10．作为一名成功的护士，需要哪些技巧？（What are most important skills to "succeed" as a nurse?）

11．对于护理工作你最喜欢的是什么，最不喜欢的是什么？（What do you like most about your job? Least?）

12．请描述你一个典型工作日的工作。（Describe your typical work for a day?）

13．从事该职业需不需要背景审查，如是否吸过毒？（Is there a background

check? Drug test?)

14. 你们的着装有何要求？遇到压力的时候，你们怎么应对压力？(Dress code? How do you deal with pressure?)

15. 为什么护理行业人手这么短缺？(Why is there such a shortage of nurses?)

16. 护士的平均工资是多少？(What are the average salaries of nurses?)

17. 护理行业的工作前景如何？(What is the prospect in the nursing profession?)

18. 我如何开始寻找第一份工作？(How do I begin looking for my first job?)

19. 证书和高学历能否使我更容易找到工作？(Are there certifications or advanced degrees that make me more marketable?)

20. 护理专业与哪些职业相关？我们需要学习哪些相关课程？(What other careers are related to nursing? What related courses do we need to learn about?)

……

我不能记下两位注册护士的精彩回答，但那些高一学生的问题一直回响在我耳边，挥之不去……

苏霍姆林斯基说："如果孩子到了十二三岁还没有自己的兴趣爱好的话，做老师的就要为他担忧，担心他将来成为一个对什么都不感兴趣、平平庸庸的人。"而我们中学所学的东西跟学生的兴趣及其未来生活常常是脱节的，很多学生直到高三毕业报考大学时都不知道未来喜欢做什么、能做什么，更缺乏实际的成熟的专长，只凭分数、学校名气和专业名称等报志愿。这难道不值得我们担忧吗？

Jan 11th　给美国高中生上商务和平面设计课

被邀请

昨天，瑞斯女士（Ms. Candace Reece）邀请我1月11日上午10：57和下午1：50去给她的班上课。

她是一位多才多艺的老师，商务课、平面设计课、远程教学都由她负责。

上午的商务课，她要我介绍中美贸易的有关知识，给我列出了如下内容：

中国的首都（Capital）

国旗、国歌（Flag and National Anthem）

从中国到美国飞行时间（travel time from China to US）

自然资源（natural resources）

汇率（currency rate）

饮食风俗（dining customs）

社交礼仪（social customs）

肢体语言（body language and gestures）

着装要求（dress code）

商务礼仪（business protocol）

中国向美国出口的商品（What does US export from China）

中国从美国进口的商品（What does China import from US）

中国的劳动力市场优势（What is China's specialty in the labor market）

下午的平面设计课，她让我给学生介绍以下内容：

平面设计如何使用（How photography is used and displayed）

平面设计的商业用途 (marketing using photography)

印刷品的艺术设计 (printed artwork)

杂志封面设计 (magazines/magazine covers)

平面设计的元素 (graphic design: What elements are used)

文化习惯 (cultural acceptance: Do's and Dont's)

中国书法 (Chinese Handwriting)

中国的平面设计软件 (photoshop software used in China)

中国学生是否学习平面设计 (Do students in China have Graphic Design classes)

晚上我熬夜做准备，做完课件的时候，弗吉尼亚和戴维都已经睡了。

商务课

瑞斯女士的教室跟弗吉尼亚的教室共用一面墙，转个圈就到了。

首先，我给学生作了简单的自我介绍，并把自己在夏威夷横穿马路的遭遇和在佛罗里达的一些趣事讲给他们听。

关于中国位置：我展示了以太平洋为中心的世界地图（在美国见到的世界地图都是以大西洋为中心的），指出了我国的位置并介绍了我国的自然环境。

关于首都：我画了一幅中国地图，标出了长江、黄河、首都北京，又用课件展示了天安门广场和北京的名胜古迹。

关于饮食风俗：我介绍和展示了中国特色食品、中国的筷子、餐桌礼仪及正式场合吃饭时入座的常识。我说有的位置是留给付钱的人坐的，不能随便坐。

关于社交礼仪：我讲了中国的握手礼仪，告诉他们普通异性之间一般不能拥抱和亲吻，女孩子间手挽手是很正常的举动。

关于人民币汇率：我把兜里的人民币展示给学生看，告诉他们美元对人民币的汇率是 1：6.66（2011 年）。

关于我国的资源：我告诉他们我国每种资源都很丰富，可是我们人口太多了，我们山东省有近一亿人，所以从某种意义上说，我们的国家并不富有。我们的总人口、大城市人口和有关图片让他们瞪大了眼睛。

关于进出口商品：我说在美国市场上到处是又便宜又好的"中国制造"，所以美国人花钱那么少。而美国的商品包括我国某些出口美国的商品在中国国内都要贵一些，所以来美后我买了不少中国制造的商品。

匆匆吃过午饭之后，我赶往平面设计教室。

平面设计课

平面设计和商务课的教室都比我们通常的教室大，课桌很宽，教室里只有二十多套桌椅，每节课也只有十几名学生。

平面设计课上，我说我本人并不太懂平面设计，可我们日常生活中有很多平面设计的元素。

我给学生展示中国的剪纸、邮票设计、书法、封面设计，还展示了新年、婚礼的喜庆标志。接下来我给学生展示了中国自然风光摄影，我画了一幅中国地图，在上面画出长江、黄河，讲到哪个地区的自然风光摄影的时候，就在我画的中国轮廓图上标上一颗星星，很酷。黄山、九寨沟、鸣沙山、青藏高原、泰山、青海湖、上海、北京、香港、台湾……

我把日出前元阳梯田的照片展示给学生，让他们猜是什么。

我展示十二生肖的中国邮票，让学生猜上面的图案是哪种动物，我告诉他们接下来的一年是兔年，在本命年人们喜欢穿红色的内衣、佩带红腰带以保佑好运和健康。

我展示正和倒的"福"字让他们猜，展示中国婚礼上的双喜字，我还展

日出前的元阳梯田

示了一些书籍的封面设计和电影广告，学生兴趣盎然。

接下来，是课堂提问时间。我回答问题的时候，学生们屏息静听，瑞斯女士和学生们都觉得我们的校园生活难以置信。

我们跟他们是多么不同！

☆　我们早上7：00上学，12：00放学，下午1：50上学，5：50放学，有晚自习，课间10分钟；他们早上7：45上学，下午2：30放学，课间5分钟。

☆　我们周末有时上课；他们周末从不上课，大大小小的假期很多。

☆　我们一个班级有五六十人；他们一个班不到二十人。

☆　最重要的是，他们是教室和老师固定，学生走班，学什么自己说了算；我们是固定的班级、固定的同学、固定的科目，不同的老师去上课。

☆　我们提问要举手，老师允许了才能站起来发问；他们提问题坐在座位上直接问。

☆ 我们要等老师说下课才可以下课，铃响了，老师讲课也要听；而他们一打下课铃不用老师允许，马上收拾东西走人。

☆ 我们上课是老师提问题学生答；他们上课是学生向老师提问。

☆ 在我国，可能人太多把动物吓跑了，除了动物园，城镇和郊区是几乎看不到野生动物的；而在这里我看到房子是在丛林里的，看到了松鼠，看到了鹿，看到了佛罗里达高尔夫球场里的鳄鱼。

学生问我喜欢这里的气候吗？我说喜欢这里的雪，不喜欢这里的冷。我说我的家乡下雪的时候，小孩子们喜欢出去打雪仗、堆雪人，可是在这里路上步行的人比北极熊都少！

……

掌声中，一节课结束了。

这是不同教育和文化的相遇，我想每个人都会被感染，都会有自己的思索。

Feb 2nd　投资不菲的家政课

2月2日，星期三。

因为冰雪交加，路面变得特别滑，为此俄亥俄、纽约、波士顿的学校几乎都放假了。吃完早饭，我开始静静地整理家政课的访学笔记。

家政工艺课的授课教师是斯迪克女士（Dunner Stick），两周来我一直向她请教关于家政课的相关问题，她总是很有耐心地为我解答。

过去这门课叫做家政课（Home Teach），现在这门课叫做现代工艺课（Today's Technology）。该课程包括厨艺、家庭理财、健康、飞机和车辆驾驶、营养餐设计、建筑、化学实验、汽车安装、趣味数学、家用电器使用、视频音频编辑、生活与科学、机械安装等学习模块。每名学生在这门课中要选四个模块，每个模块学习3周，共用时12周，网上测试合格后方能获得这门课的学分。

在杰克逊初中，数学、英语、科学、社会四门课程是初中三年全修的。家政工艺课程、计算机课程、艺术课程是必选科目，每门课要学12周，一般不同时修。一名七年级（初二）学生告诉我，他先修了计算机课，现在是家政课，十二周后，他将选艺术课。

下面是家政课的几个片段：

片段一：两名女生在按照计算机上的操作流程学做糕点，操作流程很细致，连如何洗手的步骤都清清楚楚。做完后每人尝了一点，似乎味道不是太好，接下来都倒进了垃圾桶。

学做糕点　　　　　　　　　　　　　　学开飞机

片段二：两名男生在学开飞机。如何发动、转向、起降、保持平衡、加减速、避开云层、维持安全的高度……通过测试题目之后，就可以尝试多条航线的飞行，跟我们考驾照差不多。这个模块很多男孩子喜欢。

片段三：两名女生在学习营养餐搭配，设计种种营养食谱。她们告诉我，

设计营养食谱

制作防盗窗模型

安装、研究老爷车

如何拥有健康的头发

现在很多美国人的饮食不够健康。

片段四：有两名女生在制作防盗窗模型。美国人力昂贵，所以像扫雪、修剪草坪、装修房子等活儿很多美国家庭都尽量自己做。弗吉尼亚的儿子迈克和女儿凯蒂、梅根，都是自己装修房子，更令我吃惊的是弗吉尼亚现在住的小别墅是她自己设计的！

片段五：两名男生用一些零件安装了一部老爷车，他们告诉我，他们想知道每一部分出问题时，车子会怎么样。

有三名学生在做实验，实验的材料和步骤都有规范详尽的描述。我问："你们在化学课上是不是也做同样的实验？"他们说初中没有化学课，高中才有化学实验课。

两名男生在学习网上订购去各地的机票，一名男生在电脑上学习家庭理财，两名女生在研究如何保持头发、头皮和大脑的健康……

所有这些，都是与学生的未来生活相关的，学生根据自己的兴趣和人生定向选择课程，我们一直挂在嘴边的"面向未来"的教育理念，就这样被美国人落实到了课程和每天的教学中。常听说美国学生的动手能力强，这种能力可是从小培养起来的。

附：家政课须知

该课程的目标之一是提供一个轻松有趣的学习环境，该实验室投资巨大，我们为这间教室便利的教学设施自豪，更期盼你的最好表现。

铅笔：每天你都要用铅笔完成活动，在个人记录单上记下个人信息。

迟到记录：如果你迟到了，理由充分，可以参加该天的活动；如果你没有理由迟到，我们将在你的记录单上打孔记录。

1. 第一次迟到，警告。

2. 第二次迟到，教师谈话。

3. 第三次迟到，当天成绩扣五分。

4. 第四次迟到，扣十分。更多迟到将失去实验室学习机会。

模块记录：在模块记录单上记下所有的模块答案，指导教师将会在模块记录单中告知你的总得分。

参观者：很多人想看这个实验室。当参观者来实验室参观时，像往常一样继续你的活动。当参观人员问你问题时，我们希望你能与参观者分享你的工作，展示真实的你，回答问题时要礼貌、诚实。

每日常规：

1. 进入实验室阅读移动信息板。

2. 直接到你的工作间。

3. 仔细检查工作室是否正常。

4. 拿到你的学生手册。

5. 填写出勤记录。

6. 打开你的学生手册到出勤页码。

7. 有序完成每日活动。

8．完成加速课程类活动和书写展示。

9．收拾好模块仪器，检查是否一切完好。

10．把你的学生组织报告单放在模块储存柜。

11．坐在座位上等待下课。

Feb 8th　专为女孩子设置的课程

时间：第一节课。

地点：D101服装艺术（Clothing Art）教室。

今天零下十几度，走进教室，一名穿着短裙和短袖衫的女生在化妆，她说下节课要做专题陈述。我问："是在服装艺术课上做展示吗？"她说："不，是在下节英文课上。"

第一节服装艺术课有15名学生，全是女生。学生在这门课上要学习刺绣、配色、服装缝制等技能，从布料、裁剪、缝纫到服装设计，有一整套的教学方案。该课程持续一学期，学生要完成一件件课程作品才能拿到学分。

上课五分钟了，有名女生还在照镜子、化妆，随意得不像在上课，更像平时的家居生活。两名学生边做手工活边谈论着某些课程，其中一个说她讨厌数学课，她觉得在计算机或纸上做题目很无聊。

授课教师是帕姆·塔克（Pam Tucher），一位善于着装又极有耐心的女教师。说到"极有耐心"，忽然觉得这个词很多余，因为我见到的美国教师都很有耐心。虽然他们的生活节奏很快，可是很少看到他们不耐烦或者发火，更看不到他们批评学生。

教室里放着音乐，这节课他们的任务是缝制一个小花样。我问一名叫内丝瑞恩（Nisreen）的女生："你未来打算做什么？"她说她喜欢绘画和缝纫，或许未来会从事服装设计或装饰类的工作。她的手工活做得很细致，着装也漂亮而独特。

那个穿方格衣服的女孩叫布莱特妮（Brittany Woniheter），她总是把各种线弄得一团糟，常听到她的低语："My God（我的上帝）！"她一边跟内丝瑞恩（Nisreen）讲话，一边做针线活，

Nisreen（前）和Brittany

竟然不小心把作业布跟自己的裤子缝到了一起，让人忍俊不禁。

一会儿，她向内丝瑞恩请教，说忘记了一个做手工的细节。但随后她又把线弄乱了，直到下课，她还是没有完成。

我问："你喜欢这门课吗？"她说："不怎么喜欢，但是今后需要懂这些，生活中得自己做这些事。"她告诉我，她将来要做一名心理学家。我调侃地说："心理学家是帮助别人条理内部世界的，针线活则是美化外部世界的哦！"我们哈哈大笑。

是啊，作为未来的妻子、母亲，你又怎能不会基本的针线活？

Feb 12th 幸福的食品课

昨天跟弗吉尼亚聊天，我说去密歇根时梅根告诉我她近几年打算要小孩。我问弗吉尼亚："您退休后会不会去帮梅根照顾小孩？"她很坚定地说："不，你知道我们的房子离梅根家太远了。"

我问她："迈克、梅根和凯蒂小的时候，没有人帮您照料孩子吗？"她说："没

有。"她说孩子出生后她辞去了工作，她希望她的孩子放学后能看到她。她在家中待了整整十五年，孩子长大后才开始当老师。

在美国，买房、装修、做饭、收拾家、抚养小孩都要自己来，没有大男子主义，"啃老族"也不受欢迎，年轻人早早就开始自立，成人后只能靠自己！我住家的儿子麦克在佛罗里达州经营高尔夫球场，会做很可口的饭菜，家里各种厨具一应俱全，他的女朋友克伦茜更是有一手好厨艺。

品尝帕斯塔

2月7日，星期一。

上午第二节，我去听帕姆·塔克女士（Ms.Pam Tucher）的食品课（Foods Ⅱ）。上这节课的有15名学生，本学期选修这门课的学生接近百人，这是一门持续一学期的课程。

学生在这门课上要学习中国餐、美国餐、意大利餐、墨西哥餐等的制作和饮食文化。学生不仅能获得学分，而且还会获得一张证书，有了这张证书，就可以去餐馆打零工了。

帕姆老师的课堂更像是一间设备齐全的厨房和餐厅。今天这节课，学生自己准备热茶、咖啡和巧克力，以小组为单位围坐在一起讨论，就像开茶话会。

每个桌上摆放着上一节课学生做的帕斯塔（Pasta）。帕斯塔就是意大利面，是用一种特别形状的面条配以西红柿、番茄酱、蒜汁、盐、青椒做成的。看上去像猫食，但吃起来味道还是"可以忍受"的。

分小组品尝意大利面，研究食谱

帕姆老师给出了这种食品的制作流程。第一步，煮沸面条；第二步，加入西红柿片、番茄酱、甜玉米、蒜汁、青椒搅拌加热；最后，在顶部放上奶酪。

这节课的任务就是品尝其他班级做的意大利面并研究制作流程，今天的家庭作业是带食谱回家，明天把做好的帕斯塔带过来品尝。

美味中国餐

2月10日，星期四。

今天是中国食品的制作、展示课。

帕姆老师先让学生品尝从中餐馆订制的白菜猪肉馅饼。瞧，这里的馅饼跟中国的不同吧？

今天的学习任务是做蔬菜蛋汤和蛋炒饭，所用材料都已准备齐全，做食品的步骤也已分发给每个学生。

我注意到选这门课的男生比女生还多。

三名男生在做蔬菜蛋汤，他们一边做一边跟我谈论中国的一日三餐。我说："你们从小就为未来的生活和工作做准备，这样的学习内容真好。"学生说初中、高中选课必须考虑这些问题。

三名女生做了两大盘蛋炒饭。

做完食物后，全班分享劳动成

西化了的白菜猪肉馅饼

分享课堂成果

187

果。女孩子们做的蛋炒饭让我尝到了家乡的味道，突然特别想念明水又黏又香的米饭。那三名女生看到我喜欢吃她们做的蛋炒饭特别有成就感，帕姆老师也一直在说感谢的话，好像是一种习惯。

学做蛋炒饭

快下课时，帕姆老师要求学生把剩下的食物全部倒掉。各小组开始洗碗、收拾厨房，把厨具放回原处。一切都有条不紊，干净利索。

中国文化习俗项目

2月11日，帕姆女士让学生分小组研究本周的周末作业。

本周周末作业不是做食品，是中国食品文化习俗研究，需要学生小组合作，制作幻灯片，下周在班内展示。下面是帕姆女士发给学生的项目要求。

每项得分：3分——出色，2分——满意，1分——不满意，0分——很不满意。

一、项目内容要求（该项目每项得分最后乘以2）

1. 位置、国土面积、人口状况、首都

2. 国旗

3. 地理和气候对饮食的影响

4. 文化和生活方式

5. 特有食物

6. 烹调方法

7. 大众食品

8．节日食品

二、幻灯片提交要求

1．内容准确

2．信息组织合理

3．所用图表切题且富有吸引力

4．字体格式可读性强

5．没有拼写和语法错误

6．合作：小组成员有分工

三、小组展示要求

1．准备充分

2．组织有序

3．不用看笔记和读幻灯片

4．陈述时语速、语调、语法适宜

5．与听众保持目光交流

6．成员之间分工平等

7．整体陈述对全班学生有吸引力

作业都是开放性的，没有整齐划一的标准答案，更没有强化训练。项目展示将在下周一进行，尽管学生平时穿得相当随意，可在项目展示课上却穿得很正式，一派绅士淑女的范儿。

帕姆老师说，非常期待我参加下周中国食品文化习俗的项目展示课。

Feb 17th　第一现场——病理尸检课

今天的远程教育教室座无虚席，近百名学生等在那里，六个学校同时在线，

各种设备一应俱全

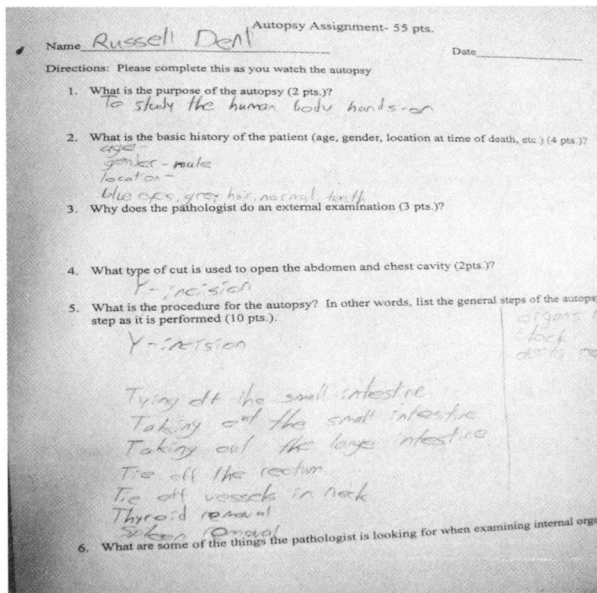

关于在线尸体剖检的11个问题

准备观看8:45开始的尸体剖检。

大屏幕上，一名专家在介绍此次尸检的基本程序，两名医生在穿消毒衣，做着尸体剖检前的准备。

这次远程尸体剖检的现场操作时间是从8：45到10：50，有什么问题可以随时跟解剖专家在大屏幕上面对面交流。

老师给每个学生发了本次课程必须完成的任务，观看过程中要求完成11个问题，共计55分。11个问题如下：

1. 尸体剖检的目的是什么？（2分）

2. 说出病人的基本病史、年龄、性别、死亡时间、地点等。（4分）

3. 为什么病理学家要做外部检查？（3分）

4. 用何种切割方式打开胸腔和腹腔？（2分）

5. 尸体剖检的程序是什么？根据解剖实施顺序列出尸检的步骤。（10分）

6. 病理学家打开胸腔、腹腔后，要寻找哪些内部器官？（5分）

7. 为什么要把内部器官切片？（4分）

8. 尸体剖检有哪些职业分工？（3分）

9. 对于解剖人员而言，在尸体剖检过程中自我保护为什么非常重要？（4分）

10. 通过此次体验，你学到的10件有关人体或者病理学的基本知识是什么？（10分）

11. 你认为该病人死亡的原因是什么？理由？（8分）

大屏幕上没有显示死者的面部，只是死者的上半身。病人瘦骨嶙峋，腹部、胳膊上有不少尸斑，很是可怕。我拍了一张照片，凯勒老师示意我不要拍照。她说，其他镜头可以拍，但是死者的身体不可以，那是隐私。我只好知趣地把照片删掉了。

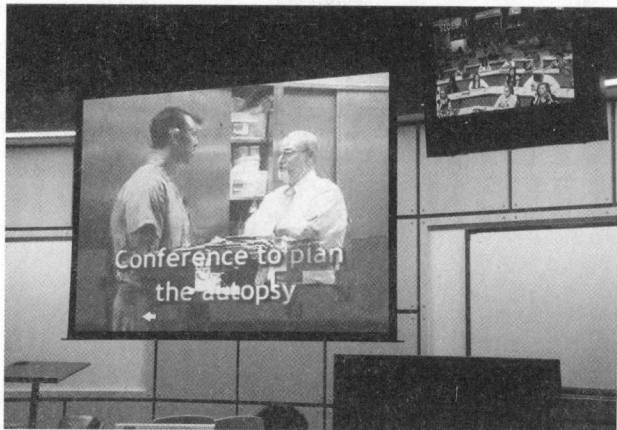
尸检前"主刀"和"主讲"的对话会议

接下来是在线尸检的全过程。

一名医生非常熟练淡定地用手术刀沿尸体锁骨处做横切，然后再从躯干中线向下切开，呈"T"字形。割开皮下组织，整个胸腔、腹腔就都打开了，没有多少脂肪层。移开胸壁，死者体内积存的暗红色液体溢了出来。伴着戴橡胶手套的手和刀子嘶啦嘶啦地分开胸膜和腹膜的声音，五脏六腑被病理专家从死者身体里拽了出来。

一名医生熟练有序地操作，另一名医生如数家珍地向学生介绍着胸腔内的各个器官和操作细节——如何捆扎，如何沿着骨缝出刀，如何移除心、肝、脾、肺、肾、膀胱、胆囊、胃、胰腺、十二指肠……淡定得不像在解剖人体。

然后，内脏被摆在解剖台上，医学专家对脏器逐个测量、切片、称重……

最后，几名医生分别介绍他们的职业生涯、如何获得这份职业、日常工作情况等。

这样的在线学习，每个学生都记忆深刻。那一天，我一直觉得口渴。在初中部教孩子们用筷子吃中国餐时，我出去喝了好几次凉水。接下来的几天我看见切片面包就想吐，当弗吉尼亚问我要不要吃烘肉卷（Meatloaf）时，我很坚定地摇头。我想，我们的科学素养培养与美国相比是有差距的。

2月25日，我还将在线观看整个膝盖移除和更换的手术全过程，真实体验外科手术的分工、流程和工作细节！

凯勒老师告诉我，医生在美国是高收入且热门的行业，要求不是一般的严格。未来想学医的学生必须了解医学领域的精细分工，如成为外科医生（Surgeon）必须完成四年的医疗课程并经过七年的专业训练；而医生助理（PA physician assistant）必须在四年大学毕业后参加两到三年的职业训练；器械护士负责消毒、手术器材供应、拿牵开器、吸掉手术部位的血液，还要负责数棉球、针管、手术器具的数量，确保所有的外科器具准确无误，他们需要有两到四年的护理专业学习经历，并在大学或职业学校进行一到两年的职业训练；麻醉师（Anesthesiologist）的工作是使用药物让病人神经麻木，以减少或避免疼痛，同时确保麻醉过程对心、肝、肺的正常功能没有影响，做麻醉师需要修习四年的医疗课程并接受四年的专业训练。

Feb 19th 大家都选健康课

　　杰克逊高中的健康课深受每个学生欢迎，是一门一学年的课程。课本厚厚的共六百多页，像故事书一般吸引人。弗吉尼亚的三个孩子迈克、梅根、凯蒂都修过这门课，让我们通过健康课的目录系统了解一下美国高中的健康教育吧。

健康课学什么

第一单元　身心健康

第一章　健康的生活

1) 学生时期的健康

2) 身心健康

3) 社区健康

第二章　选择健康的生活方式

1) 建立健康生活方式

2) 作重大决定

3) 抵制来自他人的压力

4) 树立健康目标

第三章　自我认识和心理健康

1) 建立个人认知系统

2) 学会沟通

3) 大脑和心理健康

4) 了解情绪紊乱

第四章　如何减压与面对挫折

1) 压力与健康

2) 如何减压

3) 如何面对挫折

4) 避免自杀倾向

第五章　避免暴力

1) 解决冲突和避免暴力

2) 认识和避免伤害

3) 性侵犯和暴力

第二单元　健康的身体

第六章　身体健康与生活

1) 健身与健康

2) 制定健身计划

3) 安全的锻炼方式

4) 睡眠

第七章　营养与健康

1) 碳水化合物

2) 脂肪和葡萄糖

3) 维生素、矿物质和水

附：健康手册目录

斯科特老师的健康课堂

地下一层 A010，是斯科特老师的健康课教室。因为选健康课的学生众多，杰克逊高中有三间健康教室。

这节课有15名学生，8名男生、7名女生。

斯科特老师高高的个子，头发不多，偏瘦，面容祥和。黑板上清楚地写着本周的课程计划：周一至周三讲食物与人体健康，周四去远程教育教室上病理尸体剖检课。

这节课有三个环节。

首先是参照课本第622页分组讨论 Mc Donalds、Chick-Fil-A、Wendys、Toco Bell、Subway、Panera Bread 六种快餐店常见食物所含的热量、脂肪、碳水化合物、铁、钙、纤维素、维生素等情况，按健康程度排序。

接下来，是关于饮食紊乱的学习。

教室的灯关闭了，斯科特用一段一段的小电影，让学生感受不规律的饮食对身心健康的影响。

大屏幕上是一个得了神经性厌食症不能控制自己情绪的女孩。她的故事那么真实，那么让人担心，教室里弥漫着伤感的气氛。

女孩叫南希，很瘦，可是每次照镜子，她总感觉自己很胖。她拼命减肥，最好的朋友是牙刷和厕所。在学校食堂吃饭的时候，她把食物包起来拿到宿舍扔掉；老师尝试让她喝牛奶，被她倒掉；老师把食物送到她的宿舍里，又被她偷偷藏起来。

通过影片，学生认识到患神经性厌食症的人常常伴随着下列表现：过分追求身体形象、过度害怕增重、单独吃饭而且吃太少、总是计算热量、过度锻炼、器官伤害、自我评价低等。

接下来，老师播放了另一段视频。那是一个患了神经性贪食症的女孩，她是那么不快乐。她的郁闷，她的忧伤，她的无助……食物是她唯一的朋友。她吃很多东西，使用泻药，关注体重，牙齿问题严重，身体器官受损，自我评价很低。

斯科特老师让学生选择：哪些人最容易饮食紊乱？

1. 自我评价较低的年轻女孩

2. 家庭生活困难者

3. 认为瘦有吸引力的人

4. 完美主义者和成功人士

5. 那些从事必须要瘦的职业的人

最后，老师用一段生动的电影，介绍消化系统的功能和各个器官的职责。

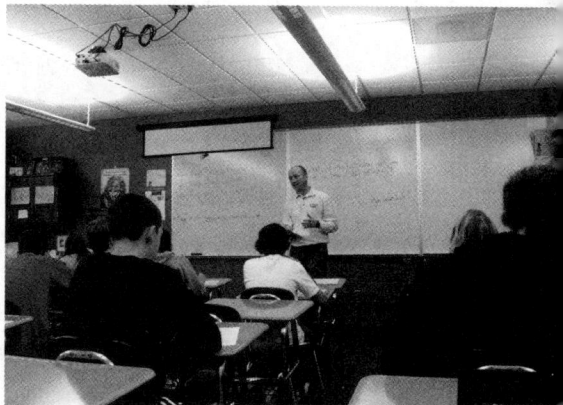

斯科特老师的健康课堂

1. 消化——分解食物

2. 吸收——分解的食物进入血液

3. 排泄——清除废物

4. 牙齿——磨碎食物

5. 唾液腺——分泌唾液

6. 舌头——把食物推入喉咙

7. 咽喉——通向食道

8. 食道——把食物送进胃

9. 胃——食物在此逗留3—4个小时，把食物变成食糜

10. 小肠——20英尺长，几乎所有食物的消化和吸收都发生在这里，食糜在此停留3—5小时。

11.大肠——也称为结肠，吸收水分，排出身体废物

健康，是幸福人生的基础，希望我们的学生也能系统地接受健康教育。

Apr 7th　幼儿园和小学教师的摇篮——儿童发展课程

这两周，每周二和周四我都去听儿童发展课。

该课程分两段：第一学期，18周，学习关于儿童发展的理论知识；第二学期，18周，观察和学习如何与孩子相处，每周两次课，每次90分钟。

课本分上下册，每册近千页，各学习9周时间。

上册主要学习婴幼儿及儿童期孩子的身体、智力、情感发展和需求，并通过案例就如何设置游戏项目、关注特殊儿童、了解家庭环境等方面探讨如何了解、照料不同年龄段的孩子。

家长们每周定期送孩子来学校参与该课程

下册学习如何更好地与孩子交往。主要内容包括：1.如何创造一个健康安全的成长环境，包括环境布置、玩具选择、营养餐和零食的准备；2.如何建立规矩和养成良好的习惯，包括改进指导技巧、建立教室规章、做好每日常规等；3.如何指导不同年龄段的儿童，包括艺术指导、感知觉训练、积木游戏指导、讲故事指导、玩具指导、书写训练指导、数学体验指导、科学体验指导、社会体验指导、食品和营养指导、音乐和运动指导、户外游玩指导等；4.如何照顾特殊儿童，如何与家长和社区联系等。

　　绪论部分谈到，成功幼儿教师的特征是爱孩子（fondness for children）、耐心（patience）、慈悲之心（compassion）、自信心（confidence）、积极进取（a positive attitude）、幽默感（a sense of humor）、责任感（commitment）、身心健康（physical and mental health）、不断学习的欲望（desires for continuous learning）等，而对于该职业选择的依据，课本特别指出：首先是兴趣，其次是个人素质，第三是专业素养。

　　儿童发展课程的任课教师是安德森老师（Mrs. Stephanie Anderson），她是一位特别有耐心又和善的女士。教室里有各种玩具、书籍、游戏素材，还有美食供孩子们享用。

　　这学期每个周二和周四，都有家长送2—5岁的孩子过来让学生学习如何与孩子交往，在教学资源的开发方面当地社区功不可没，全民关注、支持教育是美国教育的特征。

　　这节课有14名学生，仅有2名男生。由此看来，在美国，小学教师同样男女比例失调。

　　今天，来了10个孩子。受遗传和家庭教育的影响，孩子表现各异，喜欢的玩具、脸上的表情和走路姿势等都不相同。

　　学生分两组：一组在教室与孩子交流、玩耍；另一组则在观察室，观察孩子和同伴的表现，做好观察记录。

学生在与孩子交往中学习

　　观察室和教室之间是整整一面特别的玻璃墙，从墙外的观察室能清清楚楚地看到和听到教室里的一切，可是孩子们看不见墙这边的观察者。

　　我问："你们为什么选这门课？"

　　"我未来想从事幼儿教育方面的工作，所以需要这方面的体验。"爱舍莉

（Ashley Monteleone）说。

"我喜欢孩子，未来想做儿童护理工作。"赛妮卡（Seneca Blana）答道。

"我未来要做一名服装设计师，学这门课，只是想知道怎样做妈妈，怎样跟孩子沟通，好有一天更好地养育自己的小孩。"汉娜（Hannah Weaver）如是说。

有个叫萨姆（Sam Scheete）的女生，特别受孩子们欢迎。每次我来观察室，与孩子交往的她都会吸引我的注意力。她看上去专业、有耐心，做事有条不紊，她已在这门课上待了四年时间。今天她不跟孩子们交流，跟我一起在观察室观察其他学生与孩子们相处的情况。她告诉我，她已经通过了俄亥俄爱克伦大学（University of Akron）的入学考试。秋天，她将成为该校早期儿童教育专业的学生。

萨姆的目标是成为一名二年级教师

一位家长很带劲地跟她讨论着孩子的问题。她说着"我说不准……我想可不可以这样……我不知道……"之类的话，可是，你能看得出那位家长很信任她。

我问萨姆："你大学毕业后准备干什么呢？"

她的回答让我怀疑自己的耳朵："我想做一名二年级教师。"

"为什么是二年级？"

"我大学毕业后有幼儿园到三年级的任教资格。可是大一点的小孩比较独立，太小的小孩难以深入交流，所以二年级是我最喜欢的一个年级。"

我没有再问，静静地与萨姆在观察室中观察教室内孩子们的表现。

一个小孩哭了。安德森老师只好让她的爸爸把她带回观察室。她一直在跟她爸爸说："我要立刻回家！"小女孩叫卡罗琳，刚刚三岁，说话很清晰。我叠了一只纸鹤给她。她说："谢谢你，我爱你。"

观察室的5名学生有的跟家长交流，有的与同伴讨论着孩子的表现，还不时地做笔记。观察笔记内容包括：观察时间、孩子的行为表现、课堂活动、个人看法等。那个想回家的小女孩此时也安静下来，成为观察者的一员。

赛蒂（Sadie Scofield）告诉我："这门课程是一门一学年的课程，可是如果你喜欢，你可以修四年。"她说她喜欢孩子，修这门课对她未来的生活和工作都是很重要的。

一切都在为未来生活做着准备。美国教育的务实，每每让人感慨。

Mar 11th　警惕！不安全的生活

高中英语知多少

虽然所有的学生高中四年都必须选英语课，可是不同学生所修的英语课水平是不一样的。斯蒂芬妮·劳伦斯（Stephanie Lawrence）、艾琳·高登（Erin Gordon）、昆尼·凯伦（Courtney Keirn）跟我谈了她们的英语课程选择。

分化从初中就开始了。初中英语有普通班和快班，在初中最后一年，通过英语测试，确定高一新生在普通英语班还是英语加速班。

高一高二都开设：普通英语和加速英语（Freshmen and Sophomore：Regular English and Accelerated English）。

高三：普通英语、加速英语、AP语言和写作（Junior：Regular English,

Accelerated English，AP Language and Composition)。

高四：普通英语、双分英语和AP英国文学（Senior：Regular English，Dual Credit English and AP British Literature)。

双分英语课程和AP课程既可以获得高中学分，又可以获得大学学分，进入大学可以免修。二者不同的是，AP课程必须一次通过全美统一的考试才算大学学分，而双分课程通过学校的考试后，高中、大学都算学分。

斯蒂芬妮老师

斯蒂芬妮老师（Mrs．Stephanie Scourfield）这节课上有16名学生，只有4名男生，很像我们国内大学的中文、艺术、外语等文科院系，女孩子人数占绝对优势。

你得承认女孩子在语言方面的优势。记得儿子一周岁会说一些简单词语的时候，跟他一般大的一个女孩已经可以说一些简单句子了。直到现在，他的数学总是轻易考满分，可是作文常常不知所云。

斯蒂芬妮快六十岁了，很苗条，穿着讲究而舒适，她从不吃甜饼和那些黏糊糊的比萨之类的快餐。

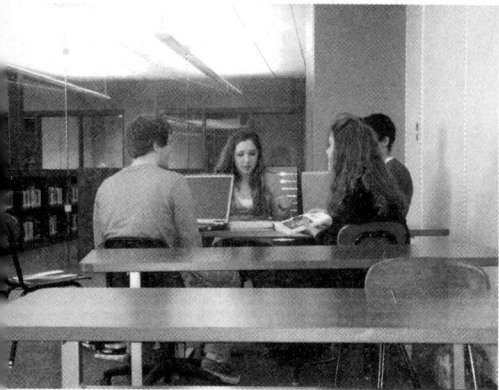

双分英语课上的小组讨论

有一次，弗吉尼亚和戴维带我去一家以做鱼出名的英式餐馆吃饭，在那里我见到了斯蒂芬妮和她的丈夫，我用餐巾纸和点菜的笔绘图给他们夫妇讲中国文化，他们很感兴趣，说哪天一定要去中国看看。每次中午在食堂遇到她，我们都谈得很投机，也很开心。

一开始，弗吉尼亚没打算让我去听斯蒂芬妮老师的课，因为这门课是英语尖子生要选的课程，弗吉尼亚怕这门课的语言太高深超过我的理解力，可是斯蒂芬妮执意邀请我到她的班上去看看。

今天，学生要以小组为单位，讨论安全问题，特别是关于上大学的安全问题。

儿童安全问题

有一个小组关注的是儿童安全问题。

他们认为，虐待儿童已成为美国社会的大问题。根据2007年美国人文网（americanhumane.org）的调查，62%的儿童因被忽视而痛苦，16.6%的儿童遭受身体的虐待。

他们打算深度调查关于家庭虐待的问题。他们认为，用暴力教育孩子，无论教育的内容是什么，孩子首先学会的，都是暴力本身，如果孩子忍受了暴力，那就意味着，暴力会悄悄升级。

他们发现有些父母对孩子要求过分严格，这究竟是管理还是虐待？他们认为，如果能够帮助孩子克服困难，那是管理；可是如果孩子开始害怕父母，并且引起心理的痛苦，那就是虐待。

他们还谈到，在家庭中有些父母忽视儿童，不考虑孩子的兴趣和需要。有的父母喝酒和吸毒，在这种情况下，父母会把自己放在第一位，忽视孩子的成长。

在美国，任何一个公民都可以向地方法律执行机构或社会服务机构揭发家长对孩子的虐待或忽视行为，而这种调查几乎是不需要什么证据的，只要"有理由怀疑"就可以，有关部门收到举报后必须在24小时之内展开调查。而且，任何人在被调查后如果还有类似行为，政府会毫不犹豫地把孩子从家庭中解救出来，并将其父母告上法庭。鼓励孩子倾诉的"说出来，安安全全的（Speak Up, Be Safe）"是各学校都要实施的教育项目。

自1874年美国首例虐童案起，美国儿童保护系统便迅速建立了起来。各州先后制定了受虐儿童保护法；1963年，通过了强制报告制度——对于虐童信息知情不报，法律将予以惩罚；1974年，通过了《儿童虐待预防和处理法案》；1984年，通过了《儿童保护法案》……社会各界通过一系列成熟的法律和政策保护体系，尽可能将儿童安全置于高度监管之下。

除了政府的力量外，美国非政府组织对儿童免受虐待的支持也不可忽略。从信托基金到儿童福利联盟再到人道主义协会，大量非政府组织通过预防、宣传和事后救济等方面的努力，形成了完整的体系。

大学新生的健康安全

第二个小组聚焦大学新生的饮食营养结构和体重问题。

他们通过对五名在俄亥俄州不同大学就读的学生电话采访、网上视频和邮件往来，调查了大学生的营养和适宜体重问题。

大学生们反映：饮食太单一，缺乏足够的营养；因缺乏锻炼，所以很多人体重失衡；个人健康问题没有科学打理，亚健康的问题在加重；食堂的很多食物不健康；在一些聚会中饮酒比较普遍，饮酒过多使人头脑昏沉；在学习的时候、无聊的时候、感觉不舒服的时候吃东西导致饮食紊乱。

他们认为饮食和锻炼是生活中最重要的问题。虽然大学有训练中心，但是由于学业压力，很多人每星期只锻炼一到两次。还有学生说，学校食堂很难搭配健康的饮食，新鲜的蔬菜和水果供应也不够。

有一名学生说，大学是提供教育的地方，健康不健康关键看自己。只要你能学会选择健康生活方式，利用好大学里的健康中心，就可以拥有适宜的体重与合理的营养结构。

大学里的关系安全问题

第三个小组探讨关系安全问题。

他们认为，大学校园里的关系危机普遍存在。滥用关系的表现有很多种：性侵犯、羞辱、责骂、打击别人的自信心、干预和控制别人的言行、威胁带来的压力和紧张……一份调查资料表明，男女生约会中也常常存在身体侵害的问题。

学生认为滥用关系是一个大问题，更可怕的是很多时候受害人并没有意识到。滥用关系在生活中有时并不像电影中那般典型，所以人们习惯忍受并习以为常。

学生认为很多人是滥用关系的受害者，而受害者又容易变得易于攻击和滥用关系。于是，危险在扩大。

他们特别关注大学派对的安全问题。3月6日，他们采访了乔、罗宾和斯利姆三名大学生，并作了采访记录。他们了解到过度饮酒、身体暴力、性侵犯在大学派对中普遍存在，虽然很多人参加派对是想拥有美好的时光，但并不是每个人在参加派对时都感到自在。通过调查，他们还发现在派对中很多学生玩喝酒游戏，打架现象时有发生。另外大学里的毒品问题很突出，他们认为不是所有人都有远离毒品的智慧。

因为大学公寓禁酒，所以60%以上的大学生派对都是在学生租的公寓里进行的。酒精、疯狂的音乐、热舞……在那种地方人很容易酗酒或者做蠢事。

有一个小组讨论大学生的睡眠安全问题。他们特别关注学业压力、不良睡眠习惯导致的失眠和熬夜问题，并提出了解决的办法。

由此看来，学生在高中时代对大学生活已有方方面面的了解。

关于作业展示

斯蒂芬妮老师提供了几种作业展示的方式让学生选择。所有的学生必须趴在桌上，把脸庞埋在臂弯里，只有听到自己喜欢的方式时才可以举手。这里不给你从众的机会，你就是你，只需遵从你的内心。

多数学生喜欢在Facebook（大学生的社交网"脸谱网"）上展示小组的调查报告。

接下来各小组讨论如何用视频、图片、文字、技术手段来做好自己的专题。有一组说要用图文资料展示，有两组说要做个小电影，有一组要用幻灯片和视频结合。从内容到形式，每个组都希望自己与众不同。

星期五，他们要作专题展示，我很期待。

可是，因为周五降了6英寸的雪，学校放假，一切都被大雪覆盖了。

四、尊重差异　因材施教

骏马能历险，耕田不如牛；坚车能载重，渡河不如舟。众所周知，每个人的智能结构是不同的。如果用一种模式、一种标准去培养学生，很难得到圆满的结果。记得顾明远先生在一次会议中大声疾呼："一个学生本来形象思维比较好，喜欢文学艺术，你偏要让他学奥数，这是不是对他最大的不公平？一个学生动手能力很强，创造意识很强，你偏要让他去学纯理论的东西，这是不是对他最大的不公平？有些家长明知自己的孩子学习平平，却偏要让他上重点学校、重点班、实验班，结果孩子的学习越来越跟不上，越来越自卑，最后优势消失殆尽，这是不是对他最大的不公平？"

良好的教育是用50种方法教育一个学生；令人担忧的教育是用一种方式教育50个学生。不让一个孩子掉队（No Child Left Behind）是美国教育的目标，它的实质是使每个孩子的禀赋特质得以延续并得到更好的发展，包括残疾或智障的特殊孩子。

因材施教，尊重每个孩子的禀赋和兴趣是一种更深层次的尊重，也是教育真正的公平所在。在美国，选修走班，人手一张的个性化课程表，多种水平和难度的多样化课程选择，使每一种天赋异禀都受到尊重；特殊学生教育、形形色色的学困生、ESL教室、学分重修教室……实践着孔子"因材施教"的教育思想。

Jan 14th 一个都不能少——特殊学生教育

1月14日，零星小雪。

在弗吉尼亚的计算机课上曾有一名叫文思（Vince）的坐轮椅的男孩，智力正常。时刻陪伴文思的，是一只经过特殊训练的狗，叫露西。这只狗会在夜间帮睡着的文思一次次翻身，因为晚上不翻身对健康不利。

每次文思来上课，总有露西在他身边转来转去。露西身着制服，这就意味着，除了文思，其他人不能随便触摸或者逗它。因为轻拍代表某种命令和请求，这会让露西无所适从。后来文思考上了爱克伦(Akron)大学，毕业后在一家律师事务所工作，他的狗露西也获得了一张特别的荣誉证书。

可是，我今天要记下的，不是身体有残疾的学生，而是大脑有障碍的孩子。

这些学生，你不能指望他们上大学。经过多年的训练，在高中毕业后，他们中有的人会在食物店、工厂、书店找到力所能及的工作，有的则被送到特别机构，由专人照看。

今天一整天，我都要跟他们在一起。我要观察老师如何与他们相处，如何指导他们做食物，看他们如何准备桌椅餐具，我还要花4美元去吃他们和教师共同做的午餐，这些可都是他们训练了很多年才掌握的本领！

弗吉尼亚要我有心理准备，她说那些孩子倒水的时候，只倒一点点，当他们做得更好的时候，老师会教他们倒多一点。

早上七点多钟，弗吉尼亚带我来到P103室，两名男教师和一名女教师已经在为午餐紧锣密鼓地做准备，而这个班只有7名学生。

第一个来到教室的是斯科特（Scott），一个细细高高的男孩，很安静。

我跟他打招呼，他说："Hi。"我问："这里的雪天很多是吗？"他说：

"Yeah。"我问："你喜欢下雪天吗？"他说："Yeah。"我觉得他有点羞涩，眼神和谈话都比较正常，不像弗吉尼亚说的那样"特别"。

我问："你选地理课了吗？"他说："Yeah。"

这时，我知道，我的第一印象错了。因为杰克逊高中根本没有地理课，他们七个人也不跟其他学生一起上课。斯科特不太明白我说了什么，他只是习惯说"是"，他基本只会说单个字，可是在帮老师做饭方面，他做得最好。

第二位进来的是一名女生，名字叫诺（Noor）。她已在杰克逊高中待了四年（美国的高中是四年制），从五官和眼神你能感觉出她的"特别"。不过，她是班里很不错的一位，正如她出场的名次一样好。她会倒垃圾，会擦桌子，还会找零钱。

接下来，埃里克（Eric）走进来，坐在椅子上，细细的腿、胖胖的脸，身体看起来很不协调。他的五官也不端正，嘴巴是倾斜的，好像口水随时会流出来的样子。

这时，一名苍白瘦削的男生低着头走了进来。约翰（John Durkin）老师说："肖恩（Sean），这是晶华。"他还是低着头，羞涩地笑。他长得那么好看和无辜，像忧郁的诗人。约翰说："肖恩，跟晶华问好！"

他的头深深地埋下去，羞涩地笑。

约翰老师说："他太害羞了！"

一个害羞至此的漂亮男

肖恩和他最爱的碎纸机

孩，是不是有什么心理障碍呢？约翰老师告诉我，肖恩是渐进性癫痫症患者，现在正用一种新药治疗，已经好多了。

做面食时有道工序是把饼干弄碎，老师教肖恩开启饼干袋，他能做好。我一夸他，他就羞涩地低下头，搓着双手，灿烂地笑，那双手是那样苍白修长。可是当老师让他弄碎饼干时，他不是用木棍横着压碎饼干，而是竖着用木棍的一头"逗饼干玩"。

休息室有一台机器是肖恩的最爱，是一台碎纸机。肖恩喜欢坐在休息室的地毯上用他苍白而细长的手指把纸张送进机器，看着蓝色灯亮起，纸张变成碎片。他小心翼翼又非常开心地轻拉我的衣袖，让我看这些纸张的变化。他说："你看，蓝色，你看，碎片。"我说："肖恩，你真棒！"他说："你很有趣（You are funny）。"每次我说"肖恩，你很棒"，他就会说："你很有趣"。后来我知道，他说"你很有趣"的意思是他喜欢你。因为他说他的妈妈很有趣，他的老师很有趣。

他可以一直坐在碎纸机旁。

忙着做午餐的老师们

老师给肖恩准备了数千张纸，他就一直在那里，一张一张地把纸张放进去，看蓝灯亮起，看纸张变成碎片。后来机器过热停止了工作，他就很无辜地低下头，微笑。他让我看他的T恤是多么漂亮，上边印有足球，他让我看他的牛仔裤，让我看他的鞋子。

全家福。前排：布兰妮、埃里克
后排由左到右：斯科特、诺、肖恩、再克、史蒂文

当我说漂亮的时候，他就低头微笑。

他告诉我他喜欢绿色、蓝色、红色、黄色、两种紫色（我不明白，是深紫和浅紫吗）。电视上播着两只狗和一个小男孩的画面。肖恩抬头看一下，马上微笑着低下头，他说："你看，狗很开心。"我说："对，那个男孩也很开心。"肖恩说："我有两只狗，我喜欢猫，我喜欢鳗鱼。"电视上的有些画面他能很快地捕捉到，可他只是偷偷抬一下头，马上又低头微笑。

他拉我的手，他说他看到电视上的握手动作，我跟他握了一下手。他说："你的手很温暖。"我教他拍手，他学不会，但他很喜欢，我发现他瘦瘦高高的身体总是蜷缩着。

后来，有五名漂亮的女生来帮助这些学生。肖恩非常高兴地说："看，一、二、三、四、五，五个女孩。"他站起来，走向这些女孩。这些女生应该经常来，她们都跟肖恩打招呼，拥抱他。是啊，大家都当他是小婴孩。

他非常开心地拉一个漂亮女孩的衣袖。女孩说："你喜欢我的粉红色衬衫吗，肖恩？"肖恩开心地说："你很有趣。"当这些女生跟他道别的时候，肖恩依旧是低下头，微笑。

我想，他的生活是简单而幸福的。

布兰妮（Bronny），是我见过的最胆小的女孩。她胖胖的，说话声音细细的，不管你说什么，她总会低着头，双手合十，慢慢从你身边走开。她走得那么慢，像是怕踩到蚂蚁，她可以一个动作、一种状态保持很久。她那么胆小，脆弱得像个襁褓中的婴儿，她又是那么慢，慢到让你没有脾气。

除了斯科特（Scott），其他的孩子身体外形都不舒展，行动迟缓，走路姿势怪怪的，这应该就是大脑问题的外显吧。

在克劳恩（Stacle Crane）老师教他们做俯卧撑和仰卧起坐时，布兰妮说她的胳膊弄疼了，眼圈红红的，哭了起来。这时，令我感动的一幕出现了，所有的孩子都围过去安慰她，每个孩子都那么紧张，那一刻我的眼圈湿润了。事实是，孩子们彼此之间很亲密，他们从幼儿园开始就在一起，像一家人一样，他们的心理年龄一直都停在遥远的幼儿时期。

我见到了非常了不起的老师，这些老师从幼儿园开始一直照顾他们到高中毕业。

印象最深的是瑞克·耐茨尔特老师（Rick Neltzelt），老师们喜欢叫他耐茨（Netz），他在杰克逊高中工作还不到5年。他不仅是特殊学生的教师，同时还是非常优秀的教练，他已经当了42年教练了，杰克逊高中的瑞克耐茨体育馆（Rick Neltzelt Stadium）就是以他的名字命名的。他教男子足球、女子足球、男子软式长曲棍球、女子软式长曲棍球、男子田径、女子田径。有点啰唆不是？这可是耐茨老师的原话哦。

我问他："当了这么多年教师，每天上那么多课，会不会烦？"他说："我很喜欢自己的这份工作。"我问："其他老师会不会厌倦？"他说："如果老师们厌倦了，他们会离开学校，去大学选修其他专业，然后重新回来或者另谋职业。"他告诉我很多大城市的学校比较糟糕，学生很难管理，在那里当老师很不容易，他很为美国某些城市的学校担忧。

耐茨指着旁边那位可爱的女教师说："她是我的学生，一名坏学生！"旁边的女教师说："耐茨是坏老师，可爱的坏老师。"

女教师叫克劳恩（Stacle　Crane），十年教龄，两个女孩的母亲，一个五岁，一个八岁。她有着灿烂的笑容，她大学毕业后一直跟这些孩子们在一起。

还有帅哥老师约翰（John　Durkin），看起来虽然很年轻，可儿子已经上大学了，孩子们喜欢跟他在一起玩。他不仅精通教学，而且很懂医学。事实上，每个教特殊学生的老师都曾选修一些医学课程。

今天是星期五。每周五是杰克逊高中的蓝色牛仔日（Blue Jeans Day），教师可以不穿正装。

每隔一周的蓝色牛仔日，都有很多老师来这间特别的教室吃午餐。午餐费四美金，学生收钱和找零，桌椅、餐具、桌布是孩子们从早上就开始准备的。今天的午餐有意大利面、黄桃、蔬菜沙拉、巧克力蛋糕，有两个孩子专门负责倒饮料，他们那么小心，只倒了杯子的1/5，根本就没法喝，因为有半杯冰块，看不到饮料。

今天，大约有二十几位老师来这里用午餐，他们喜欢过来锻炼孩子们找钱和服务的本领。人高马大的历史老师热情地跟我打招呼，她说欢迎我去她的班听课，她说她的学生想向我了解中国文化。

我问耐茨先生："每隔一周的蓝色牛仔日都有很多老师来吃午餐吗？"他说："是的，这是学校多年的传统。"他解释说："这些孩子因为身体原因已经失去了很多机会，他们应该拥有帮助别人的权利和情感需要，助人是快乐之本，学校希望通过这种活动创造一个机会，让孩子们感受到最本质的快乐，那种被需要、被感激的快乐。"是啊，孩子们在运冰块、帮着收拾桌椅、为老师们供应饮料的时候是多么快乐！他们跑前跑后、忙里忙外，像过年一样。

午餐我给了诺五美金，看她能否找钱，她做得很好。一起收拾餐桌的时候，因为我的表扬，那名叫史蒂文（Steven）的男生手舞足蹈。我说他很酷，很像中国功夫，他就一直踢腿、出拳，开心极了。

最后，应该让最特别的一位登场了。

他叫再克(Zach)，第一眼见他的时候，我觉得他很危险。他的动作那么快，身体不停地左右摇晃，没有一秒停歇。他手里拿着一条小手绢，不停地擦手，快速地用手绢抽打着全身，整整一天时间他从没有放开他的手绢，我也没听他说过一个字。

这个宝贝，他是不可能做任何事的，因为他不能控制自己的动作。

有一段时间，我看不见他，感觉教室里变得安全多了。我问约翰老师："再克呢？"约翰老师说："因为再克一直在动，所以每隔几个小时，再克就会很累，他去休息室睡觉了。"我透过休息室的玻璃一看，再克已经醒了，正在用他的手绢不停地擦手。一会儿再克出来了，因为老师们都在用餐，所以约翰老师带再克去休息室玩球。

我来到休息室，约翰老师正在跟孩子们传橡皮球。再克总是扔得又快又猛，约翰老师让他轻一点慢一点，可他不出几秒钟又会又快又猛。

我跟肖恩坐在地毯上聊天，谁知再克把球扔给了我。我给他玩了个花样，轻轻抛给他，他竟然可以慢慢地把球传给我，我表扬了他。我看到了再克的眼神，清澈、无辜。于是，我知道是我误解他了，他不是有什么暴力倾向，他也不是什么危险分子，他只是一个不能控制自己动作的孩子！

这些孩子，当他们出生时，曾带给家人多少惊喜，然后突然有一天，又成为多么沉重的打击！

下午两点，我跟孩子们道别，我说下一个蓝色牛仔日，我会再来看他们，吃他们做的饭菜。肖恩过来拉我的袖子，我给了他一个拥抱。

再见，祝你们快乐，孩子们！

Feb 28th　为毕业考试而挣扎的学困生们

问题女孩的家长会

在杰克逊高中，因材施教绝不是一句空话。

针对考试不及格的学生，有学分重修教室；针对智障学生，有特殊教育班级；针对学习能力先天不足的学生，有专门的教师团队负责……针对因种种原因毕业考试有困难的学生，杰克逊高中有一个特别计划——毕业考试胜利逃亡计划。

艾丽莎女士（Mrs．Elisa Benedict）是负责学困生教育的教师团队成员之一，她年轻漂亮，是三个孩子的母亲。她教两门科学课，还负责特殊班级的管理。今天我将与她一起工作。

一早有家长会，分在几个房间进行。

在美国，家长不仅是学校工作的监督、影响者，更是学校工作的支持者。教材的使用、选课情况、校长和教师的任用、学生的成绩和健康状况、学生在学校的生活等，家长都有权力监督和评估；设立奖学金、举办各类业余讲座、为学校筹款、做体育志愿者、参加学校的义务劳动，每位家长都利用自己的专长或经济实力支持和改善着社区的教育。

家长会的形式和内容也与国内不同。有时是针对某些教育问题请家长共同讨论协商；有时是老师、学生和家长共同讨论商定学生的学习目标；针对学生问题的家长会一般是一对一或多对一，即几位任课教师参加一名学生的家长会。

今天我参加的是昆尼（Courtney）的家长会。昆尼这学期没得到学分，

GPA 成绩很不理想，她需要重修课程。

分管校长坎迪斯（Candace Reece）、心理学老师本（Ben Ghiloni）、艾丽莎和我共同约见了昆尼的父母。

昆尼的妈妈是一个看上去很优雅的女人，不停地跟老师交流着昆尼的问题。昆尼的爸爸却很沉默。

艾丽莎发给每人一份本学期培养计划。她说每周一他们都会把一周目标写在黑板上，每周四都会跟孩子有一次单独交流。

昆尼的妈妈问："这学期我们给昆尼安排哪些科目？"艾丽莎把昆尼的培养计划表递给了她。在这里，每个学生都有单独的培养计划，要征得家长同意和签名后才能实施。

艾丽莎说："昆尼刚入学时，不做作业，精力不集中，但她现在能做好一些事情了。我们能看到她的进步，看到她的努力。"艾丽莎说她很喜欢昆尼。

昆尼的妈妈说她和孩子的父亲不太了解昆尼，她说昆尼的生活好像有点复杂，昆尼喜欢不同的群体，跟父母不怎么交流，喜欢自言自语。

我问："昆尼是不是比较内向？"昆尼的妈妈说："不是。怎么说呢，有时她分不清对错，有时她很执拗。"

家长会在学生上课之前的教师准备时段（7：15—8：00）完成。离开的时候，昆尼的爸妈对我说："谢谢！杰克逊高中是一所非常好的学校。"

我一直在想，昆尼究竟是个什么样的女孩呢？

约见"问题女孩"昆尼

艾丽莎带我认识了昆尼（Courtney）。昆尼是个漂亮的女孩，眼神很纯洁，却染着黑指甲，后来弗吉尼亚（Virginia）告诉我学生染黑指甲是因为追星。

我和昆尼约好把午餐带到 N103，边吃边聊。

我说："昆尼，你好！"

她不吱声。

我说："我知道你在学习上出现困难，你一定承受了很多。因为很多时候学习不是那么有趣。"

她说："是，很多时候很无聊。"

我问："你喜欢什么科目？"

她说："英语。"

我问："你觉得学校有趣吗？"

她说："有时候有趣，更多时候很无聊。"

我问："你有兄弟姐妹吗？"

昆尼说："有一个哥哥，一个姐姐，还有一对双胞胎妹妹，哥哥、姐姐在杰克逊高中，两个妹妹在初中部。"

我说："听说你跟老师发生了争执。你一定内心很不快乐，才跟老师争论的，对吗？"

昆尼说："那个老师忽视我，我被激怒了，是老师先发疯的。"

我说："我理解。我们需要别人重视我们，欣赏我们。但是老师不可能完全理解我们的内心，我们也不能指望所有人都喜欢我们。今天早上我见到了你妈妈，她很关心你。"

昆尼说："你早上见的是我的继母，我妈妈六年前去世了。"她的眼中有泪光闪烁。

我说："你当时那么小，一定很无助。来，拥抱一下。"昆尼站起来，我给了她一个拥抱，轻轻拍了拍她。

我问："你妈妈是患重病去世的吗？"

昆尼说："不，妈妈觉得生活很苦，难以忍受，就自杀了。"

我的内心很沉重。

在我看来，昆尼不像她的继母所说的分不清对错。她还是个孩子，一个童年丧母并活在母亲自杀阴影中的孩子！她的敏感，她的无助，她的逆反，都不难理解。

我知道不能再问太多了。我说："昆尼，我和艾丽莎老师都非常喜欢你，但是，每个人都只能靠自己。我们最好的朋友不是父母，不是朋友，只有自己。我希望你每天开心，把身体锻炼得棒棒的，这个世界比你想象中宽阔，你的人生不会没有出口，抛掉那些压力，让每一天成为全新的一天，做个对自己最好的人，好吗？"

昆尼点头。

我继续说："和继母好好相处，你的兄弟姐妹那么多，她肯嫁给你爸爸，说明她是爱你爸爸和这个家的。"我把我的邮箱给了昆尼，我说："快去班里上课吧，加油哦！"

昆尼说："谢谢你，我会的。"

当我跟艾丽莎老师谈及昆尼死去的妈妈时，艾丽莎老师很吃惊，她说只知道昆尼跟继母常有争执，还有昆尼的母亲在她上小学时去世了，不知道是自杀。

以后的几个月，艾丽莎老师常安排我跟昆尼共进午餐，不知道现在的昆尼怎么样了……

学困生们

俄亥俄州的高中生要想拿到高中毕业证，必须通过俄亥俄州的毕业考试OGT（Ohio Graduation Tests）——在阅读、数学、科学、社会学和写作考试中拿到及格分数。

高中的第一次毕业考试在高二的3月份进行。如果第一次没考过还有七次机会，二年级的夏季，三、四年级的春、夏、秋各一次，每次考试持续一周时间。

毕业考试虽然简单，但总有些学生毕不了业。

第一节课艾丽莎老师带我来到J107，这个班有11名通过科学课毕业考试有困难的学生。

这些学生智力正常，他们只是不愿学习、不想学习，还有的不会学习。这是一节生物辅导课，内容很简单，但学生的心都不在教室里，很少与老师交流，嘴角眉梢带着对学习的嘲讽和无奈。颇像我国的某些课堂，教师苦口婆心，学生困倦茫然。

学困生的课堂

有个学生一直在认真"记笔记"，我仔细看了一下，原来他在涂鸦；有两个学生在打哈欠；两个学生趴在桌子上；有个学生在吃东西；有的在发呆；有的发出厌烦的声音；有个女孩一直昂着头看天花板……

不得不坐在教室里

第二节课，艾丽莎带我来到J109，这间教室有22名补课的学生。

讲义上是一些基本知识。老师说掌握了这些，毕业考试就没有问题了。

这节课老师讲的是光合作用。教室里很安静，只有教师一个人在讲，学生根本不屑与老师交流。有些孩子的眼神和表情让我感觉到他们的无奈，甚至还有某种程度上的敌意。

基本的讲解之后，老师布置了六个很基本的选择题：光合作用释放哪种气体？光合作用中太阳能转化为哪种能量？……学生试着选择，对错只是概率问题。当学生答对时，老师便给予大大的表扬，可学生一点都不领情，依旧一副无精打采、玩世不恭的样子。有两名学生把脚放在实验桌上，抄着手，不时发出怪怪的声音，可是老师一直都不发火。旁边的一名女生看上去很聪明、很有礼貌，可六个选择题她错了四个。

这些学生是否能通过考试？我不知道。但我相信，坐在我旁边那个叫帕特里克·肖（Partrick Shaw）的男生一定能通过。他很聪明，老师讲的问题对他来说很简单，我想他只是平时没好好学习而已。他对我的电子词典和电脑上的中文很感兴趣，下课后，他一直向我提问题，旁边那个睡觉的男生在课下也来了兴致。

先天不足的学生

最后一节，是艾丽莎的科学课，在N105，只有8名学生。这些学生不同于我上午参观的班级，他们不是不努力，而是先天不足。

艾丽莎老师告诉我，这些学生从高一到高四都有，是由智商低下、语言障碍、自闭、躁动或人际交往困难等问题的学生组成的班级，这些学生都是通过专门机构鉴定的。负责这个班级教学的团队由语言教师、心理教师、学校管理人员、职业理疗医师组成，主要负责学生在校的阅读训练、健康监护、心理辅导、安全防范等，家长也时常参与该班级的学生教育，今天就有一位男家长在场。

艾丽莎老师让学生看图读故事，是关于小蛇孵化过程的描写，像幼儿园课本的格调，艾丽莎老师让学生们每人依次读一段。

让我吃惊的是，学生的朗读能力那么差。听着那些含混不清、断断续续、错误百出的朗读，让人很难相信那是高中生的课堂！

班里有个黑人女孩过十八岁生日，我给她唱了汉语版的生日快乐歌。孩子们纷纷跑过来告诉我他们的生日，还问我的生日是哪一天。

有个孩子说，他的生日是这个周五。艾丽莎老师说："看来到了生日季啦！"

因材施教是一种更深层次的尊重，如果让这些孩子在正常班级里上课，他们就会成为弱势群体，这对他们是不公平的。

杰克逊高中毕业考试"胜利逃亡计划"

为了迎接3月17日的俄亥俄州毕业考试，学校安排了详尽的强化训练计划，因为评价学校的指标之一就是学生的毕业率。即使像杰克逊高中这样不错的学校，依然有不少学生拿不到高中毕业证。

学生要签好以下协议：

我是_____，我已经收到并阅读了俄亥俄州毕业考试"胜利逃亡计划"的流程。我已经清楚流程，我将尽我所能严格遵守日程表，认真学习讲义内容。

下面的签名意味着我同意俄亥俄州毕业考试"胜利逃亡计划"的流程并愿意成为其中的一员，我的签名也意味着我愿意用课余时间完成考试练习，如果不遵守程序和指导，我将接受惩罚。

学生签名_____   日期_____

教师签名_____   日期_____

毕业考试"胜利逃亡计划"流程：

1. 日程表：注意收好！它让你明白每天的课程。

2. 讲义：请放在你的毕业考试讲义夹中，以便你能跟上课程。

3. 个人测试：在计算机上测试，提交给老师打分。你要认真对待，如果你在课上没有完成，必须利用课余时间在第二天之前完成。每一次测验都将作为过程分，复习结束后，重新提交以提高你的分数。

4. 团队工作：试题复习以小组为单位进行，全体成员必须积极合作，正确率至少应达到65%。

5. 规则："胜利逃亡计划"的成功，需要你的积极合作和参与。请明确以下规则：老师对答案是否正确有决定权；与团队成员在一起学习；尊重团队成员和老师，不骂人，不打架；如果违反条例，教师和团队成员可以给你适当惩罚。

6. 日程表：

2月25日，学习团队规定和说明；

2月28日，发放讲义；

3月1日，生命科学测试，个人独立在计算机上完成；

3月2日，以小组为单位，探讨生命科学试题答案；

3月3日，学习化学讲义；

3月4日，学习物理讲义；

3月7日，化学、物理测试，个人在计算机上完成；

3月8日，以班级为单位复习化学、物理讲义；

3月9日，讲解地球科学、空间科学讲义；

3月10日，地球科学、空间科学测试，个人在计算机上完成；

3月11日，复习地球科学、空间科学讲义；

3月13日，俄亥俄毕业测试周，记得晚上好好休息，早上吃好早餐；

3月14日，自然科学测试，个人在计算机上完成；

3月15日，复习自然科学讲义；

3月16日，终极挑战，祝全体成员好运；

3月17日，俄亥俄毕业考试科学考试日。

Jan 19th　不一样的分组学习

1月19日，我去杰克逊初中听玛丽老师的初一阅读课。

初中生跟高中生不同。他们带着童音，把我团团围住，争先恐后地提问。他们问我关于中国春节的习俗，听我说春节有压岁钱，就嚷着一定要去中国。他们问我喜不喜欢幸运甜饼，喜不喜欢比萨饼、冰淇淋、寿司……包括我的电子英汉词典他们也要我演示给他们看。

如何分组

上课了。

玛丽老师跟学生打招呼："女士们先生们，今天是崭新的一天。"

今天的语文课是分组学习。有阅读小组、写作提升小组、电脑测试小组。老师宣布了各小组的名单，都是孩子们自愿选择的。

不同组学生的活动内容、进程和方式是不一样的，这对教师提出了很高的要求，需要教师了解每个学生，设计不同的教学方案。玛丽老师说她的周末时间都用在备课上了。

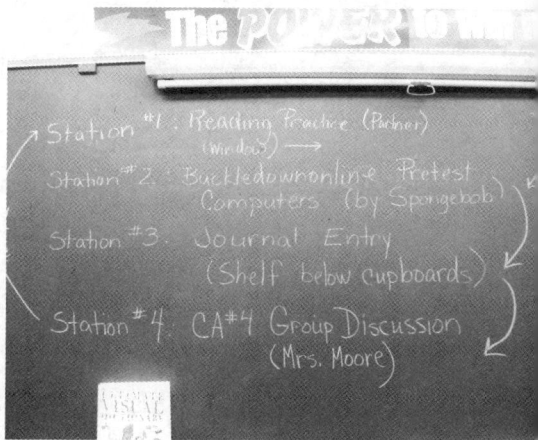

分组学习地点安排

阅读小组

与我国教室的"秧田式"不同，在美国课堂上，为便于讨论交流，学生多以小组为单位围成一圈或几圈，就像开圆桌会议一般。教师在各小组间巡视，

阅读小组

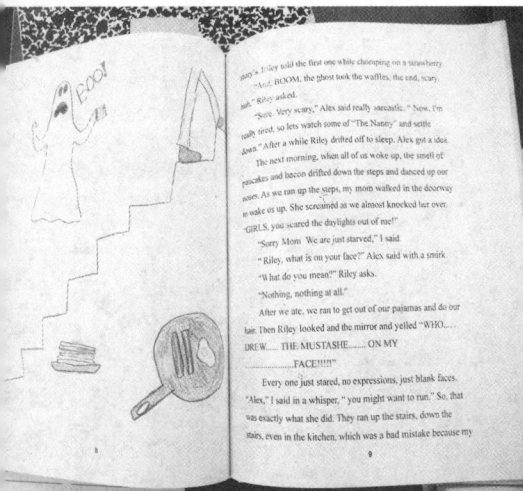

可以自由涂鸦的阅读课本

随时回答问题和提供指导。

阅读小组由7人组成，在窗边的位置。

口才在美国很重要，许多美国总统都是演讲高手，中国也有"好马出在腿上，好人出在嘴上"的民间俗语。

孩子们的阅读材料都是薄薄的精装本，封面上有自己的照片，空白扉页是学生自己设计的。每张纸一面是阅读的文章，另一面则是学生根据文章内容的素描，体现出文学与艺术的有机结合。

玛丽老师的阅读要求：

1. 通读全文，在你想分享的段落上做标记。

2. 大声而有感情地朗读你做标记的段落，一定不要让书本遮住脸，要让听众听到生动的故事。

3. 练习眼神交流。试着在你想强调的重要段落注视听众，与他们分享你对文章的理解。

4. 试着找到一两个同伴，朗读你喜欢的段落，分享你对阅读段落的素描作品。朗读时确保语速慢一点，发音清晰，要有表情，而且注视你的听众！

阅读小组的打分要求（每位同学都要为朗读者作出评价，然后上交给老师）：

1. 是否放慢语速、吐字清晰。

2. 是否带有感情地阅读，是否注意语气。

3. 是否与听众有眼神交流。

4. 是否向同伴展示自己的故事插图。

5. 选择的段落是否吸引人。

孩子们的表现很踊跃，玛丽老师给他们发了巧克力和小甜饼以示奖赏。不少美国老师喜欢在课堂上发爆米花、甜点、糖果等小食品作为奖励，玛丽老师的办公桌上有整整一桶小甜饼和巧克力，是她买来当作奖品发给孩子们的。

计算机测试小组

计算机测试小组由4人组成。玛丽老师通过网上测试程序了解每个学生的阅读水平，当孩子们做得足够好了，她就会调整该学生的学习计划，安排其他课程。

这个小组的4名学生需独立完成阅读任务并网上提交。以下是操作流程：

1. 打开网络。

2. 键入buckledownonline.com。

3. 键入名字和密码。

4. 开始测试。

计算机测试小组

只有玛丽老师能看到学生的测试成绩。玛丽老师说，这套测试系统是经过鉴定的专业题库，由专业大公司制作。如果学生的阅读达到一定水平，他们就可以去快班，或者学习其他内容，不用在这部分内容上耗费太多时间。

计算机测试方式很吸引人，看到自己的分数不断升高，有一种不断进步的感觉，如果不满意，可以一次次重来。

写作提升小组

写作提升小组

写作提升小组要求：

写一段文字描述你梦想中的卧室。你怎样装饰地板和墙壁？有哪些室内陈设？描述室内装饰的总体规划和色调，让你的描述有条理，写完后记得校对。

写作提升小组有5名学生，他们互相交流了十分钟左右，然后开始静静地书写，写完后再彼此交流自己认为好的构思和语句。

在这里，初中学生不仅要选课走班，而且上课时学习的方式、内容、合作伙伴都是自己说了算，他们一直在自主选择学习生活。

近些年，我们的课堂也流行分组学习和讨论，可有时候只是流于形式，"真经"并未学到。

注重个性和自主选择的分组是一种更高层次的尊重。

Feb 17th　新闻班与《北极熊报》

高手，都是高手！

杰克逊高中的新闻课是一门持续一学年的课程，学校的《北极熊报》在这门课上完成，选修该课程的学生作业和平时成绩均与此报纸有关。本学期有近百人选这门课，一天六个班来上课，第一节有16名学生。

每个版块有1-4名学生负责。汉娜（Hannah Sovlier）告诉我，她和科迪（Cody Oldham）、内森（Nathan Airhart）负责整张报纸的编审，从整体框架，到选图、文字，到每一个细节的设计和修改，把这些协调好是一项很大的工程。如果发现某个版块做得不够好或者有不满意的地方，他们会指出来或者提修改建议，或者跟老师商议。权威三人组！

权威三人组

卡塔莉亚（Katarina Ungashick）负责"人物"版块。我问她："你每个版块都学习还是仅仅学习这一个版块？"她指了指班上的日程表，说整整一学年她都只学习这个版块。

最后一排的四名男生，负责娱乐版。"生活中充满了乐趣和谜题，音乐、热图、时尚、爆料、影视新闻……很有趣。"他们告诉我。

孩子们都在用心地工作着，有的上网查资料，有的跟同伴商量，有的向老师请教。

对于如何把自己的版块设计得富有吸引力，孩子们有的是办法。

授课教师马修（Matthew Gillette）很随和，他与学生商量问题时很带劲；当孩子们没有问题时，他就独自在电脑前工作，不时自娱自乐地吹起口哨，每节课都能听见他的口哨声。

新报"出炉"

2月15日，又来到新闻教室，正碰上最新一期的报纸出炉，孩子们满心欢喜地欣赏着自己的杰作。

一份报纸整整十二版，包括见解、学术、娱乐、人物、体育等专栏。

头版有两条消息。第一条是娱乐版编辑萨姆（Sam Regas）对杰克逊高中才艺秀的报道，第二条是主编汉娜（Hannah Soulier）对学生打零工的建议。文章阐述了学生为什么要打零工，什么样的工作适合中学生，并就面试、薪金商洽、工作环境、着装、如何与不同的人打交道以及需接受哪些相关训练提出了建议，文章中还列举了一名杰克逊高中生的打工安排。

在美国，学生课余时间除了做运动、参加社团，还要有打零工的经历，大学招生的时候社会实践经验是很重要的。不管去餐馆吃饭还是去商店买东西，常能看到打工的学生。昨晚跟弗吉尼亚和戴维去一家名叫Chilis的餐馆吃饭，就碰到了一名端盘子的高中生。

二、三版是见解专栏。负责人是珍娜（Jenna Tan）。文中就情人节的真正目的、太空商业飞行、飞鸟游鱼的死亡（污染问题）何时终结等各抒己见，既有名家之言，也有学生见解。

四、五版是学术专栏。《艺术课程》、《生活俱乐部》、《建立极客班级》、《未利用的资源》等文章很是吸引人。把学术的东西诠释得生动简单，是一种能力、一种素质，也是一种大家风范。

六、七版是娱乐版。音乐、恋爱、表演、奥斯卡回顾……内容涉及生活的方方面面。此版是由四名男生负责的。

八、九版是人物版。此时是二月，美国人的"黑色历史月"，人们以此月来纪念黑人在美国历史上遭遇的重重困难，并赞颂他们为这个国家做出的诸多贡献。文中介绍了本月出生的美国名人马丁·路德·金、林肯、华盛顿，还有本月出生的学校毕业生和在校生……芸芸众生如此不同，人物版又怎会乏味？

十、十一版是体育版。体育赛事、学校的体育明星、有关比赛的见解……在美国，体育是永远的热门话题！

最后一版是情人节汉堡的广告和学校天才秀的海报。

不差钱

校报，由新闻班的学生设计制作，通过广告发行及家长、教职员工和学生的赞助筹措资金。校报的赞助者刊登在每一期的刊头，赞助资金用于校报印刷，同样也用于校报编辑们参加大学的新闻项目培训。

下面是关于校报的赞助和广告问题，一切都打理得井井有条。

一、赞助

铜牌赞助15美金，银牌赞助25美金，金牌赞助50美金。

二、广告收费合同

请付款给杰克逊高中，学校地址：Jackson High School 7600 Fulton Drive NW Massillon, OH 44646。

写下您的要求和信息：

公司名称＿＿＿＿＿＿＿＿＿＿

广告版面要求＿＿＿＿＿＿＿＿

总价格＿＿＿＿＿＿＿＿＿＿＿

代理人＿＿＿＿＿＿＿＿＿＿＿

每一条广告的费率：

2×2 20$, 2×4 30$, 4×4 45$, 6×6 50$, 半页 150$, 一页 250$。

我们将在报纸出版前把样本提供给您，有问题请致电马修先生（MR. Matthew Gillette）：330—837—3501。

瞧，既是课程，又有成果，还解决了资金问题。马修老师告诉我，他们的报纸深受社会各界和家长的喜爱！

事实上，像办报纸、参与公益活动等我们也有，但没有作为课程，与高考又没有太大关系，家长甚至班主任们都不太"感冒"。

Feb 25th 谁能成为"年鉴（Yearbook）"成员

杰克逊高中的年鉴（Yearbook）很拉风，毕业生都喜欢，它是每位学生高中生活的美好纪念。

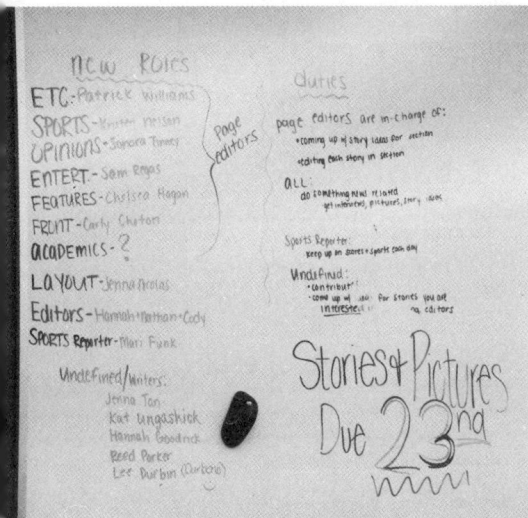

"Yearbook"成员分工安排

每年的Yearbook是选年鉴课的学生在课堂上完成的，选这门课的学生都经过了精挑细选，这门课的经历对学生报考名校的新闻或相关专业很有帮助。

任课教师克里斯汀是一位相当漂亮的年轻老师，很受学生欢迎。

克里斯汀说一本年鉴的制作出版不是一件简单事，总体设计、分工、摄影、邮件处理、图文编排、审稿、修订、出版……方方面面的工作都要在这门课上完成。她说有时也觉得压力太大，多亏孩子们组织有序而且表现出色。

但是学生们的课上表现却很是悠闲。有的边吃东西边工作，有的边化妆边工作，那份轻松自在，就像假期在家上网。

有个女生在安排工作。她说整体安排很关键，需要了解每个人的兴趣和专长，了解Yearbook的每一个细节。

外边的隔间新来了四名女生，她们被选出来

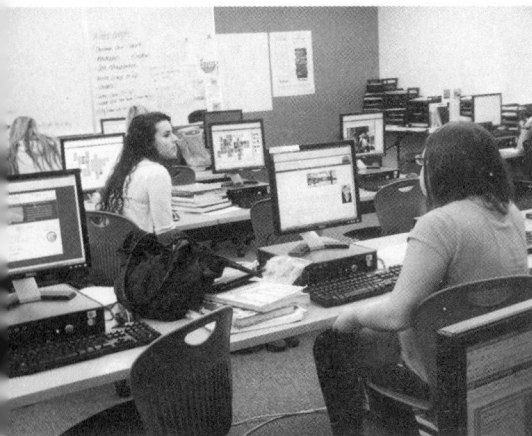

悠闲随意的课堂

负责明年 Yearbook 班的组织工作，需要提前过来培训一段时间。老师向她们介绍了基本流程，接下来几位在这门课上待了两三年的"高手"为她们传经送宝。

我问那个叫泰勒·都灵(Taylor Dowling)的女生："被选作 Yearbook 成员，需具备什么条件？"她说："要有老师推荐，还要有专长。"我说："这门课也是你未来工作的方向吗？"她说："不，只是乐趣。摄影、编辑、出版……很好玩。"她说她最大的乐趣是法语，她将来要去30英里外的大学学法语，然后当翻译或者法语老师。

Yearbook 申请书

Yearbook 的申请书类似大学申请书。不是陈述你为什么选择 Yearbook，而是陈述你能给 Yearbook 带来什么。正如写大学申请书不是陈述这所大学好在哪里，而是你的加入能给学校带来什么。

下面是申请书的内容：

谢谢你对成为 Yearbook 成员感兴趣！我们对你成为团队一员的技术和个人素质很感兴趣，请填写这张表格并获得你英文老师的推荐以帮助我们更好地认识你。

姓名 _____　　年级 _____

英文教师签名 _____

1. 列出你参加过的所有活动。

2. 你驾车吗？

3. 如果不驾车，你有去参加活动的交通工具吗？

4. 你精通哪些计算机技术？

5. 现在所在的英文班级？

6. 你在家能上网吗?

7. 你有单反相机吗?

8. 你会使用单反相机吗?

9. 你学过平面设计吗?

10. 解释一下你对该项目的体验。

11. Yearbook 最吸引你的是什么?

12. 你能承诺为 Yearbook 卖 500 美元的广告版面吗?

13. 在压力下你如何工作? 请解释。

14. 简短陈述你为什么想成为 Yearbook 成员, 说明你能为 Yearbook 做出哪些贡献 (一定包含你的个人优势和弱点)。

快捷、可靠、及时、准确……对 Yearbook 很重要, 请把此申请表交给你的英文老师, 让他 (或她) 尽快把该申请表和推荐信投递到邮箱, 没有申请表将被认为推荐形式不完整。

教师推荐信

教师推荐信的格式如下:

推荐学生姓名＿＿＿＿＿＿＿＿＿＿　　所在年级＿＿＿＿＿＿＿＿＿＿

亲爱的老师:

该学生已经申请加入 Yearbook 团队, 请通过这张推荐表帮助我们鉴别该学生在从事 Yearbook 制作方面的潜质。该表格需要尽快交到高中部索迪斯的邮箱, 请不要交还学生, 没有英文老师推荐的申请表将不被考虑。

谢谢您对遴选过程的帮助。

索迪斯与 Yearbook 全体成员

教师评价:

该学生：4——一直　3——几乎　2——有时　1——很少　0——从不

1.出勤率	4	3	2	1	0
2.可信度	4	3	2	1	0
3.创造力	4	3	2	1	0
4.正确的拼写和语法技巧	4	3	2	1	0
5.与别人合作的能力	4	3	2	1	0
6.班级活动表现出色	4	3	2	1	0
7.积极的态度	4	3	2	1	0
8.自我激励	4	3	2	1	0
9.高水准表现	4	3	2	1	0
10.领导力	4	3	2	1	0

请在下面的空白处对该参加者的能力做一个简短的陈述，感谢您对 Yearbook 做出的积极贡献！

教师签名 _____　　时间 _____

Mar 12th　德鲁卡的学分重修教室

德鲁卡（Lynn Deluca）女士的学分重修教室在 N102，专为考试不及格的学生设立网上自修课程。如果学生有的课没通过，不必再用整个学年时间重修，只需自行安排时间来这里学习直到考试及格即可。

德鲁卡女士非常有耐心，总是微笑，跟她在一起感觉安静从容。她说她的教室很少有参观者，我能来参观她的教室她很开心。3月7日至11日，每天的第三节课我都跟德鲁卡在一起。

这节课有六名学生过来，三名学生来重修科学课，一名学生重修初级英语，一名学生重修高级英语，还有一名学生重修世界史。

德鲁卡给我开了一个账户，这样我就能够看到这间教室提供的所有网上课程了。高级生物、高级微积分、高级化学、高级美国史、英语阅读和写作、化学、生物、历史、几何、基础美国史、艺术史和鉴赏、公民学、计算机应用、消费数学、经济学、地理、健康、生命科学、物理学、基础几何学、西班牙语、美国政府、世界史、直曲线数学……从初一到高四，很多学科各个时段的课程都在这里。选择你要重修的学科，即可以获得相应的学习资源、教师指导、内容总结和网上测试等。

德鲁卡说她的学分重修课程还只是起步，她希望把更丰富的课程资源放到网站上去。

我很开心，这样我就不用带那么多课本回国了。

Apr 14th 第五自由——杰克逊高中的AP微积分

二战后期，美国总统罗斯福提出人的四大基本自由：言论自由、信仰自由、免于贫苦的自由和免于恐惧的自由。在美国的教育中，我看到了另一种自由——达到自己最佳水平的自由，而这种自由，是一种更深层次的平等，它推动着教育向更加公正、健康的方向发展。

高一到高四同班的数学课堂

主修课的选修规则

杰克逊高中生毕业时至少要修满20学分。

主修课14学分：英语4年共4分，数学3年共3分，科学课3年共3分，社会学课3年共3分，体育0.5学分，健康0.5学分。

每一科都有不同的选修层次和内容，如英语包括普通英语、高级英语、双分英语、阅读写作、英国文学等。

科学课更是种类繁多，包括生物、物理、化学、环境科学、地球科学、天文学、解剖学、生理学、大学物理等十几门学科。除物理、化学必选外，学生至少要再选择一门自己喜欢的科学课程才能毕业。

社会学课程深受学生欢迎，有世界史、美国史、欧洲史、法学、美国政府、心理学等课程。

高中数学课包括代数 Ⅰ 和 Ⅱ、几何、初级微积分、微积分AB、微积分BC、概率统计、金融数学等。虽然四年中每个学生都要修满三学年共计3个学分的数学课程，但不同学生选课的难易程度相差很大。数学学习的分化从初中一年级就开始了。有的学生初一就开始学习基础数学，有的学生直到初三才开始学习。

下面这张图表就是数学选修要遵循的规则。

初一	基础数学			
初二	代数	基础数学		
初三	几何	代数	基础数学	
高一	高级代数	几何	代数	
高二	函数、统计学和三角	高级代数	几何	代数
高三	预科微积分或AP统计学	函数、统计学和三角	高级代数	几何
高四	AP微积分或AP统计学	预科微积分或AP统计学	函数、统计学和三角	高级代数

你看，高一年级选高级代数的学生，到高四就选AP微积分或AP统计学，而有的学生高四才开始学习高级代数，所以同年级的学生因为不同的目标所选课程难度差别很大，不同年级选同一难度课程在同一个班级上课也是常有的事情。

以上是主修课中的选修，至于选修课就更多了。美国中学开设的很多课程是国内中学没有的，授课内容、方式、要求也跟国内不同，但数学课跟国内课堂很相似。

谁会选AP数学?

AP是Advanced Placement Courses的缩写，即大学预修课程，是由美国大学理事会（The College Board）主持，在高中阶段开设的具有大学水平的课程。始于1955年，既有利于及早发现人才，又能及早让中学生接触大学的学习方法，不失为精英教育的一种有力举措。

美国高中生在高中阶段修习AP课程,参加每年5月份进行的AP课程考试,考试通过后可以获得大学学分。可是如果不能一次考过，在高中没有第二次机会参加该门课程的考试。

微积分课堂上的小组合作

美国大学学费昂贵，一般修一门课程要花费上千美元，而在高中学习大学课程是社区出钱，因此选修AP课程不仅可以体现学生能力，也将大大节省大学期间家庭教育投资。杰克逊高中选2—3门AP课程的学生不少，有的学生甚至能选5门AP课程。只要你行，你的高中生活就可以与众不同。学生们告诉我，选修AP课程的好处很让人动心：一是为上顶尖大学增加筹码；二是进大学后可以减免学分；三是可以提前毕业。用三年修完大学四年课程的"牛人"在大学里屡见不鲜。

美国各大学已将AP课程成绩作为衡量学生研究能力、应付高难度大学课程学习能力和大学录取的重要指标。参加AP考试科目多、考分高的学生常常被美国名校另眼相看，也容易获得奖学金。

哪些学生会在高中阶段选修AP微积分呢？泰德老师告诉我，在初中的最后一年，一般学生选基础代数；慢班的学生选更简单一点的代数课程；数学学得最好的学生会选几何学；上高中后，数学一般的学生，选基础代数与几何课，只修三年数学；那些数学好、今后又准备做工程师或从事电力、机械、科学专业的学生，在高中会读四年的数学，而且从高一就开始选较高水平的代数、几何课程，十年级或十一年级再读AP微积分。

究竟选修哪些AP课程取决于学生未来想从事哪一领域的工作。如果你未来是文科类学生或者跟数学关系不密切，数学自然不用选高难度；如果未来工作跟数学完全相关或者未来要当机械、电力工程师，当然要学AP微积分啦。

这两周我听的是AP微积分BC（难度最大的一种）。学生必须在学完几何和代数之后，学初级微积分，接下来学习微积分AB，然后才是难度更大的微积分BC。

代课老师泰德

AP微积分教室在A302，男女生各8人。

美国老师"一个萝卜一个坑"，守着自己的教室一天到晚地上课，需要代课老师以备不时之需。今天任课教师病了，代课老师泰德·安德森（Ted Anderson）临时代课。

泰德老师六十多岁了，曾就职于一家大公司，在北京待过六年，退休后在杰克逊中学当代课老师，丰富的阅历使他可以教很多课程。

这节课讲函数极限。泰德播了一段录像，说的是当x趋向无穷大时，如果分子增长慢、分母增长快，极限值就是零；如果分子分母越来越接近，极限值就是1……诸如此类。对于我们中国学生，记住规律和公式做题就可以了。可在这里，教师要用很多生活中的实例与学生共同演绎推导。

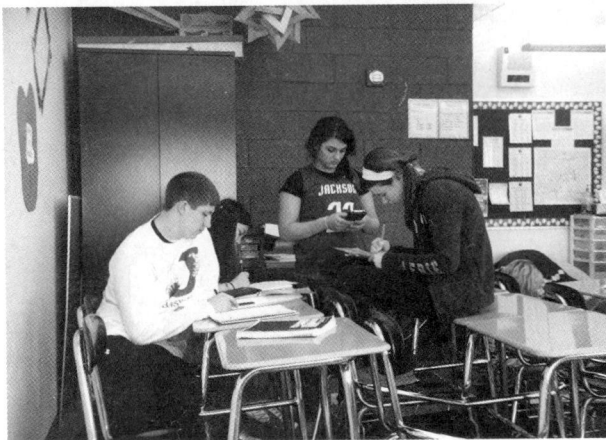
计算依赖计算器

常听说美国的数学简单，今天一看还真的非常简单，大学承认学分的AP数学水准也就相当于我们的高一水平。所不同的是，美国人的数学教学注重实际应用，我们则是单纯地解题。在我国，有些人学微积分的时候，根本不知道它是干什么用的，不懂最基本的原理，只是死记硬背，学生很快会做题，可是又很快遗忘，考完试的那一天，就把它们抛到了爪哇国，多少年后，我们根本不记得那些题目怎么演算了！庆幸的是目前我们的教材在这方面已开始做出改变。

班上有一名中国学生，名叫金扬（Jonas Jin）。他在美国出生，老家在中国南方。我问："你对这门课感兴趣吗？"他说："是的，有时越难越有趣。"

是的，对某些人来说，任务越复杂艰巨越富有冒险性和探索性，做起来就越带劲。

夏可阳和琳达

朱莉老师的AP微积分课堂

AP微积分有三间教室，这一周我来到A306，任课教师是朱莉（Julie Litman）。

朱莉老师眼睛明亮，她的班上有20名学生，18名高四学生，2名高三学生（夏可阳和琳达），高三的那名男生看起来像中国人。我问："你来自中国吗？"他说："我出生在加拿大，父母是北京人，我能听懂汉语。"他叫卡尔（karl），中文名字叫夏可阳。这个名字我有印象，西班牙语老师帕赛娜跟我提起过，说她的班上有一名叫夏可阳的中国学生很优秀。

别的小组都在讨论，只有夏可阳和琳达一副游离于课堂之外的样子。我问他们："AP微积分难学吗？"琳达说："很简单。"我问："你们高三就选AP微积分BC，已经是高中阶段难度最高的大学课程了，最后一年是不是就不学数学了？"她说："不，下一年我们去爱克伦大学选课。"

你看，只要你想，学到什么高度你自己说了算。你有拒绝的自由，同样有发挥自己最佳水平的自由。

我问一名学生："喜欢这门课吗？"他说："是的。"旁边的代课老师说："撒谎，有人在撒谎。"我说："或许喜欢朱莉老师胜过这门课吧。"他说："是的，老师太棒了（The teacher is fantastic）。"

小组合作"过关斩将"

这一周讲函数图像，除了小组讨论，教师讲解占了大半时间，跟国内的课很相似。朱莉老师笑容灿烂，幽默风趣，表情丰富，为数学课增添了不少亮色。只是，数学课就是数学课，题目的演绎总不如人文类课程来得生动。

第二天来听课，朱莉老师安排了"过关斩将"的小组测试。她用粉色纸写了很多题目，排成四排，学生分四组挑战这些题目，哪个组在本节课内全部完成，就可以得到A的分数，最先完成的小组还有奖品———一盒巧克力。

最后，中国学生夏可阳所在的小组得了第一名。

Mar 17th 纽约海斯库特小学的数学和美术课

　　3月16日至18日，我去纽约斯卡斯代尔（Scarsdale）高中参加我们项目的中期会议，在此期间有幸参观了斯卡斯代尔中学（Scarsdale High School）和海斯库特小学（Heathcote Elementary School），我对海斯库特小学的数学和美术课印象颇深。

绿色的圣帕特里克节

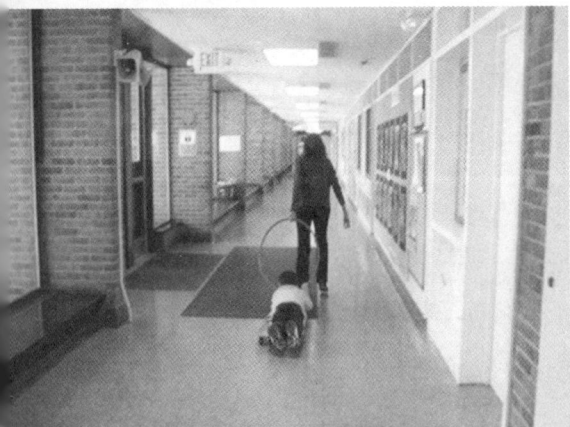

拖着学生"训练"

　　海斯库特小学位于纽约郊区，是一所私立小学，设施很好，老师的工资也比一般公立学校高。

　　3月17日，是圣帕特里克节（St. Patrick's Day），用来纪念爱尔兰守护神圣帕特里克。这一节日五世纪末起源于爱尔兰，如今已成为爱尔兰的国庆节，被爱尔兰移民带入美国后，每当圣帕特里克节来临时，各地都会举行庆祝活动。

　　绿色是爱尔兰的象征，为该节日的主色调。今天不少孩子穿绿色T恤、戴绿色饰品，连我们早上吃的小面包都是绿色的。

　　校长带领我们参观。惊见一位老师拖着一名学生快速从走廊里经过，校长向我解释说是因为该生的手部肌肉需要锻炼。

　　我首先去听二年级的数学课，教室装饰得很漂亮，学生围着老师席地而坐。

老师打开信封，抽出一张带黑点的卡片，让学生观察。

老师问学生："今天我们做一个游戏，告诉我你们看到了什么？"有学生说是4个点，有学生说是两组2。

学生写算式：$2+2=4$　$2×2=4$。

接下来老师抽出了印有6个黑点的卡片，问学生看到了什么，有学生说是6个1，有学生说是两组3，有学生说是三组2。

学生写算式：$2+2+2=6$，$3+3=6$，$2×3=6$，$3×2=6$，$2×2+2=6$。

然后学生两人一组，做游戏、写算式……

不管孩子们怎么写，没有错误答案。教师旨在用多种方法，训练孩子们的发散思维。

接下来，我们去一年级的教室，孩子们在上美术课。今天他们画的是字母，老师说可以把字母打扮成任何喜欢的样子。

每个学生画的字母不一样，孩子们给自己的字母设计版式、填涂颜色，好认真啊！我以为是老师让学生挑自己喜欢的字母或者自己名字里的字母作画，我错了，他们是在集体创作一首诗！学生们分工合作"打扮"这首诗里的每个字母，然后把这些字母粘在一张大白纸上，形成一首色彩斑斓的诗！

你看到了什么？

我们的算式与众不同

这首美术课上创作的"大"诗，将会在教室外的墙上展示，让其他年级的同学观摩。诗的大意是："我书写只因为我内心的声音不想沉寂（I write only because there is a voice within me that will not be still）。"

全班集体作的诗

打扮字母

上课之前的"热身运动"

诗虽简单，却也颇具哲理，师生让这种哲理以一种合作参与、美好、艺术的形式来呈现，在玩耍中学习，在快乐中成长！

教室里播放着动感十足的南非世界杯主题曲，营造出活泼、自由的氛围，学生边画画、边着色、边跳舞，其乐融融，让人忍不住想加入其中。

在海斯库特小学，同样有坐不住、学习有困难、需要特别帮助的学生。

这是一节四年级的数学课，有9个孩子，却有4位老师——1位很帅的主讲老师和3位助教。

这9个孩子都有轻微多动症，所以一开始，老师先带孩子们做5分钟的健康操，从脖子到肩膀到腿脚活动开了，然后才开始上课。

今天讲的是关于角的知识，首先认识角，学习如何给角命名；接下来，让学生比较角的大小；然后辨认锐角、直角、钝角，读出图中的角，数出图中有几个锐角和钝角。

关于角的测量，老师并没有直接讲如何使用量角器。老师问学生："我想画一个直角，怎么办？"

学生积极地给老师出主意，而后尝试画直角，非常认真。

学生问："如何知道这是一个真正的直角呢？"老师说："我们可以量一下。"

最后，老师教学生量角，告诉学生角的测量最重要的是：底边（base line）和顶点(center)。

今天的作业：画一个角，量出它的度数。

孩子们那般开心。那些灿烂的笑脸，是童年最好的标签。

Mar 10th   ESL——杰克逊高中的"联合国"成员们

乔·斯兰纳(Joe Slanina)是一位特别帅的英语老师，长得像艺术家手下的雕塑。我在初中部见过他，他在高中部也有一间小小的教室。他的课程是英语衔接课，即ESL(English as a Second Language)。

美国是个大熔炉，每年大量移民的涌入对学校教育是很严峻的挑战。因为母语不是英语，年龄又小，不少学生入学后最急需的就是过语言关，所以几乎所有学校都有ESL教室，这是学校专门为新移民设置的特殊课程。ESL教育的目的是让学生尽快具备在正常班上课的能力，所以刚开始的半年到一年，学生更多的是在ESL教室上课，然后渐渐增加在正常教室上课的时间，最后完全回到正常教室。

乔是专业的ESL教师，他不仅上英语课，还要为学生各学科的学习提供帮助。

这一周我每天在乔的班里待两节课，他的教室像一个小联合国，在那里我见到了十几个来自不同国家的学生。

乔治·迪马浩斯（George Dimarhos）来自希腊，浓浓的眉毛，很自信，带有浓重的希腊口音。他说他在希腊已经选修了很多课程，来美国主要选修英语，他来美国已经一年半，将在今年夏天回国。他说如果他在这里学两年英语，回国

乔和他的联合国成员们

后就可以选择任何一所他想进的大学。

旁边的女生艾莎贝拉(Lsabela Sagarra)来自巴西,讲葡萄牙语;安娜(Ana Castro)来自墨西哥,也讲葡萄牙语。当她们俩交流的时候,我发现我一个字也听不懂,一问才知道她们在说葡萄牙语。

埃斯特盖克(Astgik Ambartsumian)来自格鲁吉亚共和国(Republic of Georgia),她今年高四了,已经在ESL班上待了五年。她初中来美时对英语一无所知,是杰克逊初中部ESL班的学生。爱内斯塔斯亚(Anastasi Ja Petrovska)来自马其顿共和国(Republic of Macedonia)。这两个学生的国家隔得不远,她们也很谈得来,常常一起商量问题。

艾萨克(Ishaak Hamdan)来自巴勒斯坦(Palestine),他的父母1989年来美,虽生在美国,可他最初学的是巴勒斯坦语。七年前他开始学英语,口语很流利,但是读写能力欠佳。他说:"我讨厌用英语读写,太困难了。"我说:"在我们国家,很多学生跟你相反,他们能够读和写,语法很好,但是他们口语不好。"

这间教室还有两名中国学生:江祥享和刘畅。江祥享两年前来美,至今还是不太适应这里的学习方式。他说习惯老师讲解,喜欢按课本内容学习,那样有章可循;可是这里的老师不怎么讲课本,总是布置一个项目,发一下要求和评分标准,然后让学生做社会调查或去图书馆、网上搜集资料,写一个研究报告出来,那么开放,感觉很茫然。

旁边的乔治说:"祥享学习很刻苦,每天放学后都要学习两个小时。"

中国女孩刘畅来自福州,一开始,我以为她的英语比我好,可是乔一直说让我帮她翻译。她看不懂今天历史课的作业要求,乔让我帮她。

我们讨论了她的历史作业:材料介绍了几种制作一战海报的技巧,如选择什么样的图片、文字如何具有说服力和感染力、如何在海报设计中运用心理学知识……下课的时候，刘畅说这次历史作业她会做了，特别高兴。我说："最主要的不是这一次作业，是以后你能知道往哪个方面努力，一定要主动哦。"我之所以这样说，是因为中国学生的谦虚内敛是他们适应国外学习生活的障碍，语言、思维习惯、学习方式、价值观等都要经过一段调整和适应期。

第二天，黑板上写着"欢迎王晶华老师"，是刘畅和她的"联合国"朋友们设计的。

我跟她探讨学英语的方法，我说要通观全局，把最基本的词汇和基本会话在短时间内集中训练，这是很重要的。学习也是这样，先见森林再见树木，首先要明晰各学科的全貌和基本要求，然后再逐步提高。如果你不明白老师的思维方式、教学意图和基本要求，学起来就无从下手。文静的刘畅非常开心，跟我谈着她的困惑。是啊，游离于课堂和集体之外的校园生活太寂寞、太辛苦了，不是每个孩子都适合来美国接受教育。

路易莎（Louisa）是一个活跃分子，来自俄罗斯。她喜欢向老师提问题，开朗又自信，她总是对刘畅说："遇到问题找我。"当我把她的名字译成汉语写在黑板上时，她很激动，说下学期一定选修汉语课。

彼得洛夫斯基（Zivomir Petrovski）也来自马其顿共和国，他是小学五年级来美的，现在读高二。他带来了厚厚的讲义。乔告诉我，他已在这个班上待了五年，他的英语交流没有问题，但是学习中的专业英语（Academic English）常给他带来困扰。

乔说："做ESL老师有时候太难了。因为很多学生在国内没学过英语，听、说、读、写都要从头开始，与这些学生交流沟通很不容易。比如刘畅，她太害羞，不怎么说话，让人弄不清楚她到底明白了多少。"

我能理解。作为ESL老师，一方面，你要跟不同国家的孩子交流，要懂每个学生的基本交流语言；另一方面，还要对学校的各门课程有所了解，真不容易!

我说:"我看了乔治·迪马浩斯今天的作文,我费了很大劲才知道他想说什么,跟猜谜差不多。"乔说:"对,是这样的。"

他拿了一名学生几个月前的作文给我看,虽然只有短短几行字,但是没有文法加上太多拼写错误,你根本不知道他想表达什么。他又拿了该学生上周的作文,我看到了该生的努力和进步。

语言,是工具,是文化,是信心,更是一份神奇的礼物,它会影响你的心情,你的心理,你每天的生活和工作。它使异国他乡的你变得沉默而隔离,也同样能让你新世界的生活充满惊喜。

世界已变成村庄,我们怎能甘心做"聋哑人"?

五、阅读、表达与创造

有人说："一切诸经，皆不过是敲门砖，是要敲开门，唤出其中的人来，此人即是你自己。"我相信，最美妙的阅读，就是唤出内心的自己。在美国，教育的理性和自由、学生的独立思想和判断能力，在每天的阅读和写作中潜移默化地提升着，而这种提升，带来的是一个国家软实力的强大。

Mar 23rd 波士顿小学生的一天

马萨诸塞州统考日

今天是 3 月 23 日，星期三。我住在波士顿郊区的哈德逊（Hudson）小镇，很多在波士顿工作的人住在这里。

阳光很灿烂，正如我的心情。吃过早饭，我和小新步行去法利小学。上午的课八点半开始，此时是八点十分，远远地就看见孩子们在操场上玩各种游戏。

高大的女校长来迎接我们，一脸灿烂。在法利小学，任何来访者都必须和校长亲自会晤，得到允许后，到办公室签名，带上参观者的"身份证"，才可以自由出入每间教室。

小学生不走班，走廊里有每个学生的柜子，用来放衣服和学习用品。

因为今天四、五年级参加马萨诸塞州的统考MCAS（Massachusetts Comprehensive Assessment System），所以我们去二年级听课。穿过走廊时看见无论是教室的门上还是走廊里都贴着"考试"字样，提醒过往的每一个人注意慢步轻声。在美国，州考通过计算机来进行，学生人手一台笔记本电脑，在考官的统一指挥下先完成个人信息的填写，接下来进入到试卷的界面，答完后提交。我很想看看平日活跃的孩子们考试时的表现，就问校长可否安排我们进教室观察，校长说不可以，因为那样可能会影响学生答题。

抱着一丝遗憾，我们走进二年级学生的教室。今天我决定待在一个班里，观察二年级学生的一天是如何度过的。

每天的必修课——宣誓

这个班有16名学生，任课老师是一名毕业四年的年轻教师。

走进教室，广播里正在下通知，讲中午学校食堂提供哪些食物。

接下来是每日宣誓时间，散漫的课堂一下子变得安静下来。师生起立，立正站好，将右手心贴在左胸口，对着国旗宣誓。我们这些外国人没必要宣誓，但是要站起来，以示尊重。

誓词就一句话：我向美利坚国旗和它代表的共和国宣誓效忠，上帝保佑一个国家不可分割，人人享有自由、公正。（I pledge allegiance to the flag of the United States of America, and to the Republic for which it stands, one nation under God, indivisible, with liberty and justice for all.）

在美国中小学，每间教室的一角都悬挂国旗，孩子们每天到校的第一件事就是对着国旗宣誓。在美国，国旗随便挂，有的家庭甚至买好几面国旗，遇到重大节日，甚至只要是天气晴朗，就会挂出国旗，不仅家里挂，出去玩的时候也带着。记得在纽约的时候，有条街道每扇窗外都挂着美国国旗，很是壮观。

每天第一节课——早晨会议

早晨会议，就是齐读今天的课程安排。这里的小学重视阅读，一天有五节语文课：图书馆课程、安静阅读、分享写作、做简报、分组阅读。

第一个小环节类似我国的"高考倒计时"：今天是3月23日，一学年180天，今天是第122天，还有58天放假。

然后是识字游戏，在单词中有缺失的字母，老师让学生来填，然后一起朗读。

接下来是每天一道数学题：前两个数是0、15，问接下来的数字是多少？（答案：30，45，60）

今天的单词学习是关于"oo"和"ew"的读法。"oo"：school、good、moon、tool、wood……；"ew"：blew、flew、knew……

规矩是怎样"炼"成的

美国学校极少处分学生，爱护学生的办法之一就是严格的规则教育和管理。

在美国，不管在学校，还是在公共场所，人们都很守规矩。那种绅士淑女的风范是如何养成的呢？今天，我似乎找到了一点线索。

美国家长对孩子的要求很具体：对人友善、面带微笑、学会说"谢谢"，等等。学校和教师对学生的要求也是细致而具体。

教室的墙上贴着本班的班规：

1.尊重别人（Be respectful）

2. 负责任(Be responsible)

3. 安全(Be safe)

4. 有乐趣(Have fun)

班规旁边贴着认真听讲的五条规矩：

1. 眼睛注视讲话者 (Eyes on Speaker)

2. 闭上嘴巴 (Lips Closed)

3. 用耳朵倾听 (Ears Listening)

4. 坐端正 (Sit up Straight)

5. 手和脚不乱动 (Hands and Feet Quiet)

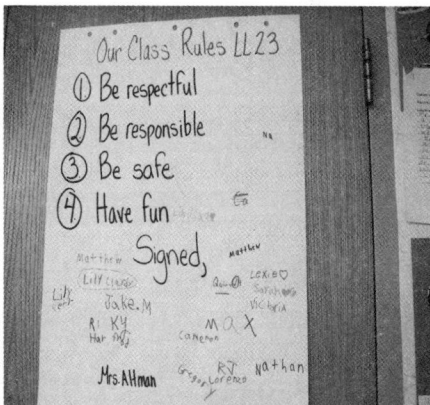

班规

听讲的五个原则（大岛上的特许学校）

听讲的五个原则（法利小学）

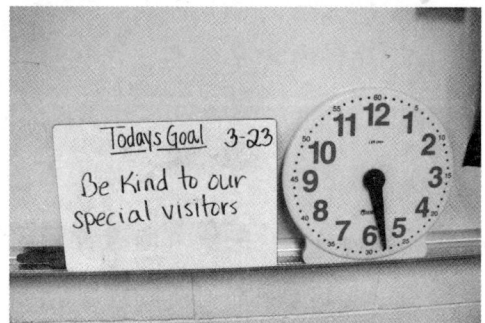

今日目标：对参观者友善

有趣的是，在夏威夷大岛上约翰校长的特许学校，俄亥俄的杰克逊中学，纽约海斯库特小学，墙上都贴着同样的班规和听讲要求，可见美国的学生守则是统一而具体的。

黑板下方竖着一块小黑板，写着"今天的目标（Today's Goal）"。

老师让学生从三条规矩中选出一条作为今日必须遵守的规则：

1．在走廊上要安静，因为四、五年级学生 8：00—10：00 参加马萨诸塞州的统考。

2．遵守认真听讲的五个原则。

3．对参观者友善。

怎么决定这条规则呢？

所有学生闭上眼睛，趴在桌上，听老师读三条规则，赞成哪一条就举手。前两条无人举手，等老师说对参观者友善的时候，所有孩子都把手举了起来。所以今天的目标是：对参观者友善。

规矩是自愿选择的，遵守也就不是什么难事了。每天的潜移默化中，学生懂得了很多规矩，规则意识也就越来越强大并习惯成自然了。

图书馆课程

第二节课，孩子们去图书馆，在这里图书馆老师要任教阅读、作文、口头表达、讲故事和故事续写等课程。

老师讲了一个有关慈祥的祖母、冷酷的继母、美好的爱情与魔法的民间故事。孩子们围坐在老师身旁的地毯上屏息静听，都被深深吸引了。在美国小学生的课堂上，我常被学生倾听时的专注所打动。

接下来，老师让孩子们看大屏幕，读谷歌地图，学习如何在地图上辨认森林、道路、建筑、河流、湖泊、农田……

凝神静听的小学生们

看到长城时，老师问学生："为什么要修长城？"学生说："应该是为了保护自己。"之后老师播放了熊猫的录像，视频中的熊猫憨态可掬，孩子们看得入了神。

借书时间到了，孩子们找到自己喜欢的书，开开心心地等着排队登记。

图书馆里介绍中国的书不多，比较旧，内容都是关于我国改革开放前的事情。

学生作品展

俄亥俄州（Ohio State）相对保守，在这里居住的中国人不多，人们对中国的了解也有失偏颇。常有师生问我："在中国所有人收入都一样吗？""是否所有的企业都是国有制？""是否禁止农村人口到城市去？""有没有言论自由？""所有的家庭都只有一个孩子吗？"……有人甚至问"你们有没有牛奶？""有没有触摸屏的手机？"我说应有尽有，欢迎你们有时间去中国看看。

很多美国人不了解中国，他们对中国的了解停留在"中国是一个共产主义国家，历史悠久，近年来经济发展很快，面临着贫富差距……"这样大而化之的层面。也许是因为美国人的生活太富足了，骨子里优越感根深蒂固，不太关心其他国家什么样子吧——就如同我们不太了解非洲某个国家什么样子一样。几个月来，我发现美国电视节目中国际新闻很少，除了国内大事，就是各地的花边轶事——热辣明星啦，健身秘笈啦，体育赛事啦，娱乐圈丑闻啦……除了跟美国有关的伊拉克、阿富汗，大家很少关心世界其他地方发生了什么。

面对美国人对中国的陌生和误解，我暗下决心接下来的日子要尽力传播中国文化，做"中国文化使者"，让更多人了解当今的中国。

吃零食和听故事时间

从图书馆回来，是零食时间。一名小男孩递给我一块小甜饼，我下意识地说了声谢谢，可他说这是他妈妈给他准备的午餐，然后他从我手里拿回小甜饼，回到了座位上。

原来只是让我"欣赏"一下他的午餐啊。

年龄小的孩子容易饿，很多学生不仅带薯片、甜点等零食，连午餐也是从家里带的。

吃完零食，讲故事的时间到了。老师组织学生坐在地毯上，两个小孩抢着给我搬椅子，小板凳下面都有海绵球，推来推去没有噪音。

故事讲的是女巫Strega Nana，情节很简单。老师说了听故事要求：作者是谁，书的名字是什么，首先怎样，接下来如何，最后怎么样了。

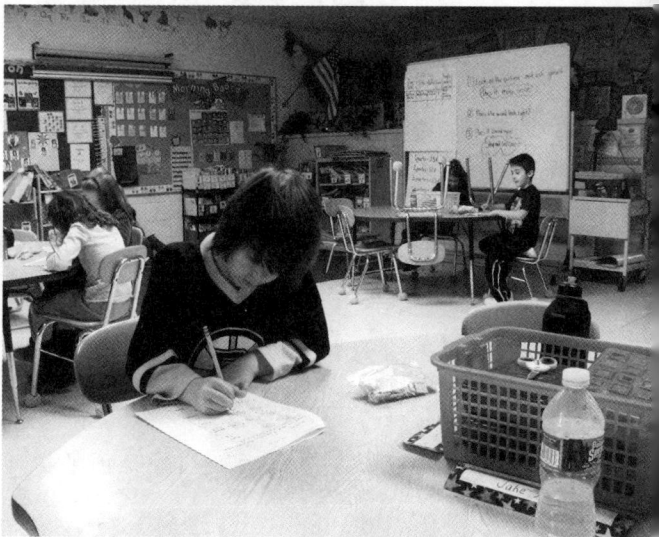

零食时间

下面是学生听故事总结的笔记。

☆ Strega Nana 是一个女巫，但她是一个爱助人的好女巫。

☆ Big Anthony 是一个健忘的人，Strega Nana告诉他不要动她的帕斯塔面锅。

☆ Big Anthony 用了那只帕斯塔面锅，但是他忘记了吹三下停止，锅沸了。

☆ Big Anthony 做错了事情，因为他不遵守规则，他应该告诉Strega Nana。

老师问："怎么避免忘记？"有的学生说写在纸上，有的学生说有条理地记忆，有的学生建议告诉朋友让朋友提醒……孩子们见仁见智。

安静阅读时间

接下来，是安静阅读时间。孩子们从教室的小书架上拿出自己从图书馆借的书，开始阅读。

桌下读书的孩子

有的孩子坐在角落里，有的孩子趴在地毯上，你瞧，这个在桌子底下读书的孩子，多么享受！

学校图书馆的书籍都注有阅读级别，有的孩子看的书只有几十页，有的津津有味地读着"大部头"的书，老师告诉我那个穿蓝色衣服的女孩赛拉已在读七年级的书了。

一个男孩在读贝贝熊系列丛书。"迈上阳光的土路，走过一座独木桥，爬上草木葱茏的山坡，就是熊的王国，那里住着贝贝熊一家：熊爸爸、熊妈妈和小熊贝贝……"浅显，有趣，美好。

老师走到一名男孩面前，让他读一段文字，并不断地给他纠正错误。接下来老师又让一名女孩读，女孩说书里有太多生词，老师说："那就读简单一

安静阅读的女孩赛拉

小组阅读

点的。"

我注意到，这些二年级的小学生跟老师交流时那般平等自信。

班里16名学生，读的书都不一样。老师记下了每个学生的名字、所读书目、阅读级别、存在的问题及所需帮助等。在这里，没有整齐划一，多的是对个性和差异的关注。

交流分享时间

安静阅读后，是分享时间。首先三人一组，分享自己的阅读体验。每个学生都要发言，告诉同伴自己读了什么书，有什么想法。孩子们饶有兴致地交流起来，即使他们看的书都不同，那又有什么关系，合作和分享的当然可以是不同的主题！

接下来，所有孩子围成一圈，共同交流彼此生活中遇到的问题。

读书笔记"档案"袋

第一位坐在主持位置上的是个小姑娘。她问如果想成为别人的朋友，但

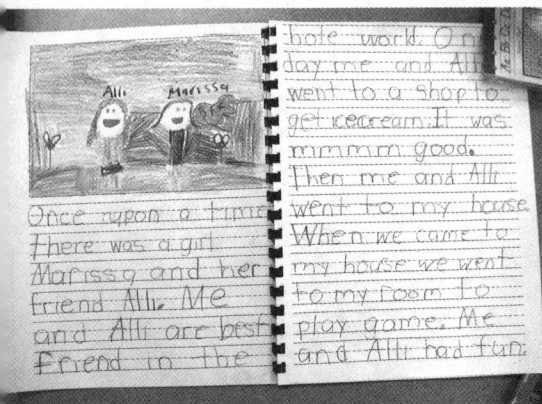
个性化作文

分享时间

装饰作文本

别人不愿意，怎么办？

大家帮忙出主意。有的说可以找他谈谈，有的说也许他需要时间……

第二位学生说他读了一本书，想跟别人分享。他说书中的人常遇到麻烦，常做错事，他向大家请教怎样避免犯错。

第三位学生说昨天他的爸爸帮他做项目。老师很吃惊，说："你怎么能让你爸爸帮你呢？"其他同学也纷纷发表意见，有同情的，更有帮忙出主意如何独立做项目的。

师生的互动和分享是那么认真，我为那份真实所感动。

阅读之后，学生开始写读书笔记，还要为自己的文章做插图，装饰颜色。这里的学生不注意坐姿，不少学生书写不好，也有的用左手书写，老师并不刻意纠正，而是顺其自然。

语文课——在"做"中学

接下来还是一节语文课，上周他们学习了各大洲的知识，今天，他们要把自己写的文章用彩纸装饰，做成一本漫游世界的书。

大家用花边剪刀、彩纸和作文纸，来装饰自己的书，每个孩子都十分认真。

我读了孩子们最近的作文，主要是关于自

己想去的国家、喜欢这个国家的理由、怎么去、去那里干什么……孩子们的内心可真丰富啊！

有一个小女孩在作文中说她想去中国，她说她喜欢中国"士兵"（后来我才弄明白是秦陵兵马俑）。她自豪地拿出一个小泥人（兵马俑），告诉我是一个中国人带给她的。她说那个中国皇帝一定希望有她这样一个女儿，因为他没有一个女儿能长得像她那样。

这些懵懂顽童的未来蕴藏着多少可能啊！从这一点上看，小学教育更需要优秀教师。马萨诸塞州96%以上的老师有硕士学位，任教期间他们必须不断地去大学修习课程以更新自己的教师资格证，提升自己的教育水平。

手工课后是半小时锻炼和午餐时间，我跟孩子们出去跳绳，然后吃了一顿丰盛的午餐。吃午餐时，很多孩子围过来跟我交谈，他们有那么多问题要问，迟迟不肯离去。

不一样的"作文"

分组阅读时间

午饭后，是分组阅读课。孩子们要离开教室去图书馆，图书馆有四位老师，每位老师负责一个小组，去哪个组是根据阅读水平划分的。

有两名学生在计算机上阅读。

有四名学生跟随老师读一本薄薄的彩色故事书。

有一组学生学习音标组词。

au	aw
pause　launch　fault	draw law jaw fawn hawk raw crawl

还有一组在老师带领下阅读一篇文章，老师要求学生按下面的模式简述整篇文章：

首先（first）　＿＿＿＿＿＿＿＿＿＿＿＿＿＿＿＿＿＿＿

接下来（next）　＿＿＿＿＿＿＿＿＿＿＿＿＿＿＿＿＿＿＿

然后（then）　＿＿＿＿＿＿＿＿＿＿＿＿＿＿＿＿＿＿＿

最后（finally）　＿＿＿＿＿＿＿＿＿＿＿＿＿＿＿＿＿＿＿

艺术课
——我的森林我做主

无声游戏

回到教室，孩子们排队去上艺术课。到艺术教室门口时，另一个班还没下课。在走廊里等待时，师生在一位同学的哑语指挥下玩起了一种不出声的动作游戏。

进入教室，十几个孩子围坐在桌前。艺术老师手拿一只陶艺小鸟，说："上周我们做了一只小鸟，昨天我们做了一个森林的背景，今天请你们给鸟儿着色，再加上羽毛，放在森林里，可以做成任何你喜欢的样子。"

接下来，孩子们专注地忙碌了起来。每张桌子上都铺着一层牛皮纸，画笔颜料一应俱全。孩子们给小鸟着色，然后给小鸟粘上羽毛。那些鸟儿奇形怪状，令人忍俊不禁。你瞧，这儿不管学什么，都有"产品"出来。

快下课时，孩子们收拾桌子，把旧牛皮纸回收，铺上新纸，以备下一个班级使用。

给小鸟着色

我的作品我做主

地位尴尬的小学数学课

楼梯上的数学

法利小学二年级每天只有最后一节是数学课。校长告诉我，三年级开始他们会增加数学课的时间，他们也想数学与其他学科并重，但是发现这样反而使各科学习都不是很理想，所以他们在低年级特别加强了阅读课。

这节课有五分钟的考试，是关于十以内的加减法速算，很多孩子在数手指头。

记得儿子在幼儿园的时候就可以心算到一万以内的加减法了。那时妹妹的孩子也上幼儿园，当他数手指算出4+4=8时，我妈说："真棒。"儿子不屑地说："姥姥，如果8+8等于16，他是不是要用手指头和脚趾头一起算啊？"

相对于美国人，我们中国人可谓心算高手。孩子们对数字的把握得益于我们神奇的乘法口诀，好记又好用。在法利小学的楼梯上也有乘法口诀，但学生掌握起来很费劲。

接下来师生围坐在一起共同讨论偶偶相加、奇奇相加、奇偶相加的结果是奇数还是偶数，并举例说明。

最后，孩子们回到座位上，把自己的小板凳倒放在桌上，放学啦！

附：小学二年级课程表

	星期一	星期二	星期三	星期四	星期五
8:40—9:20	体育	每日会议	每日会议	每日会议	每日会议
9:20—10:00	每日会议	阅读	图书馆	科学	拼写测试
10:00—10:40	书法	艺术	阅读	阅读	阅读
10:40—11:30	书法	写作	写作	写作	写作
11:30—12:15	午餐	午餐	午餐	午餐	午餐
12:15—12:45	朗读	朗读	朗读	朗读	朗读
12:45—1:25	分组阅读	分组阅读	分组阅读	分组阅读	分组阅读
1:25—2:15	数学	数学	数学	数学	数学
2:15—2:40	科学	科学	成长课	艺术	

Mar 24th　喜欢，是最好的理由

在美国，社区图书馆都是免费的，每天都有很多人去借书读书。飞机上、地铁里、餐馆里……处处可见读书的人。我在俄亥俄的住家戴维先生没有一天不读书，我到俄亥俄的第一个周末，戴维和弗吉尼亚就带我去图书馆办了借书证，工作人员只瞥了一眼我的护照，微笑着和我聊了几句就把借书证给了我，不仅免费借书，连借书证的工本费都免了。

　　每次去社区图书馆，不仅会看见抱着篮球的年轻人来看书，满头白发行动不便的老人来看书，更会看见家长带着大大小小的孩子来看书，孩子们在社区图书馆里都那么安静和专注。我想，一个国家的文明进步是渗透在公民阅读习惯里的，而这种阅读习惯的养成很大程度上源于对孩子阅读选择权的尊重。

　　选择权对保护孩子的阅读兴趣多么重要！对于孩子来讲，读什么书是自己的选择，虽然老师也会给他们一些建议，但喜欢是最充分的理由。

　　虽然美国学校的课程五花八门，但阅读始终是学校教育的主旋律。在被称为美国"高考"的SAT考试中批判性阅读、分析性写作和数学各占800分，这种高考制度使每个学校都非常重视阅读。为了促使学生阅读能力的提高，美国中小学都有一套完整的阅读评价体系。学校图书馆的书籍都注有阅读级别，学生阅读后在计算机上通过相关阅读测试，就可以阅读更高级别的书。这种即时反馈和评价促使孩子在阅读领域不断前行，对他们养成良好的阅读习惯、提高阅读理解能力是一个很好的激励。记得在纽约海斯库特小学时，一位年轻妈妈陪着自己读幼儿园的孩子去海斯库特小学图书馆借书，她自豪地告诉我，孩子已经在读小学四年级水平的书了。

"高产"的课堂

　　调查表明，缺乏熟练阅读能力的学生在高中阶段辍学的可能性大大增加。因为随着年级的增高，学生的功课越来越多地需要背景知识和阅读能力。科学课、社会学课、历史课甚至数学课都越来越多地依赖于文本分析，那些吃力的阅读者在这些科目上会越来越落后。

为了加强阅读，很多学校在阅读教学方面都有细致的达标体系，阅读不达标的"强制性留级"法案已经在亚利桑那、佛罗里达、印第安纳等州获得通过，许多州正在考虑之中。依据孩子兴趣创建的个性化阅读实施计划在各中小学教学中都是重中之重。

教室读书角

再看看我们，很少研究孩子的阅读兴趣，不给孩子选择的权利，总是武断地让孩子读这"经"那"传"，可那是我们的想法，如果不适合孩子的兴趣和需求，不按孩子的成长规律一步一步来，会不会因急于求成而欲速不达？犹太人平均每人每年读64本书，而我国除教科书外平均每人每年读不到一本，是什么偷走了我们读书的内驱力？

学生时代，择校、升学、补习班、教辅书挤占了我们的生活；成年后，我们为了考试、升职、成功等各种功利性的目的被动读书。加上阅读与考试成绩没有必然联系，在课业负担越来越重的今天，阅读被我们不由分说地束之高阁。阅读面的狭窄、阅读欲望的减退席卷每一所中学，那些点燃我们内心的，基于思维拓展、升华境界、完善人生的主动阅读渐行渐远。

真正的阅读源于兴趣，源于人的内心。孩子有自己的内心世界和成长规律，你喜欢贝贝熊，我喜欢探险书，他喜欢历史和人物传记……童年不同样，样样都精彩！我们能否尊重孩子的意愿，把选择权还给孩子呢？

读书不是任务，应该是礼物。唯有喜欢，才能心无旁骛地与作者潜心交流；唯有喜欢，才能静心聆听智者的独白，尽享心灵的盛宴；唯有喜欢，才能在一本本书中欣然前行，看尽沿途美景；唯有喜欢，才能在书中读出豁达，读出乐观，读出率性，读出恬淡，读出智慧，读出人间的真善美。

喜欢，是阅读最好的理由。

Jan 20th "你是我的眼"——图书馆课程记趣

1月20日，我到玛丽老师的301室访学，她是初一语文老师。

今天第一节课，玛丽老师带孩子们去图书馆上课。

三位图书馆老师等在那里。另一个班也过来了，两个班共40人，一起上图书馆课程。图书管理员为学生准备好了铅笔和纸，每人一份，每张桌子六个人，两两对面而坐。

图书管理员讲解游戏规则：面向大屏幕的学生用语言描述大屏幕上出现的图案，不能打手势，手要放在桌子下，只能用语言描述；背对着大屏幕的学生，不许回头看，不能讲话，唯一能做的就是通过对面同学的描述画画。

你说我画

这样的课堂我也喜欢，它让每个学生都参与其中，促使学生运用细致的观察和准确的描述，学会表达，学会倾听，学会交流。

两轮之后，学生互换位置，互换角色。

在这样的课上，你能感受到语言交流的神奇。对方那么希望从你的语言中获取信息，并用他们的画笔表达对语言的理解；而你也特想通过描述让对方"看"到所有的细节。这种体验会激发出学生语言表达的需求和张力，原来，

大屏幕展示图

学生作品

大屏幕展示图

学生作品

大屏幕展示图

学生作品

大屏幕展示图

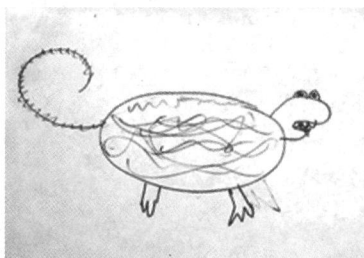

学生作品

语言学习是可以这样训练的!

那个在英文课上特别活跃的莫内古德(Nolan Monigold)描述得特别清晰,所以他的搭档画得也特别好。

莫内古德在读书

与初一学生合影

我问:"莫内古德,你的绘画和语言描述很有天分,你未来要从事语言方面的工作吗?"问了这个问题后我马上后悔了,他才是个12岁的孩子,说话都带着童音呢。

可是他确定地说:"我想成为一名电子工程师(I want to be an electronic engineer)。"

我问:"是受你父亲的影响吗?"

他说:"不,我自己想成为电子工程师,我喜欢。"

我很疑惑,孩子们是那般稚气童真,可不论是他们自己装饰的课本,还是他们提出的问题,以及他们对未来的打算,都跟他们的娃娃脸不太相符。

一位老师过来给我和孩子们拍照,在美国讲究肖像权,特别是对于未成年人,未经允许是不能拍照的。当老师问谁愿意跟晶华老师合影时,所有孩子都拼命举手。

玛丽老师和全班学生在我的带领下一起用中文高喊:"1,2,3——茄子!"

Feb 15th 演讲课——你也可以成为奥巴马

在美国"高考"中,演讲、辩论的能力是学生综合素质和领导力的重要体现,学校的演讲课更是深受广大学生欢迎。

午餐后的惊喜

2月14日中午,吃完饭走出餐厅。远远地,有个女孩跟我打招呼,是诺(Noor)!还有布兰妮、肖恩、再克……七个智障的孩子,都在那里。

他们在靠近楼梯的两张桌子用餐,斯蒂克尔和约翰老师跟他们在一起。我跟肖恩打招呼,他说:"你很有趣!"——肖恩记得我!

布兰妮慢慢地抬起手,我过去与她握了握手。在这种公众场合,胆小的她竟然主动跟我打招呼,我简直不敢相信!

最让人吃惊的是再克,我以为这个宝贝不可能记得任何人。可是当约翰老师说:"再克,跟晶华问好!"他竟然伸出手来,跟我轻轻拍了一下,那么轻,一点不像那个不能自控的孩子!约翰老师禁不住说:"再克,做得太好了!"

因为要听演讲课,我没有多逗留,跟孩子们道了别。

本周演讲课安排

演讲课在N101教室,授课教师是莱丝莉女士。

因为周五是林肯纪念日,学校放假一天,所以本周只有四天时间。总体了解一下本周的演讲课安排吧。

星期一:学生要选择两个决议题目,细化其中一项决议,用课上提供的样本,写一份粗略的决议稿件。

星期二：在计算机实验室C303继续书写决议初稿，收集证据支持决议，注意决议稿的赋分规则。

星期三：在计算机教室C303完成决议终稿，周四前提交，一式两份，一份署名获得学分，一份匿名参与班级投票竞选。

星期四：上交决议终稿，一份署名，一份不署名，满分60分。选出八篇在班内讨论。

周末作业：就八篇在班内参选的论题书写辩词和辩文，下周进行班内辩论。

辩论礼仪

今天，星期一，莱丝莉老师生病，一名年轻老师代课。代课老师给学生发了关于演讲知识的测试题。

测试题的第一部分是分小组讨论关于辩论会规则问题。如：一旦结论已定，就不能再辩论了；每次只能持一方论点；主席不允许表决，除非出现平局；演讲被否定后，演讲者可以不服从结论；特许权包括一次休会和提问；不允许第二次休会；论题一旦决定不能反悔。

接下来，代课老师播放了其他班级辩论会的录像，让学生通过看录像对演讲者的语音、语调、眼神、站姿等细节一一评价，找出演讲过程中需要注意和避免的问题。

学生的回答很踊跃。如注意演讲信息的准确性，要有激情，声音要响亮，要有认真的态度，注意倾听别人的问题，要放慢语速引发别人的思考，要有好的精神面貌，注意手势语的运用，要能用简明扼要的开场白打动别人，注意提建议的方式，敢于挑战权威……还有，要勇敢地与听众目光接触。因为在西方文化中，发言时眼神交流非常重要，也是一种礼貌。如果你发言时不看着对方，别人可能会认为你看不起人、缺少自信，甚至可能以为你在撒谎。

林肯的演讲和莱丝莉的课堂讨论

星期二，我见到了美丽的莱丝莉，她手里拿着苹果和冰水跟我打招呼。莱丝莉在杰克逊高中工作七年了，七年前她的工作是广告设计，因为她热爱书写和文字，这对她的审美、语言表达是一个很坚实的支撑。

莱丝莉给学生换了座位，以促进学生跟不同的同伴交流，然后给学生发了1860年林肯在纽约关于黑奴问题的演讲全文。

当年的林肯用最严谨的逻辑，指出南方蓄奴的做法不符合美国宪法，不符合开国元勋确立的基本立国精神，不符合大部分美国人信仰的基督新教训诲。该演讲深入浅出，鞭辟入里，破除了关于蓄奴的种种自私辩护，给美国人提供了清楚明确的选择。

理性而坚决的改革信念，洞见社会最深病症的智慧，公开向严重制度问题宣战的勇气，加上高超的演讲技巧，林肯的首次公开演说轰动了当时的纽约，也成为美国演讲史上的千古名篇。

接下来，师生就如何使演讲更有说服力的问题各抒己见，看看学生们的发言吧。

☆ 建立合理的可控论点。

☆ 用证据支持论点，对不同论点和听众的偏见做相关论证。

☆ 运用说服力战略，如修辞设计、趣闻轶事、情感、呼吁、权威、推理等。

☆ 用大家容易接受的组织方法，如因果关系、对比及建设性意见等。

☆ 运用谈话技巧，如推理、激情呼吁、案例研究和剖析等。

☆ 细节描述。

☆ 用事实和数据说话。

☆ 使用有关文献，包括州或者学校的政策声明、报纸的社论或者演讲词。

☆　借鉴评论文章的组织形式和技巧，包括作者为达成目的、吸引听众而使用的重复、强调、语法和用词等。

☆　从一类文章里搜集信息，澄清相关命题。

☆　分清作者明确的或者隐含的逻辑假设。

☆　运用文献，评估论点的有效性、合法性以及不同听众的受欢迎程度。

课堂集体讨论

☆　分析文献的结构和报纸的特写，明确作者如何运用文章格式、顺序和标题，使论点一目了然。

☆　注意评论文章和文献资料（说明书、旅行日程表、商业备忘录）的信息呈现顺序，预见可能出现的误解。

……

周三学生在计算机教室写决议辩论稿，周四提交作业参加班内竞选，莱丝莉老师对辩论程序作了说明。

论题：指出你决议要改变的现实问题，该问题的影响及危害是什么？你要如何改变？

随后，莱丝莉分发了该项目的得分标准。

种类	20分	15分	10分	5分
格式	标题、转折句、决议条款、空格、数字都正确	1—2处错误	3—4处错误	错误多于4处
内容	决议书写清楚，有说服力，转折句有逻辑顺序，符合要求	决议书写较好	决议需增加说服力	决议内容需重新评估
长度和创造力	决议不少于18行，题目有创造性和研究价值	决意不少于18行	决议不少于10行	决议达不到要求

选题、小组讨论和参与情况、真实案例的使用、演讲技巧的运用、班级投票都会影响学生的得分。

学生决议废除的事情

周三的演讲课，学生们在计算机教室写决议稿，以小组为单位。每个小组都就自己选择的论题热烈地讨论起来。在他们眼里，没有什么权威，个人的独立思想和意识才是最重要的。

有一个小组的选题是废除太多的家庭作业。有个女生告诉我，数学、化学作业太无趣了，她更喜欢英语写作。另一个女生说，在校时间已经占了大半天，教师不应该再布置作业占用校外时间。看看学生决议废除作业的理由吧：

1. 学生在校时间已经6—8小时，不应该再占用校外时间。

2. 学生放学后必须参加1—2个小时的体育活动。作业会导致熬夜，缺乏足够的睡眠，使他们学习时无法集中精力。

3. 根据网上调查，公立小学的学生每周作业时间为4.9小时，公立高中每周作业时间为6.5小时，太多作业会让学生失去对学科甚至对学习的兴趣。又根据问卷调查，太多作业会掠夺学生的童年，使他们失去自我学习的时间。

4. 作业使得家长与学生关系紧张。在孩子不喜欢做作业而父母要求太高时，他们常常发生争执。

5. 作业会加剧社会不平等现象，还会造成欺骗。

6. 家庭作业还会引发过重压力，当学生不知道作业该怎么做或者作业难度太大时尤甚。

鉴于以上种种，建议取消作业，使学生能够更好地利用课余时间，不必这么年轻就承受太多压力。

另一组学生决议要杰克逊高中把冬季假期后的考试改在冬季假期前，他们讨论后列出的理由是：

1. 考试在冬季假期后的一个星期，在假期中很多东西都忘记了。考试前集中复习有太多压力，缺乏兴趣，抓不住重点，从而使学分降低。

2. 考试若在假期前，所有的信息都比较清楚，只需要短时间复习就可以了。

3. 考试改在假期前更有利于学生适应大学生活，因为大学的考试是在假期前。

……

还有反对学校关于禁止穿紧身瑜伽服的决议，关于废除NCAA杯全美大学生橄榄球赛平局加时赛的决议，等等。

学生们的想法听起来是那么言之凿凿、有理有据。从这些辩论中，能看出学生对很多事情都有着自己独特的见解和理性的思考。

选这门课的学生很多。在这片自由辩论的沃土上，成就了林肯，成就了奥巴马，成就了一批思想自由、思维敏捷、笑容灿烂的现代公民，睿智、自信、阳光、激情。

Mar 31st　关于盐和人性

今天的世界文化课学习廷巴布图人的盐巴贸易。

自从16世纪晚期发现塔德尼(Taudenni)盐矿之后，盐贸易在马里人生活中一直扮演着重要的角色。马里人从盐矿中提取盐，穿越撒哈拉沙漠把盐运到廷巴克图（Timbuktu）——马里的沙漠名城，卖给当地人或者出口。当年在这个"黄金之都"，一磅盐竟可以换一磅黄金！

盐贸易不仅为马里人带来了财富，更具有深刻的文化内涵。

朱恩(June)老师发了关于廷巴克图盐贸易的有关材料。让学生阅读地理学家戴维斯(Wade Davis)和历史学家赛莱姆教授(Salem)的对话，讨论有关问题。

戴维斯：教授，盐贸易对于马里人来说，究竟有什么深远意义呢？

赛莱姆：对一个年轻的马里人来说，做盐生意必须穿过撒哈拉沙漠。塔德尼 (Taudenni) 盐矿距离廷巴布图750英里，这个过程中商队要忍受孤独、干渴、饥荒和种种困难，经历精神和体力的磨练，抵达一种超越自我的神秘境界。这个历程使他们被全社会所承认，因为他们证明了自己是真正的男人。

撒哈拉同样让马里人在无尽的黄沙面前认识到自己的弱点，当这些年轻人面对沙的海洋时，他们意识到有比自我更伟大的东西，认识到自己只是宇宙中的一个小粒子，明白宇宙中有更伟大的法则，这会唤醒他们求索的渴望。

戴维斯：我们刚才谈到在盐的贸易中商队必须面对干渴、酷热、迷失和恐惧等挑战，驼队必须用40天时间到达、40天时间返回，让我们谈谈关于沙漠穿行中误差的问题吧。

赛莱姆：以前人们有树木、草地和灌木作为指引，但是由于生态破坏，剩下的只有沙子了。商队必须确保有足够的准备以抵达盐矿，如果他们多耽

搁一天，就可能会丢失骆驼和挨饿。商队大多在晚上赶路，因为那样可以凭借恒星和星座指点方向。异常准确的时间感、道路、风向、地理和天文知识对商队来说非常重要，骆驼的粪便也是一种可以追随的重要轨迹。

当然，还有人一看沙子的组成和周围背景，就能准确判定自己在哪里，他们是这方面的专家。

June老师布置的问题：

1.人们什么时候发现了Taudenni矿？在那里人们发现了哪种对马里经济生活很重要的东西？(When were the Taudenni mines discovered? What was found in them that is so important to the economic life of Mali?)

2.穿越撒哈拉的旅程有多长？它给人什么样的考验？(How long will the journey across Sahara take? What will it test?)

3. 年轻男孩在初次长途旅程中需要忍受什么？(What will the young boys have to endure for the first time on the long trip?)

4. 为什么盐对廷巴布图人那么重要？(Why is salt so important to the people of Timbuktu?)

5.当被无尽沙漠围绕的时候，人们的哪些意识注定会增强？(What is bound to grow stronger while they are surrounded by the vast amounts of desert?)

6.为什么时间表至关重要？如果拖延时间会有什么后果？(Why is the time table on the journey so crucial? What will happen if they take too much time?)

7.为什么商队喜欢晚上出发？(Why do caravans prefer to move at night?)

8.茫茫沙漠中人们怎么确定自己的坐标？作为行家，廷巴布图人有哪些有趣的技巧？(How do some of the people find where they are? Some people of Timbuktu have a very interesting skill?)

学生讨论，上交作业，下课。

Jan 18th "K-W-L" 课堂

1月18日早上七点半，我来到杰克逊初中301教室，观察六年级的语言艺术课程，即初一的阅读课。

任课教师玛丽（Mary Moore）热情地迎接我，她四十多岁，张弛有度，教学有方。

这个班有20名学生，相对于杰克逊高中，教室略显拥挤。

几名学生跟我打招呼；有个女孩在涂口红；有个女生满头卷发走进教室，几个男孩子喊："漂亮。"

班里的女生看上去比男生显得成熟，让我不禁想起一则趣谈：初中生在海边夏令营，女生们都在沙滩上穿着漂亮的泳衣走来走去，炫耀自己的美丽；男生则在逮小鱼、挖螃蟹。一位男教师非常看不惯初中女生"臭美"的样子，说："现在的女生真早熟，我不记得我们上初中时女生是否也这样。"旁边一位女教师说："你当然不记得，你当时正在逮小鱼呢。"

与杰克逊高中相比，初中的孩子那么活跃，也单纯得多，他们把手高高举起，老师允许后才提出问题，不像杰克逊高中的学生不用经过老师允许就直接提问。

孩子们的问题真是五花八门：

☆ 为什么你的电脑键盘是字母，打出来却是方块字？

☆ 有个男孩自豪地说："中国人吃饭用筷子，我的爸妈到过中国！"

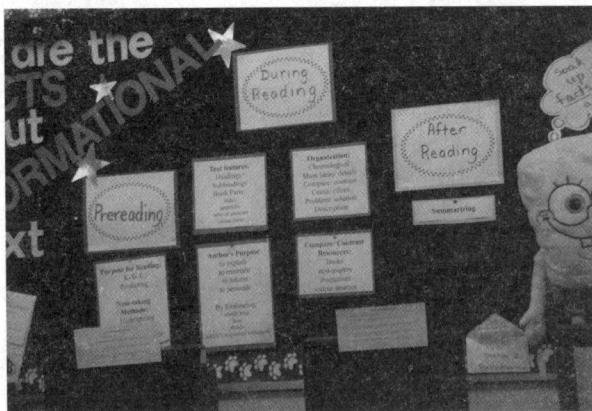

如何阅读

☆　他们问到了中国的方言。我说，虽然很多地方的英语发音带有地方口音，可是大家基本上能彼此听懂，但在中国，我这个北方人到南方某些省区，听人们讲话就像听天书。

☆　他们听说我们喜欢喝热水则瞪大了眼睛，我说看到这里的人一年四季喝冰水同样觉得不可思议。

☆　我介绍我的名字，家族的姓在先，名字在后。我说这体现了东西方的文化差异，他们张扬个性，我们更强调集体主义，就像我们的侦探电影弘扬集体智慧，美国电影则是宣扬个人英雄主义。

☆　我介绍了我们学校的作息时间，刚才很活跃的孩子们变得很安静，有几个吃惊得张大了嘴。

☆　我提到了我们的教室卫生是由学生打扫的，孩子们同样吃惊。玛丽老师说："这样做我喜欢！"因为在美国，教室卫生是由专人或教师自己打扫的。

……

这节课首先是五分钟的语法练习，玛丽老师让学生判断一些单词的属性。因为不考语法，很多老师不太重视语法，学生的语法学习非常糟糕。

接下来讲一篇关于毒蜘蛛的说明文。老师问："从哪里可以得到毒蜘蛛的信息？"学生说报纸、电视、生物课、书本……

我问一名学生："你们这里有毒蜘蛛吗？"他说："有，经常见。"

这节课玛丽老师用了K-W-L表格教学。

何谓K-W-L？K是我已经知道什么（What I know）；W是我想知道什么（What I want to know）；L是通过本节课的阅读和学习，我又知道了什么（What I learned）。

一个月前，在夏威夷的火奴鲁鲁，东西方中心的南枝（Namji）老师向我们介绍过这种简单有趣的课堂组织方式。现在，玛丽老师在课堂上就是如此实施的。

　　玛丽老师展示一个简单的表格，学生谈自己已经知道的和想知道的关于毒蜘蛛的信息，老师在幻灯片上汇总，同时显示在大屏幕上。

　　孩子们知道的和想知道的可真多啊！我觉得自己的求知欲比孩子们差远了。

　　K-W-L表格（K-W-L Chart）

What I know 我所知道的	What I want to know 我想知道的	What I learned 我学到的
1.如果被咬伤会致命	1.最毒的蜘蛛是什么？	1.大部分蜘蛛没有毒
2.美国有一种蜘蛛叫黑寡妇	2.常见的有毒品种有哪些？	2.黑寡妇吃掉配偶
3.有些蜘蛛有毒	3.蜘蛛能用作药物吗？	3.6种黑寡妇蜘蛛
4.不同颜色	4.有没有紫色的蜘蛛？	4.35000种蜘蛛
5.很多品种	5.为什么有些车以蜘蛛命名？	5.常见毒蜘蛛：
6.它们在门上织网	6.最大的蜘蛛多大？	黑寡妇（black widow）
7.它们吃臭虫	7.世界上有多少种蜘蛛？美国有	棕色隐士蜘蛛（brown recluse）
8.蜘蛛有8条腿	多少种？	流浪汉蜘蛛（hobo）
9.颜色鲜艳的有毒	8.蜘蛛妈妈会不会袭击孩子？	黄囊蜘蛛（yellow sac）
10.通常大蜘蛛没有毒	9.如果被咬伤怎么办？	6.有人用蜘蛛名称做广告
11.雌蜘蛛吃掉雄蜘蛛	10.蜘蛛妈妈生了孩子之后会死吗？	7.被蜘蛛咬了要清理伤口并向
12.被蜘蛛咬后要看医生	11.蜘蛛为什么咬人？	医生求助
	12.被毒蜘蛛咬了会怎样？	
	13.在俄亥俄有没有毒蜘蛛？	
	14.蜘蛛可以吃吗？	

　　热闹的发言之后，老师分发关于毒蜘蛛的一篇文章。学生自愿分组阅读，判断自以为已知的信息哪些是正确的、哪些是与事实不符的，总结通过本节课得到了哪些新信息，之后回答老师布置的问题。

　　老师在教室里转来转去。学生有的坐在椅子背上，有的坐在地上，有的趴在地上；有的两人一组，有的四人一组；有的独自阅读，有的跟小组其他成员讨论或跟老师交流。

这种带着问题的学习，激发了孩子们的好奇心。

下面是阅读材料后需要回答的问题：

1. 所有的蜘蛛都有毒吗？举例说明。(Are all spiders poisonous? Explain.)

2. "在药学上有重要意义"是什么意思？美国的四种药用蜘蛛是什么？(What does medically significant mean? What are the four medically significant spiders living in the United States?)

3. 这篇文章是如何组织的？(How is the article "poisonous spiders" organized?)

　　A. 按时间顺序(chronologically)

　　B. 根据主导思想和细节(by main ideas and details)

　　C. 根据因果关系(by cause and effect)

　　D. 通过对比 (by compare or contrast)

4. 你最想看到哪种毒蜘蛛？为什么？(Which of the poisonous spiders do you like to see most? Why?)

5. 在美国最毒的蜘蛛是哪一种？被它咬到会致命吗？请说明。(Which is the most poisonous spider in the United States? Are they fatal/deadly? Explain.)

6. 什么时候棕色毒蜘蛛最容易伤人？什么时候它们最活跃？(When are you most likely to get bitten by the brown recluse spider/when is it active?)

7. 这篇文章最可能出现在一本什么样的书上？(In which book is this article most likely to be found?)

　　A. 民间故事 (folk tales)

　　B. 普通家庭中毒及解毒法 (common household poisons and their antidotes)

　　C. 美国危险森林生物 (dangerous woodland creatures of the U.S.)

D. 北美的有毒生物 (venomous creatures of North America)

今天的作业：读阅读材料中的一篇文章，明天讨论。

玛丽老师说，她每天会布置十分钟左右的作业，但周末从来没有作业，周末孩子们有很多活动需要参加，他们需要时间跟父母在一起。

小组讨论

善解人意的玛丽老师！

早上我跟弗吉尼亚说好，放学后我自己走回家。放学时，天上下起了细细的雨，刚走出校门不远，就见弗吉尼亚的车停在我身边，她说一看天不好就赶紧来接我了。回到家中，戴维先生留了张纸条，说天气不好，他跑步出去接我啦。

今天很温暖。

May 7th　尊重儿童的创造——美国的个性化作文

在美国，创造性的阅读和写作渗透在每天的教学中，每个孩子的自由表达权都受到尊重，所有孩子的作文都常常被老师当作宝贝陈列在走廊的宣传栏里。

下面以孩子们对五官的描写为例来体会美国的作文教学是如何尊重孩子个性化表达的吧。

头发：

"如美味的金色苹果"，"厚如潮湿的沙子"，"像耳环一样卷曲"，"像新

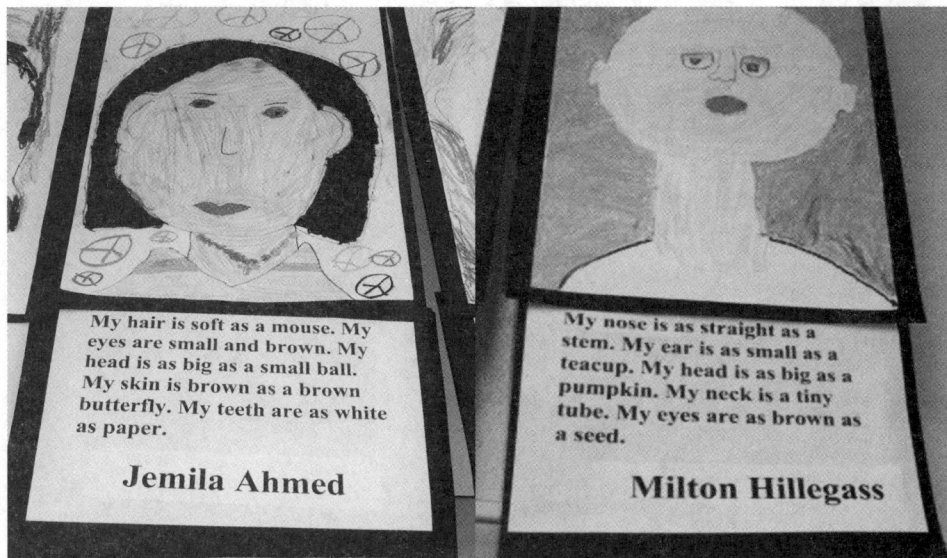

My hair is soft as a mouse. My eyes are small and brown. My head is as big as a small ball. My skin is brown as a brown butterfly. My teeth are as white as paper.

Jemila Ahmed

My nose is as straight as a stem. My ear is as small as a teacup. My head is as big as a pumpkin. My neck is a tiny tube. My eyes are as brown as a seed.

Milton Hillegass

小学生的个性化作文：自画像

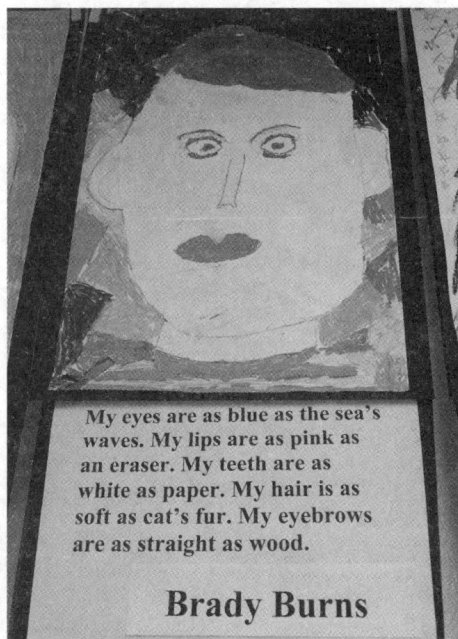

My eyes are as blue as the sea's waves. My lips are as pink as an eraser. My teeth are as white as paper. My hair is as soft as cat's fur. My eyebrows are as straight as wood.

Brady Burns

伯恩斯的自画像作文

鲜的蜂蜜从我头顶流下"，"如黑莓馅饼一样黑"，"像小兔子一样柔软"，"直直的像苹果皮一样"，"头发像迈克尔·乔丹一样"，"像夜晚的海洋一样弯弯曲曲"，"如夜晚的天空黑黑的"，"会让我想起我哥哥的皮肤的颜色"，"像随时都可以吃的小甜饼"，"像老鼠一样柔软"，"像一条猪尾巴"，"像春天一样有弹性"……

眼睛：

"棕色的种子"，"蓝蓝的像清晨的大海在阳光照耀下闪烁"，"黑黑的就像

Jenneyfer 的皮肤"，"咖啡色的就像小马的颜色"，"像在云彩上歇息的两片树叶"，"颜色就像海龟壳的颜色"，"就像巧克力"，"像两颗榛子在蔚蓝的泛起波浪的大海里"，"像空气一样清新"，"像天空一样湛蓝"，"就像两个大圆圈"，"像阳光下的小河"，"像夜晚的大灰狼"，"像水獭的外衣"，"像柔软的地毯"，"像在白云上歇息的两颗明星"……

睫毛：

"长如马儿走过的痕迹"，"像大海涨潮的样子"，"就像狗的脚印"，"长如小猫咪的尾巴"，"黑黑的像夜晚的天空"，"笔直像牙签"……

脑袋：

"大如南瓜"，"小皮球"，"头像篮球"……

鼻子：

"笔直如烟斗"，"像一块馅饼"，"鼻孔像从我头上穿过的隧道"，"就像一个滑梯"，"像有两个洞口的岩洞"，"像书皮一样卷曲"，"像一块香草蛋糕"，"我的鼻子像一片土豆"，"像门环一样"，"像尖铁一样"……

其他：

"两颊像柔软的绒毛"，"肩膀像岩石一样坚硬"，"雀斑就像淡淡的小泥点"，"肩膀像是一个长方形"，"皮肤像落日一样粉红粉红的"，"胸强健得就像马车夫一样"，"肩膀像大山一样"，"皮肤就像一碗香草布丁"，"皮肤像棕色的蝴蝶"，"我的黑痣很硬"，"脚像鸭蹼"，"胎记像一分钱的硬币一样是淡咖啡色的"，"我出生的胎记像巧克力牛奶"，"我的肤色像皎洁的月光"，"前额就像香草冰激凌上撒的碎屑"……

"我"的视角、"我"的观点、"我"的表达，个性鲜明、卓尔不群——这

作文课上

就是美国的个性化作文，也是一种自我意识的培养。正如同美国的阅读理解一样，尊重你的理解，只要你肯读书，至于你的理解是怎样的似乎并不重要。百花齐放，百家争鸣，这是美国教育的一大特色。

　　透过美国孩子的作文，我们该思考如何让中国的小学生在写作时打破思维定势，发出自己心底的声音。评价学生的作文时，要尊重儿童的首创精神，尝试欣赏儿童创造性的劳动。至于文章写得好与坏，应当让孩子在不断的阅读中去比较，去感悟，去自我矫正。

　　因为，从心底里"流淌"出来的作文，永远都是新鲜的。

六、教学无模式

在美国，课程五花八门，老师的教学更是各具特色。在遵从教学大纲的前提下，怎么教老师自己说了算，课堂也因此百花齐放、百家争鸣。没有固定的模式，却让人感受到一缕缕教育的清风：孩子们自由快乐，教学创意迭出……

Jan 27th 关于月球的科学课堂

1月27日，上午第二节，我来到多明戈老师的275教室，观察八年级的科学课。

这节课讲月球的有关知识。老师首先播放了一段宇航员生活的录像，大家共同总结月球的有关情况：

☆ 没有空气。

☆ 昼夜温差大，白天温度212华氏度，可以把水烧开，夜晚降至零下280华氏度。

☆ 引力是地球的1/6。

☆ 距地球23900英里。乘波音747飞机要26天到达，65迈的车速要160天到达，步行到月球要9年半的时间。

☆ 根据从阿波罗带回来的月岩资料可知月球大约形成于45亿年前。

☆ 月球上有大量陨石造成的陨坑。

☆ 1959年前苏联第一颗人造卫星着陆月球。

☆ 1969年阿波罗11号在月球着陆。

☆ 阿波罗宇航员在月球上留下了6件月球登陆器、3件罗盘、50吨垃圾，阿波罗登月计划共花费250亿美金。

☆ 月球上曾有过火山爆发，月球上黑暗的区域就是黑色的熔岩，人们称之为月海。

☆ 没有空气传递声波，月球上是没有声音的。

☆ 没有风化作用和侵蚀作用。

接下来是小组讨论：飞船月面失事后如何求生。所用案例是美国国家航空航天局(NASA)为使人们更好地了解月球特征而设计的，多明戈老师把它搬到了月球学习的课堂上。

案例说明：

你是一名宇航员，原计划与母船在月球的亮面会合。然而，因为机械故障，你的飞船被迫在离目标200英里的地方着陆，能否存活取决于你能否抵达母船。

着陆过程中，飞船上的一些器材损坏，有15种物品完好无损，请明晰这些物品对你月面行走200英里抵达会合点的重要性和急需程度。把最重要的物品标上数码1，第二重要的标2……直到15。

火柴盒	_____	月球星座图	_____
压缩食品	_____	自动气胀式救生艇	_____
50英尺的尼龙绳	_____	磁性罗盘	_____
降落伞	_____	5加仑的水	_____
便携式供热装置	_____	自亮信号弹	_____
45口径的信号枪	_____	急救箱和皮下注射器针头	_____
一包脱水牛奶	_____	太阳能调频无线电收发机	_____
2100—1b坦克的氧气	_____		

学生分小组讨论，作出选择并陈述理由。

生活中充满了无数个谜题，而你不知道你的选择会把你引向天堂还是地狱。每个小组都对案例展开了热烈的讨论。

有个小组认为月球生存氧气无疑排第一位；第二位是水；对于星座图和食品，女生赛罗认为食品应该放在第三位，那名叫瑞克的男生义正辞严地说，没有图，会迷失方向，食品也不能保证生还，应该把星座图放在第三位；该小组认为无线电收发机、便携式供热装置、磁性罗盘也很重要，应该居第五、第六和第七位，因为月球上昼夜温差大，晚上特别冷；信号弹和脱水牛奶恐怕有点用处，降落伞和救生艇最不重要，在月球上用不到，所以救生艇排最后，降落伞排十四位。真可谓仁者见仁、智者见智。

接下来师生总结，可是各组的答案都跟老师有不同，某些物品的先后顺序大家都有自己的想法。

争论中，到了下课的时间。

Dec 15th 提问、考试和游戏

聪明孩子问题多

12月15日，零星小雪。

七点到校时，已有不少学生在公共自习室上自习了。通过近些天的观察，我发现学生学习是很主动很认真的。在美国课堂上，提问题是课堂良好表现的重要指标，他们总有那么多问题，"I have a question（我有一个问题）"是学生的课堂常用语。

"Good question！"是老师们经常说的一句话。最初，我以为它的意思

是说这个问题很有价值，然而我错了，更多时候，它的意思是：你问倒我了，这是一个很难回答的问题。然后老师会与学生交流自己的观点，课堂上最常见的就是师生讨论，各抒己见。在这里，教师可不是权威的代名词。

而我们，总是要求孩子听父母和老师的话，遵从课本和权威，很少让孩子明确作为公民应有的权利、自由和责任，更缺少民主、平等意识的渗透。结果使孩子缺乏独立的思想，很少提出与老师和教材不同的观点，缺乏主动开拓的精神和创新品质。

公共自习室

汉语考试和交流

今天中文二的汉语课是小测试和中国文化交流。中文二班的测试题（Mandarin II CH）如下：

名字（Name）_____

一、写汉字（Write the Chinese character for the following）

zhōng xué _____　　yì zhí _____　　zì xí ng chē _____

……

二、拼音和汉字正确连线（Match the proper character with the Pinyin）

下雪_____　　　A. chī fàn

吃饭_____　　　B. zuò chē

坐车_____　　　C. xià xuě

……

三、汉译英 (Translate the following into English)

书 _____　　　牛奶 _____　　　学校 _____

……

考试是件很严肃的事情。即使是小测验，考试一旦开始，讨论或聊天的学生一下子都会变得很安静，极少有人作弊。做完的学生交卷后回到座位上安静地翻看资料。

考试结束后我向学生介绍中国文化，学生们的问题五花八门，也很有思想。印象比较深的问题是：

考试

你对美国印象如何？

对比美国学生，中国学生的优势在哪儿？

你们每个家庭只能生一个孩子吗？

你最想带回中国的教育是什么？

你最想改变美国教育的哪些方面？

你如何评价你们的政府？

你们大部分高中生都能毕业吗？

中国的学校生活是什么样的？

你喜不喜欢吃比萨饼和冰淇淋？

……

回答学生提问

我回答学生问题，介绍我国的风土人情、饮食文化……当我用两支笔当作筷子把学生的笔记本夹起来时，学生佩服极了。

我喜欢这种互动的课堂，它是新鲜的，因为你不知道学生会问什么样的问题，你同样不知道能不能给出一个令人满意的答案。某种程度上，它更像是朋友之间的聊天。

学生的汉语只是一两岁小孩的水平，他们提问都用英语。我说来美国前我学的是"哑巴英语"——只会阅读和考试，十几天前我抵达夏威夷，从那时才不得不说英语的，不能用英语自由表达的我感觉就像一个聋哑人，所以我跟他们有同样的体验。学生很惊讶，他们说我的英语说得很好。

不管何种语言，都是文化的载体，是一份礼物，可以带我们走近另一种更有意思的生活，我告诉学生要大胆地说，多交流，多模仿，不要怕出丑。

汉语班的猜字游戏

接下来中文三的学生登场了。海厄特（Hyatt）老师让我帮忙叠卡片，卡片上是对所学汉字的英语和拼音展示，如（eat—吃—chī）。

今天的课是做游戏——猜字游戏。游戏规则：四人一组，一名同学不能看卡片，与另外三名同学对面坐，三名能看到卡片内容的同学用动作或不涉及该词的英语给予提示，看不见的同学猜汉语，猜中得分。每轮一分钟，中间可换人。

游戏开始，每组学生轮番上台，我帮忙用"正"字给每个组积分。每个小组得分时，其他小组都会欢呼，几个学生用中文喊"加油"。不管上一轮做得如何，大家都继续紧锣密鼓地准备，总结经验，积极等待下一轮。没有答不上来的沮丧，却充满了得分的喜悦。

一轮比一轮好。到了最后，他们几乎都能得到很高的分。游戏结束，学生们集体起立，用汉语唱了几遍《平安夜》，因为下周三他们要在集会大厅表演。说句实话，那是我至今听过的最滑稽的歌声。

冬天是寂寞的，然而圣诞季和学校生活又是多彩的。学生告诉我下周三是丑衫节（Ugly Sweater Festival），在那一天大家都要把最丑最怪的衣衫穿来，表演各种有趣的节目。

下午，去音乐室跟教工合唱队练习了四首英文歌：《铃儿响叮当》、《装饰大厅》、《圣诞树》和《祝你圣诞快乐》。下周三我要参加学校的演出，而那天早上第一节，选世界语课程的学生也要分别用汉语、西班牙语、德语、法语在集会大厅表演《平安夜》。想到汉语班学生今天上午的排练，我有点担心，到时候会不会出丑呢？

不管怎样，很期待丑衫节的表演。

Jan 7th　尴尬的语法课

每次去食堂吃午餐，都能看到通往食堂的走廊墙壁上悬挂的俄亥俄州篮球赛冠军队的巨幅集体照，还有摆在橱窗里的各种奖牌，但是看不到对学习成绩和考大学的宣传。事实上，杰克逊高中处于中产阶级住宅区，教育质量是相当好的。

俄亥俄州篮球赛夺冠

今天我选了2.5美元的午餐外加牛奶、苹果，虽然我交的房费是包含午餐的，可我不想从家里带午餐。一是带午餐会给弗吉尼亚增加很多麻烦，二是在学校吃午餐可以跟不同的老师交流。

今天在教师用餐处遇到五位老师。我们谈圣诞假期，谈学校里的职业课程，谈各种各样的节日和附近一个古老的村落。每次午餐时间，老师们都喜欢坐过来跟我了解中国文化。

英文课上的天使

午餐后我来到安吉拉·梅恩斯女士（Mrs. Angela Manes）的班，她的名字跟"天使"的拼写有点像，事实上，她就是个天使。她的额前有一缕白发，不知是挑染还是年龄所致，我猜不出她的年龄。

这是节复习课，19名学生。坐在我旁边的是需要帮助的中国学生刘畅，因为她还没过语言关。

一名男生跟我打招呼，我认出他是中文三班的。

安吉拉是个很有活力的老师。她有时和声细语地启发，有时又那么有激情，有时她也用幽默的语言骂学生——那又有什么关系，对于学生喜欢的老师，嬉笑怒骂皆成文章，这一点东西方是一致的。

她的发音相当清晰，语调的变化、语速的急缓让人时刻感受到她的活力和激情。她说得最多的一个词是"perfect（完美）！"每当学生七嘴八舌地讨论时，她只需轻轻地吹一个口哨，学生立马就会安静下来。

她有时在学生间走来走去，有时坐在学生中的椅子上，偶尔还打个响指，灵动的眼神关注着教室每一个角落。

这节课，安吉拉给了一段材料，让学生通过阅读，与老师共同分析作者的写作意图、情感和语气。

共有15名学生发表见解，安吉拉对每个学生的见解都给予了肯定。

骇人的语法课

接下来，是两节高二年级的英语语法课。对我这个不太懂语法的人来说，却非常简单。

安吉拉首先发了一份讲义，共十个句子。

要求：把句子中的动词找出来，并把第二个动词的时态改正，做到前后时态一致。(Please copy these sentences on a piece of paper, underline the verbs, and correct the 2nd verb form to match the first one.)

1) When I cried, I win(won) the argument.

2) By the time Len found a clock, the movie had already begin(begun).

……

我得了满分。

让我深感意外的是，虽然学生跃跃欲试，虽然安吉拉用各种简明易懂的例子启发他们，学生在大屏幕上的展示依然乱七八糟，让人大跌眼镜。

安吉拉布置的第二个任务是关于主动句和被动句的句型转换。

1) The store manager hired us.

We were hired by the store manager.

……

虽然我的口语跟他们没法比，可是对我来说做语法题很简单，在国内这可是我们小学生就能掌握的啊，他们怎么可以如此"糊涂"？来美这些天来，我发现美国学生的口头交流能力比较强，但是写作却经常出现语法错误，一些学生竟然写不出完整的句子。

我做了高二年级第七单元语法测试题，50个选择题，我能得满分，因为难度也就相当于我们初中英语水平。可是，想到我蹩脚的英语表达，我却高兴不起来。

课后，我问安吉拉："主被动句的转换、找动词等问题，我们小学语文就开始学了，可对于这里的高中生来说怎么那么难？"

安吉拉说："他们初中和小学也学习过，可是大概都忘记了，对大多数学生来说，语法课太难了。"在这里，学生因为不屑于死记硬背，所以基础知识不牢固、拼读不准确、基本概念不清楚的现象普遍存在，这一点我们中国学生可强多了。

我把这个问题告诉了朋友，他说："学习英语到底是为了什么？回答语法知识考卷吗？这恐怕是问题的实质。"

英语教育界知名人士张道真接受媒体关于国内英语教学的访问时谈道："目前国内学生学到的基本都是哑巴英语，而哑巴英语和没学过英语没有什么区别，传统的考核方式应该被彻底打倒！"话说得虽然有点极端，但也不无道理。

Jan 24th　走马观花星期一

在我看来，只有静下心来融入进去，才能真正了解到事情的真相，但有时也免不了走马观花。

乐队课程

今天是星期一，没错，传说中的"忙Day"。

第一节课，参观乐队课程(band education)。克里普尔老师告诉我，学生上这种课要交一定费用，但选修这门课的学生还是很多。

专注练习

乐队课程班是我在杰克逊中学见到的规模最大的班级，有五六十人。小提琴、中提琴、大提琴、铜管乐器、打击乐器……不同的乐器却能合奏出那么美妙的曲子，我被他们的配合深深吸引了。

老师耐心地指导学生一遍遍地练习。在音乐课上，练习永远比教导重要，因为学生需要通过练习来掌握技能，需要在一次次的修正中提高。

老师每次都会表扬学生的进步，然后指出需要改进的地方。如某处拖音太长、某处没有卡点、某处音准不对、某类乐器节奏不对，等等，学生的演奏越来越好。

《杀死一只知更鸟》

第二节是克里普尔老师的语文课。这节课是学生阅读《杀死一只知更鸟》之后的课堂讨论，首先克里普尔老师让学生对一些片段说明自己的理解，然后学生向老师提问题。在这里，老师不会把自己的认知强加给学生，而是让学生在自我探究中成长。

接下来，是关于这本书的话剧表演。那个扮演法官的戴着耳环的女孩名叫卡罗，她不仅口才了得，还把台词都背了下来！克里普尔老师告诉我，卡罗酷爱演讲和戏剧表演，很有天分。是啊，热爱是最好的老师！

这样的学习方式，是对阅读理解的深化。克里普尔老师常在课上给学生开出书单，学生课后阅读。每读完一本书，总有故事续写、剪贴本制作、写读后感、为文章作图、剧本设计和表演等令人期待的小项目。

给学生展示的平台，让他们自由表达，分享自己的理解、判断和情感体验，让孩子用自己喜欢的方式享受那些经典，这样的学习多么有魅力！

西班牙语课程

第三节，去101教室听西班牙语课程。授课教师是有16年教龄的斯汀娜（Steiner）女士。值得一提的是，教室的装饰极具西班牙风情：城堡、民俗风情、斗牛士……

学习内容很简单，这节课主要练习一日三餐用语。

老师一遍遍地教学生朗读：早餐、中餐、晚餐、分享、咖啡、麦片、鸡蛋、橙汁、牛奶、面包、酸奶、汉堡包、奶酪、水果、香蕉、苹果、葡萄、美味的、难吃的、有营养的……

然后老师放了早餐、午餐、晚餐的点餐小电影，里面出现的就是本节课所学的单词。

很实用。

社会课程

午饭后，去听社会课。这节课只有25分钟（12:56–1:21），有17名学生。社会课相当于国内历史、政治与地理课的融合。

最近的学习内容是模拟州长竞选。要求学生调查各州的自然条件、经济发展和政治文化，选择话题和关注点，策划州长竞选，提交竞选报告。包括如何筹集资金、如何省钱、如何赢得更多选票、竞选发言内容等都在展示内容的要求之列。

校园广播站

校园广播站有15名学生，选这门课的学生每天都有45分钟的时间上这门课，并且要用这段时间制作一期校园新闻，校园新闻在每天的上午播放，五年来的校园每日新闻都是在这门课上制作完成的。

校园新闻制作中心

我问一名学生："是不是每个人都可以选这门课？"他说："只有初三的学生才能选，选修这门课需要老师推荐、精通摄影技术、出色的语言表达和富有表演才能。每隔12周会换新成员。"我问："新成员刚开始能做好吗？"学生说："老师和学兄学姐们会帮助我们。"

学生还告诉我，选这门课之前，他们都已经完成家政课、计算机课程和艺术课程的学习，而且要取得全优的成绩才有选修这门课的资格。

最后一节是法语课，要求把16个生活中常用的句子用法语写出。法语对我是天书，这节课因此变得特别漫长，原来不能融入课堂是这么难熬的事情！伟大的爱因斯坦的相对论！

忙碌的一天，就像雾里看花，但依然有很多收获。

Jan 25th 科学课——岩石的前世今生

1月25日，第二节课，我去杰克逊初中部的116室，听莫宁斯塔

（Morningstar）老师讲六年级的科学课。

这节课讲岩石。

首先教师要求学生命名地球的三个圈层并画一张图来说明答案。绘图表达在美国教学中是再平常不过的事了，作文课如此，生物课如此，化学课也如此……绘画创造无处不在。

接下来老师让学生给体育明星分类，进而从这个环节过渡到让学生按照岩石的形成环境给地壳中的岩石分类。

老师展示了一系列岩石图片，要求学生观察岩石、了解岩石的成分。

得出结论：岩石是矿物的集合体（Rocks are made of one or more minerals）。

助教老师分发沉积岩样本，让学生观察讨论以下内容：

1．什么是沉积？

2．沉积岩可能形成于什么样的地理环境中？

3．化石一般存在于什么岩石中？

为了演示沉积岩的形成，老师给每位同学发了一张纸，一块饼干，让学生用饼干代替岩石，演示在地内压力下，岩石可能会怎样？

学生用手边能拿到的东西把饼干弄碎，得出结论：岩石在流水、风、阳光、重力等作用下碎裂成各种形状风化物。

接下来老师用一段录像让学生体会风化物的侵蚀、搬运过程。让学生感知：岩石和矿物碎片在流水中沉积下来，通过种种复杂的过程（压固、重结晶、生物的胶结等）可以形成沉积岩。

老师让学生观察大屏幕上的岩石图片思考回答：该岩石可能来自哪里？

一名学生说"应该来自海里"，另一名学生说"可能来自河边"，因为学生发现了岩石里有水生生物的化石。

不管学生得出什么结论，都会得到教师的鼓励。美国学生从来不怕出错，也没有唯一的标准答案。连考试都用铅笔，应该有答错问题可以及时修正的意思吧。

整整一节课只讲沉积岩，只是给学生一个直观的印象，并不讲究知识的系统性。

在这里，教育是从容的。

Jan 26th 在英语课上教汉语的"明星"教师

在当地中小学介绍了几场中国文化之后，效果出来了：当地记者来采访，很多小孩在路上见了我都要围过来——中国文化对他们来说太奇妙了！

那段时间学校里的学生都在谈论"That Chinese girl"，不惑之年的我竟成了学生崇拜的"中国女孩"，这一切都源于我们博大精深的中国文化！

1月26日，我应邀来到杰克逊初中部的258教室——克里普尔老师的语言艺术班，教学生学汉语。

对于一点汉语都不懂的孩子们来说，学汉语是件新鲜事。

大家都想学汉语

首先，我教学生用汉语写"一、二、三、四"。

1，一；2，二。我问学生3用汉字怎么写？学生们写了三横，我表扬了他们；我问4用汉语怎么写？学生们说四横，我说不是，是"四"；我们又写了"十"、"百"、"千"、"万"。

老师，我的中文名字怎么写？

我告诉他们，写汉字就像画画，首先要遵循"先上后下，从左到右"的规则；其次要学会最基本的笔画：点、横、竖、撇、捺、竖提。

接下来，我画了一座山，写了"山"这个字，我让学生猜，"山"是什么意思。

我画了一个圈，点了一点，又写了"日"这个字，让学生猜是什么意思，效果出奇得好。

我又画了个月牙，写了个"月"字，让学生猜是什么意思，一个呆头呆脑的孩子马上说："moon？"得到我的肯定之后，他高兴地跳了起来。

我把"日"、"月"合在一起写了个"明"字，让学生猜是什么意思。

我画了三个太阳，写了三个日——"晶"，让学生猜我的名字是什么意思。

我画了棵树，写了个"木"，学生猜出是树（tree）的意思，接下来我让学生猜两个木"林"和三个木"森"各是什么意思。

……

有学生问："中国有多少汉字？"我反问道："美国有多少英文单词？"

我解释说："跟英语一样，在汉语中同一个意思有很多不同的表达。如'happy'可以表达为'高兴'、'欢乐'、'开心'、'喜悦'、'欢喜'、'幸福'、'愉快'。但是，我们的汉语发音相同，却有很多种意思，所以学起来有点难哦。"

我写了五个拼音：妈[mā]、麻[má]、马[mǎ]、骂[mà]、吗[ma]，一到四声，还有轻声。

如果是"妈"——一声，是"mother"的意思；"麻"——二声，指"flax"；

"马"——三声，指"horse"；"骂"—— 四声，表示责备（scold）；"吗"——轻声，表示疑问。例如："Are you ok?"就是"你好吗？"

我让学生观察"吗"、"妈"、"马"、"骂"这四个字有什么共同点。学生说都有"马"，读音相同，腔调不同。我教学生练习一到四声的读音，孩子们认真得如同刚开始呀呀学语的小婴儿。

我说："虽然不同地区人们的英语口音不同，但基本上都能彼此听懂。可在中国，各地方言差别很大，像广东的广东话、浙江的绍兴话，我都听不懂，可没有关系，因为汉字写出来是一样的，我们都可以通过文字彼此交流。中国的孩子从小在学校里都学习普通话，普通话大家都能听懂。"

我问："你们想不想学写汉字？"

那是当然的，孩子们都把手举得老高。

我一笔一画地教他们写"你好"。我说"你"是人字旁，"好"字是一个"女"加一个"子"，代表good。

学生期待我用汉字书写"爱"、"希望"、"慷慨"、"权利"、"生日"、"快乐"、"正直"、"狗"、"猫"……我很开心，我蹩脚的书法在这里被佩服到极致。

学生很崇拜地问我："你怎么能记住这些字的笔画呢？"我说："熟能生巧。"

我问学生："你们的猫怎么叫？"学生回答"喵"，跟我国一样；我又问学生："你们的狗怎么叫？你们的公鸡怎么叫？"却发现国外描述狗和公鸡的叫声跟我国不同，我开玩笑说："你看，连动物都说外语，不同地区语言差别太大了！"学生乐开了花。

孩子们最期待的事，是我把他们的名字用汉语写出来。每当此时，他们总是把我团团围住——就像让明星签名。

一节课90分钟就这样过去了，是不是很好玩？

Feb 3rd 只有梦魇，没有赢家

凯瑟琳的世界史课堂

在杰克逊高中的B201教室，我见到了凯瑟琳·斯通(Kathryn Stone)，她是一位激情四射又极具亲和力的世界史教师。

她说她喜欢历史，热爱教历史。她长得很高大，充满活力。她的手势加上富有感染力的语言和微笑，让你不由自主地被她吸引，在她的课堂上你是不可能打瞌睡的。

教室的装饰极具学科特点，一系列的世界历史彩图占了整整一面墙。

在美国课堂上死记硬背的东西很少，学生也没有背诵的习惯。他们认为，历史事件就摆在那里，重要的是你怎么去看待和判断这些事件，怎么去辨别真伪，能否形成自己的独立看法和解释。在获取知识的途径越来越多的今天，这些远比知识本身重要。

窗帘和教室的灯都关闭了，只剩那些关于残酷战争的黑白照片和她激情的语调，听得人手脚冰凉。

她不是讲历史，也不让学生记忆，她只是用一些写实的画面和真实的口述，让学生去触摸历史的心跳。

精疲力竭的行军、弥漫的硝烟、突如其来的冷枪、残缺腐烂的尸体、浑浊的饮用水……当这一切那么真实地摆在面前时，每个人都会感同身受。

她播放了一篇士兵的回忆录："在我所有的梦里，他扑过来，卡住我的脖子……我总是看到他苍白的脸，那些武器……我一次次从相似的噩梦中惊醒，醒来看到我的荣誉勋章——那是个大谎言，我常常想如果能为自己的国家死去而不被噩梦缠绕会是多么甜蜜的事情！"

战争，只有梦魇，从来没有赢家！

犹记得在珍珠港事件纪念日那天，那位在珍珠港事件中经历生死考验的老兵毫不避讳地讲述着事件发生时自己无法抑制的恐惧。他害怕自己死去，害怕这辈子再也见不到家人……很多听众被感动得热泪盈眶。这位老兵表达的，是人类本身真实、脆弱的一个侧面，也因此能触动人们心底的柔软。在一个正常的社会里，人们崇拜英雄的同时，更应该客观地看待和承认人性的软弱。

接下来师生讨论这场残酷的消耗战。杀戮没有终止，丧钟依然鸣响，但令人窒息和绝望的战火没能让人性死去，在人们的内心，是那么坚定地藐视杀戮，那么果敢地呼吁和平，对自由和温暖的渴求从未停止。

本周作业是设计一战征兵海报。

本节课在影片苍凉的旁白歌声中结束：

"一个男人要走过多少路，才能成为一个真正的男人？

(How many roads must a man walk down, before they call him a man?)

一只白鸽要飞越多少片海，才能在沙滩上入眠？

(How many seas must a white dove sail, before she sleeps in the sand?)

炮弹要飞多少次，才能将其永远禁锢？

(How many times must the cannon balls fly, before they're forever banned?)

朋友，答案在风中飘摇。

(The answer, my friend, is blowing in the wind.)

一座山峰屹立多久，才会被冲刷入海？

(How many years must a mountain exist, before it is washed to the sea？)

那些人还要多少年，才能最终获得自由？

(How many years can some people exist, Before they're allowed to be free？)

一个人能多少次扭过头去，假装他并没有看到？

(How many times can a man turn his head, and pretend that he just doesn't see？)

朋友，答案在风中飘摇。

(The answer, my friend, is blowing in the wind.)

一个人要仰多少次头，才能望见苍穹？

(How many times must a man look up, before he can see the sky?)

一个人要有多少只耳朵，才能听见民众呼号？

(How many ears must one man have, before he can hear people cry？)

多少人死后他才知道，无数人的性命已抛？

(How many deaths will it take, till he knows that too many people have died？)

朋友，答案在风中飘摇，在风中飘摇……

(The answer, my friend, is blowing in the wind. The answer is blowing in the wind.)

第三乐章

那些人　那些事

一直认为，跳出教育看教育，也许别有一番风味。

180天的美国访学，总有些什么，是我难以忘怀的。夏威夷的风，大岛上的科学探索和章丘老乡，周末教堂的唱诗班和布道，中产阶级的派对，无家可归的隐士们，圣诞季的佛罗里达之旅，东北部漫长的冬天没完没了的雪……

从夏威夷到波士顿，总有些什么，是值得我珍藏的。杰克逊小镇的中国同胞，热情的帕赛娜，好客的安，善良的苏，森林中的房子和飞鸟，顽皮的松鼠，湖边的鳄鱼，Maikiki海滩，甜点做到让人百吃不厌的房东夫妇……

还有，那些海上的旗语和远隔重洋的眷恋。

一、旅途记趣

人生最美妙的事，就是去不同的地方，看不同的风景，遇到不同的人，经历不同的事……就好像拥有了不一样的人生。

"树在，山在，云在，岁月在，爱在，我在。你还要怎样更好的世界？"诗人说。

Nov 28th 闯入"新大陆"

北京时间2010年11月28日下午一点，我们从首都机场出发了。

这一刻，我将开始另一种生活。它诱人而不可测，在大洋的另一端，等我。

侯机时，跟家人通了电话，儿子在电话中跟我大谈特谈他的荷兰猪，我的眼睛有点潮湿。我知道我会特别想念他，来京已十天，而这一漂洋过海，我将半年见不到他。不能在清晨看到他的明眸，不能闻到他跑上楼时头上的汗味……

我们从首都机场到洛杉矶，然后入关转夏威夷的班机，总共要飞十几个小时。

当地时间28日下午三点多，我们到达檀香山机场，因为时区的不同，那是我有生以来过得最奇特的一天。

檀香山在夏威夷瓦湖岛的南部，因过去盛产檀香木而得名，在夏威夷语中称"火奴鲁鲁"。从北京的干冷到夏威夷的湿热，真是冰火两重天。带着草木馨香的风扑面而来，令人沉醉。

东西方中心的王庆泓博士和舍莉（Cheryl Hidano）来机场接我们，我们一行十五人住进了东西方中心(East-West Center)的林肯大厦（Lincoln Hall）。

晚上，东西方中心在当地最有名的一家香港人开的中餐馆（Kirin restaurant ）为我们举行了欢迎宴会。

吃完饭，步行回林肯大厦。返回时路上几乎没什么车辆了，所以过马路时我们就没走斑马线。刚过马路，一辆警车不知从哪里钻了出来，停在我们面前。前面的话没有听清，最后几句"One hundred dollars, One hundred dollars……（每人罚款100美元）"却让人听得相当清晰。同行的贾博士跟警察解释说看到有拐弯的标识就走过来了，警察就放过了我们。那是一个很负责、很帅气的警察，虽然没有罚款，但这件事警

夏威夷的街景

告我们在美国一定要遵守交通规则。贾博士说，在美国，一旦开车违章，车上有几个人就要交几倍的罚款。

早晨，在鸟儿的啁啾中醒来，窗外抖落进来的风携着浓郁的香。走出林肯大厦，蜂蜜般新鲜香甜的空气扑面而来，与草木同呼吸，有一种忘乎所以的幸福。

路上行人不多，有人在阳光下骑着赛车，有两个男生踏着滑板急速而过。绿草地上，处处是正在锻炼的学生。没有人在阳光下打伞，大家尽情享受阳光，古铜色皮肤被认为是高质量生活的象征，也是夏威夷的标志。

夏威夷人的生活是从容惬意的，就像那些悠闲的云朵，暖暖的，低低的，从远山的脚下堆上来，与蓝天拥抱。明媚的阳光下，每棵树、每片叶

看街景的老人

子都懒洋洋的，那般安静。这样的一个所在，让你只想静静享受，就像东西方中心大树下石凳上那位胖胖的老人，对着热带树和街景，一坐就是几个小时，沉静而惬意。

一路上擦肩而过的陌生人都向你微笑问好，处处弥漫着阳光和浪漫的气息。

两周的夏威夷之旅就这样开始了！

Dec 4th　大岛奇遇

2010年12月4日，星期六，我们一行十人约好去大岛玩。热心的舍莉在网上提前为我们订了打折机票，几天前给我们讲课的约翰（John）校长等候在大岛机场，他还联系了大岛火山公园（Hawaii Volcanoes National Park）的朋友，让我们免门票游览。

大岛，又称"夏威夷岛"，是夏威夷群岛中最大的岛屿。

夏威夷岛

夏威夷群岛是火山岛。很久很久以前，地下灼热的岩浆开始在海底一次次喷发、堆积，终于有一天露出水面，形成了这些火山岛。其中大岛上的冒纳罗亚火山若从海底基座算起，高度超过珠峰，就像珠峰在地球上的孪生兄弟一般。

岛上"高人"——火山探秘

大岛上的蓓蕾火山是一座著名的活火山，当我看到那些白色的烟雾袅袅上升的时候，禁不住百感交集。想当年，灼热的岩浆所到之处，熔化、烧毁它所触及的一切，道路两边坚硬粗糙的黑色火山岩，向人们诉说着当年的惊心动魄。

在自然面前，生命是那般脆弱。

然而，生命又是何等坚强。在那些焦煤般的火山岩上，过不了几年，在阳光、雨水、风的作用下，生命又会重新孕育成长！沿途草木葱茏，鸟语花香，

火湖

仿佛一切都没有发生过。而冲向海边的熔岩，远处火湖里袅娜的白烟，却在用最柔美又最恐怖的语言，诉说着火山岛水深火热的身世和永不停息的激情。

火山公园的管理员都具有硕士以上学位，带我们参观的吉姆博士是约翰（John）的朋友，一身军绿、永远微笑，虽已满头白发，却精神矍铄，他总带着一个"百宝箱"。

吉姆带我们看火山岩，让大家观察火山岩石上的气孔，猜测这些气孔是怎么形成的。吉姆问："如果岩浆比较粘稠，喷出后冷却成的火山岩气孔会大一些还是小一些？"

我问吉姆："为什么火山口位于一个大大的圆圆的凹地（火湖）之中？"

吉姆打开"百宝箱"，里面装满面粉一样的东西。他装上打气筒，做了一个演示实验，清晰明白地演示了这个问题。我赞叹：科学原来可以如此简单！

吉姆带我们来到一片黑色的火山岩堆处，黑色的火山岩那般狰狞，而从岩缝中长出的树木和一团团绿色的植物却让人领略到生命不息的生长。

吉姆让我们拿出那张带镜框的透明图片，是眼前风景的写真。图下面是一首诗——《大地在天空的哭泣中苏醒（When the sky weeps, the earth lives）》。

我们站在这里（Here we are before you ）

大地的朋友（Friends of the land seeking good）

告诉我们怎么做（Teach us what is to be done）

能使生命孕育（That the land of Kilauea will have life）

让万物复苏（Let us all have life）

一首科学和艺术的交响诗！在 LA Pietra 女子中学的生物教室，在 Punahou 中学，在 John 的海边学校，在他们的综合课程里，在火山考察的作业纸上……科学和艺术的融合无处不在。

岛上"高人"吉姆

吉姆问："在这里，你观察到了什么？是什么让生命开始，什么维持生命的生长和繁荣（What allows life to begin, survive and thrive in Hawaii）？"

看着我们热烈地讨论交流，吉姆说："重要的是找到证据，现在分小组去寻找证据。"

吉姆给我们布置了三个任务：找到图中的三种植物，观察每种植物根系的生长环境，测量植物生长处的温度、湿度并计算出相对湿度。

在粗糙坚硬的火山岩上，我们分成三组，孩子般地探索着生命发生、存活、繁盛的奥秘。我被这种学习方式深深吸引着。

我们观察植物生长的地点，是位于石缝里还是在避风向阳处。我们测量温度、湿度，用ID卡比对周边的各种信息，通过标尺和标准表格算出相对湿度……

望着不远处的火山，迎着旷野上不羁的风，呼吸着带着岩浆凝固味道的空气，我感叹生活的土壤那么深厚，我多么希望我的学生能走出教室享受大自然的赐予，探索大自然的奥秘，让自然的风与阳光点燃他们学习的激情。

我问："大大的火山岩上有一个管状的洞口，这又是怎么来的呢？"

吉姆说："猜一下。"

"是不是一棵树？"我问。

吉姆问："能不能在周围找到证据？"

很快我在附近找到了证据——一个管状的洞口中有黑炭一般没有烧完的树干！我们为此欢呼雀跃。

我找到了一块水珠状的黑色小火山岩，晶莹剔透，就像黑宝石，吉姆说当地人称它是"蓓蕾（Pele）的眼泪"。

蓓蕾是当地的火山女神。记不清什么时候，我在一本什么样的书上，读到过蓓蕾火山的传说——美丽的蓓蕾因为妹妹夺走自己的男友，怒火中烧，火山爆发就是蓓蕾女神的怒火。

火山石被当地人敬为神物，据说携带火山石会把灾难带在身上。所以，吉姆提醒我们不可以踩到火山石，更不可以带走，机场安检时如果被发现携带火

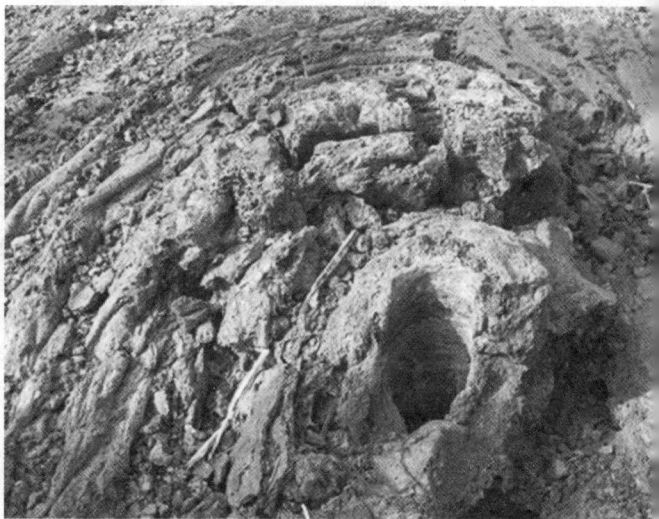

"树的遭遇"

山石，罚金将相当惊人。

我们在火山通道中行走，洞顶不时有水滴落。有些地段水多得难以涉足，有时需要打手电筒方能前行。

走出火山通道，吉姆让我们做了一个简单的小游戏：四个人搭起手形成火山通道，其他人扮演岩浆从火山口冲出，冲出后两组人角色转换……循环往复，演示岩浆一次次涌出火山通道时火山锥形状的形成。

教学不就应该是这样的吗？

山东老乡的"香格里拉"

走出火山通道时已是下午五点，我们是晚上八点的飞机。

John带我们去赵老师的父母家吃晚饭，车停在森林公园的一座别墅门前。

一位老先生在门口迎接我们。高高的个子，挺直的腰板，笑容可掬，言谈举止洋溢着书卷气。谁能想到他已经80岁高龄了呢？

后来获悉这位赵泽修先生是中国知名的水彩画家，被誉为"台湾卡通之父"，是夏威夷大学艺术系最知名的教授之一。

赵先生一家和福建的一对夫妇合住一座别墅。有一间房子水流从房顶倾泻而下，赵老先生说那是他的水帘居，画室很大，墙上挂满了画，室内堆满了书。

老先生鹤发童颜、

老乡见老乡——与夏威夷大学赵教授合影

风趣幽默、声如洪钟，他丰富的内心世界、他的博学达观、他世外桃源般的生活让人看到一种人生境界和心灵自由，让人相信美好生活与年龄无关，与世俗的喧嚣无关。

得知我来自山东，赵老先生分外高兴，他说他的父亲解放前曾是我们章丘市的一任县长，一定要拍一张"老乡见老乡"的照片。

赵老先生给我们准备了美味的中国餐。几盘海鲜的煎饺被我们五分钟内风卷残云，还有我爱吃的煮玉米、红薯，刚从树上摘下来的橘子，各种饮料和中国茶……

A day to remember！　多么惊奇的一天！

Dec 17th　发音趣事

今天早上下楼时，弗吉尼亚问我："睡得好吗？"我没想到她会说中文，加上她发音的语调怪异（四个字均发成了四声），我有些发愣，请求道："Pardon(您能再说一遍吗)？""睡得好吗？"弗吉尼亚微笑着充满期待地重复着。我问她："您这是在用西班牙语说早上好吗？"弗吉尼亚脸上的笑容凝固了，她说她昨晚花了半小时练习这句中文，今天早上想给我一个惊喜，没想到我却以为她在讲西班牙语！

实际上，作为德国人后裔的弗吉尼亚做事很认真，对发音也相当"斤斤计较"。记得刚到美国时，我总混淆"th"和"s"的英语发音，后来知道"th"需要咬舌尖而"s"不用。一天，当我跟弗吉尼亚说"I think(我认为)"时，认真的弗吉尼亚把水槽注满水，拔出水槽中间的塞子，让我看水面下降，她告诉我这才是"sink"，她说我把"think"发成了"sink"。当我喊她的名字Virginia时，她向我强调"I'm Virginia, not Wirginia！"——因为我混淆了"v"和"w"的发音，前者要咬下嘴唇，后者要嘟起嘴。当我说吃硬面包圈（bagel）时，弗吉尼亚听成了手镯（bangle）……

为了改进我的英语发音，弗吉尼亚和戴维从当地图书馆借了很多电影光盘，他们常常在晚饭后陪我观看……太多温馨的时光。弗吉尼亚偶尔也顽皮地跟我开玩笑："Wait a minute（等一分钟）——Alligator（淡水鳄鱼），After a while（过一会儿）——Crocodile（咸水鳄鱼）。"这是调侃听力不准造成误解的一个顺口溜。只是，弗吉尼亚开玩笑时我一般都很淡定，正如著名主持人塞斯·梅尔对德国人的调侃："德语笑话一向如此，你觉得不好笑吧，但那是最好的德语笑话了。"

发音对于日常语言交流的重要性在一定程度上超过语法。跟美国人交流，语法好坏其实并不那么重要，有时简单的几个单词，他们就能明白；但发音不准，听众就会一头雾水，有时甚至很有"笑果"。记得有这么一件事：一位老外到商店里买杯子，结果中国售货员给他抱来一床被子！姚明的英语发音很地道，但也不幸受到塞斯·梅尔的调侃："当姚明说我即将退役（retiring from basketball）时，听起来像是我想重新给浴室贴瓷砖（retiling my bathroom）。"

发音准确可以使交流顺畅，也可以提高个人魅力。我们的英语教学，是不是应该多注重一下听说训练呢？

Dec 26th　到佛罗里达去

12月26日中午，林肯车出发了。我们要沿着东海岸，经过西弗吉尼亚州、弗吉尼亚州、北卡罗来纳州、南卡罗来纳州、佛罗里达州，一直到佛罗里达的Naples港口，弗吉尼亚的长子迈克就在那个城市。

预报今天有暴雪，出发不久，天上飘起了细细的太阳雪。浓浓淡淡的云悬在空中，像是谁刻意营造的某种忧伤，车窗外不时有绿绿的针叶木闪过，在这洁白的冬日让眼睛和心灵为之耀动。

车开到西弗吉尼亚州时，细细的太阳雪变成了铺天盖地的暴雪。落雪如雾，模糊了对面车的灯光，加上车速快，天地一片苍茫。

弗吉尼亚一家

沿途森林密布，弗吉尼亚说如果在春天沿着东海岸一路开到佛罗里达的话，一路上都是美景。I do believe！

晚上七点，我们在弗吉尼亚州的一个小镇用餐。小餐馆装饰得很古朴，每张桌上都有一盏小煤油灯，温馨得如同儿时的家。

吃完晚饭，雪小多了。车子继续前行，睡睡醒醒中，沿途的落叶树变成了常绿林。

朝阳中的佛罗里达美得似梦，大朵大朵棉花糖般的云彩铺满天空，旷野上的云朵比树还低，一团一团的树木在晨曦中安安静静地晾晒着欢乐，那种美好和新鲜恐怕是任何高明的画师都无法描绘的，它需要你用眼睛、用嗅觉、用心灵、用每寸肌肤去细细品味……

上午九点多，我们到了迈克的家，那是一所很大的房子，紧邻一条河，不远

佛罗里达的海边日落

处是游泳池和高尔夫球场。房子是迈克自己买的，在美国很少有父母给孩子花钱买房子，结婚后更是极少有人跟父母同住。迈克的房子有着很大的落地窗和一个很大的花房，簇簇拥拥满是花草。由于寒潮侵袭，有一些花草用塑料薄膜盖了起来。

家里养着两只狗，那只小不点叫卡斯猫，长得很像猫，其实它年龄很大，五岁了，外向好客；玛蕾只有六个月，敏感内向，是只漂亮的名贵狗。玛蕾不喜欢跟人接近，她只喜欢卡斯猫，可是又小又丑又老又外向的卡斯猫一点也不喜欢玛蕾。

玛蕾常跟着迈克去工作室，她喜欢叼着一根木棍转来转去，乐此不疲。

弗吉尼亚和戴维给他们的儿子和准儿媳带了一堆圣诞礼盒，给卡斯猫和玛蕾也带了三个小礼盒，在美国，每家的宠物狗都有玩具。

迈克是弗吉尼亚夫妇的长子，精通西班牙语，眼睛里闪烁着智慧和机敏，目前在佛罗里达经营一家高尔夫球场，他对中国的一切都感兴趣。

弗吉尼亚说迈克长得像他的外公，而且从小就有超常的自理和生存能力，戴维说三个孩子中弗吉尼亚一直偏爱迈克。

下午，驱车到海边看日落。

那天的风真冷，冻得我手腕疼，以至于都不愿把手拿出来拍照。海浪激昂有力地冲击着海滩，两个小孩在海滩上跑来跑去追逐着海边的泡沫，几只小鸟跳来跳去地吃虫子。

海是那般的蓝，以至于在海的映照下沙子都成了淡蓝色。海的那一边，是火一般的夕阳和云朵。

天空永远年轻，海洋和落日总是以同样的盛装出场。人世间的喜怒哀乐是那般轻微，轻微得如同海浪拍打海岸激起的泡沫。

因为今天是戴维六十大寿，我们去了一家不错的餐馆。这家餐馆的泰国菜和日本菜做得很够味，回到家中才知道还有巧克力派和冰淇淋等着我，美国几乎每个家庭都会做很好吃的甜点，晚餐后不吃甜点就像没吃完饭一样。

　　明天要去高尔夫球场的湖边看鳄鱼，戴维先生开玩笑说："那些鳄鱼喜欢吃中国餐！"

　　明天见，鳄鱼们！

Dec 28th　高尔夫球场的别墅和鳄鱼

　　12月28日，上午十一点，我们去迈克的高尔夫球场看鳄鱼，他是这家高尔夫球场的主管。

　　迈克的家和高尔夫球场之间是万福玛利亚（Ave Maria）大学。该校法律专业很出名，校园中心的教堂十分抢眼，在蓝天白云下，异常壮观。

　　在教堂边的小餐馆吃完午餐，我们来到高尔夫球场。

　　高尔夫球场有八套新建待售的房子。每套房子都精致装修，配有游泳池，家具、生活用品很考究。厨房很大，烤箱、冰箱、锅碗瓢盆等一应俱全。

　　二百多平米的房子，价格是二十几万美元，相当于美国教师家庭三四年的工资，可美国人喜欢分期付款，全额付款的不多，每年还要交相当于房产总价1.5%的房产税。

　　买这里的房子还可终身免费享用高尔夫球场。高尔夫球场很大，里面有几个湖，大概有7-12只鳄鱼，

万福玛利亚大学校园中的教堂

佛罗里达的房价

它们喜欢在夜间从一个湖爬到另一个湖。

迈克开着高尔夫球车带我去看鳄鱼，路上工作人员跟我们打招呼。迈克问："有没有鳄鱼在岸上？"一位工作人员说："有一只在晒太阳。"

车在有着一片小小芦苇丛的湖前停了下来，我一眼就看到了它，一只很大的鳄鱼。

我说："帮我和鳄鱼拍张照吧。"麦克说："好，不要下车，就待在车上。"

高尔夫球场湖边的鳄鱼

跟鳄鱼合影后，我问迈克可不可以下车，他说可以，但是要小心。

看那只鳄鱼慢吞吞的样子，我问迈克："鳄鱼比你跑得快吗？"他说："是的。"我问："快很多吗？"他说："是的，一秒钟可以跑很远。"我问："鳄鱼转头是不是很慢？"他说："对。"

我让迈克把高尔夫球车停在鳄鱼尾巴的方向，慢慢地从它的尾巴后面靠近它。

我拿摄影机对着它，那只大鳄鱼懒洋洋地抬起头来，转了一下脑袋。在它转头看我的瞬间，我跳上高尔夫球车，飞速离去了。事后想起来，那真叫初生牛犊不怕虎。

我把拍到的短片给戴维和弗吉尼亚看，他们连连惊呼，说从未这么近距离而清晰地观察过鳄鱼。

我问迈克："刚才那个湖里有几只鳄鱼？"他说有时两只有时三只，因为鳄鱼常常在湖泊之间迁移，所以每次都不一样。他说他房子旁边的那个湖里就曾有过鳄鱼，如果玛蕾不小心的话，就是鳄鱼的一顿午餐。

离开高尔夫球场，我们去食物店买煤、牛肉和菠萝。今天晚上迈克和戴维要做烧烤，还要用巧克力、果仁和香草味的冰淇淋做美味的餐后甜点。

Dec 29th　大沼泽地国家公园之旅

展翅滑翔的隼（hawk）

喜欢旅行，那些时刻我能听见自己的声音，这让我在尘世中不失去那一小半独处浪漫的心。加州的农田和阳光，拉斯维加斯的风，旧金山的九曲花街，世外皇宫般的赫氏古堡，科罗拉多大峡谷和印第安部落，黄石公园的五彩池和大水牛，油画般的布莱西峡谷，西部之旅中形影相随的落基山脉……它们在我以后的回忆中美得出奇，就像一颗颗价值连城的宝石，在那里静静地闪着光。

我希望与你分享，我心里的现场。今天，请跟我去佛罗里达，去看那里的云和大沼泽地国家公园（Everglades National Park）。

从迈克的居所到大沼泽地国家公园大约一小时车程，一路美景尽收眼底。

天空洁净澄明，如伊人的眼睛，简单到极致又深邃到极致。那里有鸟儿的梦，也是云朵的家。

佛罗里达的云是有性情的，是偷视凡间生活的仙女，是童年的棉花糖，是一节节淡远的天净纱，是一切柔情的依偎与忧伤的寄托。一朵一朵，一直到更高更远的地方，而多情的阳光则用丝线细细密密地在云端织满温暖。

天空和云朵在为谁缝衣呢，用了那样轻暖的絮又铺得那般小心翼翼？有多少柔情的凝望？多少快乐的啁啾？多情的风儿曾卷走什么又留下了什么？

湖中的百鸟堤

天不言，云不语。

斑斑驳驳的记忆，夹着风的影子云的行脚，翻晒在阳光下。蓝天白云的背景下，有展翅滑翔的隼（hawk）。我想，每个人的心中都应该有飞翔的梦想，当看到隼们在蓝天白云下滑翔的时候，我的眼眸中充满了羡慕。

我们买了船票，在大沼泽地公园里乘船旅行两个小时。湖里有一片片的树林，我原以为它们是长在岛上的，其实不然，它们是从水底长出来的，它们一直坚定地向上长，直到有一天高出了水面。

船在水面上忽快忽慢地滑行，水是那般干净，看不到任何漂浮物。远远地，我们看到了一片树林，周围堆满"白沙"。导游告诉我们，那不是沙，也不是岛，早在四百多年前，西班牙人移居此地，他们喜欢吃牡蛎，吃完后把壳扔掉，堆积而成。

在林间，在湖中的柱子上，在水面上，总有不同的鸟儿飞过，在一片白沙堤上甚至有几百只鸟儿在那里集会。

阳光下，有一家人乘快艇从我们船边划过，女主人穿着热辣，吸引了大家的眼光。美国人不怕晒黑，在阳光下也只戴墨镜，很少有人打伞，他们的防晒霜也是防晒伤或使皮肤均匀晒黑，阳光色皮肤是健康和高生活质量的标志。

最好玩的是海豚岛。那些海豚是那般调皮，他们喜欢跟人捉迷藏。每当他们跑远了，导游就会安慰我们说，它们一会还会回来。

的确，海豚们一会在船前，一会在船后，最精彩的一幕是六只海豚同时露出水面，做着整齐的跳水动作。它们是那般机灵，你不知它们会在何时何地出现，等你拿起相机时，它们已经没入水下。

"辣妈"一家

我们在湖边的一家海鲜餐馆吃饭，胖得很性感、皮肤晒成砖红色的餐馆女服务员热情地跟我们打招呼："要不要吃鳄鱼肉？"我说："不吃。"我问戴维先生："是不是有人专门捕食鳄鱼？鳄鱼不是濒危动物吗？"戴维先生说，在他看来，鳄鱼太大太危险，所以他觉得捕食鳄鱼无所谓。

有几只海豚？

我边吃边欣赏四周的景色，不远处有一些木头搭成的桥，我原以为是为让游客近水观景所造，后来才知道原来是鸟儿栖身的所在。那些鸟儿列队停在柱子上，形态各异，让人想起乐谱书上的旋律。

我注意到，靠近大沼泽地公园的房子类似我们的傣家竹楼，底层是用柱子支撑的悬空车库，住家在二层。戴维先生说，这样做是为了抵御洪水侵袭。是啊，佛罗里达的飓风跟它的阳光一样著名。

这时旁边的迈克自豪地说："大沼泽地是佛罗里达的一个缩影。"

诚然！只要你到佛罗里达，处处都是风景。

Jan 17th   冰之湖

1月17日 ，离开底特律（Detroit），回麦西隆（Massillon）。顺路去看弗吉尼亚的小女儿凯蒂。

戴维先生告诉我，凯蒂住的城市在伊利湖（Lake Erie）边，城市名为雅芳湖（Avon Lake）。

伊利湖，北美洲五大湖之一，为美国和加拿大共有，在五大湖中面积居第四位，仅大于安大略湖。周围有纽约州、宾夕法尼亚州、俄亥俄州和密歇根州等，北面为加拿大的安大略省。

北美洲的湖多为冰蚀湖，它们的身世与古冰川有关。几百万年前，冰川伸出巨大的冰舌，把岩性不同的土地刨蚀得坑坑洼洼，后来气候转暖，低地积水，形成了繁星似的湖泊群。科学家如是说。

看到伊利湖的第一眼，我被它的冷酷和静美打动了。

寂寥的阔叶树，静静的长椅，弥漫的冰雪……寒冷清扬的风酷酷地吹过来，令人无法呼吸。

是谁，在天和湖的尽头，擎起长长的扫帚扫去了天幕上那一片轻吟浅笑，只落下几束新丝，织进宝蓝的锦缎？

是否，日光在与冰湖依依惜别？不然，怎会那般萧索、苍凉、安静，那般凄婉而缠绵？

漫天的飞鸟哪里去了？

柔情的湖水哪里去了？

清冷的涟漪哪里去了？

氤氲的雾霭哪里去了？

缠绵的水草哪里去了？

温润的呢喃哪里去了？

流云不语，寂寞冰湖守口如瓶。

所有的柔情和缠绵都收进了湖的心里。

流沙从水底缓缓行过，荇藻牵了长长的楚宫袖，披一身油油的青苔，沉进水的清梦里。

过往的苦痛与欢乐被黑白流转的日子碾碎了，烧熔成斑斑驳驳的记忆，埋入水底的沙里。

在积雪和冰湖之下，有一种温暖，一种融化，一种无法控制的婉转流动，在湖底缓缓而行。

鱼儿呢？它们耐下性子，藏在水的柔波里，锁在水的绣闺里。

它们在水下诉说着什么？是悠悠千载的温情，还是关于春天的向往和回忆？

也许，他们在谈论三月柔风流转时浮冰碎裂的声音，在追忆潮湿的空气中细细密密的心事，在期盼新鲜的黑色的泥土带着蠕虫的气息……还有，雪亮的蝉鸣蛙噪的夏天，在阴阴佳木的背景里鸟儿多情的歌声。

也许，是千百万年前，那次深情而寒冷的相遇……

二、彼岸风情

在车轮与机翼间穿梭往来，眼中的乾坤如此不同，又怎能用一个标准来衡量这世界的灵光？

Dec 9th 俄亥俄的森林小屋

东西方中心安排我在俄亥俄的住家弗吉尼亚来夏威夷接我，夏威夷时间12月8日下午，我和弗吉尼亚飞往俄亥俄的麦西隆（Massillon）小镇，住家老先生戴维去爱克伦机场接我们。

房子是坐落在森林里的，我到麦西隆的第一分钟就看到了一只灰色的小松鼠，好可爱啊！

我想象中的俄亥俄，大概像中国的东北，弗吉尼亚说没有那么冷。是的，这里比山东还要温暖一些，因为靠近五大湖所以湿度要大得多，春天多雨，冬天多雪，弗吉尼亚说每年的累积降雪量比我的个子还高，每个冬天学校都会因为下雪而放很多天假。

我们住的地方是富人区，不见高楼大厦，散布在森林中的是低密度的独立住宅。我的房间被弗吉尼亚夫妇称为粉色屋（pink room），装饰得像童话世界。墙壁是浅粉色，窗帘是漂亮的暗粉，有一个大大的衣橱，地上有花篮和大贝壳外形的椅子。

我的房间有两扇窗子，可以看到外面高高密密的树木和皑皑积雪，有一棵阔叶树上爬满了翠绿的藤本植物，在这洁白的冬日显得生机勃勃。

屋外有小松鼠跳来跳去。弗吉尼亚说春天的时候所有的树和花蕾都会在某一天突然醒来，最美是秋天，那是最富有色彩的季节。

美国的环境很干净，不管到哪儿都是一尘不染，除了道路，到处都是草坪和树林，人们认为裸地是很不雅观的。

麦西隆小镇生活设施很完善，窗外空气寒冷轻扬，室内温暖如春。基本的生活消费品很便宜，汽油一加仑(4.5升)不到三美金，很多穷人在超市买食品从来不费思量，国内的很多奢侈品在这里价格也不高。我来美十几天除去二百美元是去大岛游玩的机票，其余花了还不到一百美元。如果不买大件东西，想花掉一千美元真不是一件容易的事情。

俄亥俄冬天常绿的藤本植物

我的童话小屋

屋内是暖暖的灯光、软软的蚕丝被和在电脑上书写的我，一切安静平和……窗外的森林、小松鼠和驯鹿都已睡了，马上就是夜里十二点了——童话故事结束的时间。可对于我，新生活刚刚开始！

Dec 12th　第一次去教堂

12月12日，星期天。

这是一个寒冷的早上，弗吉尼亚说清晨的时候雪下得大到看不见对面的树。树上的积雪比昨天又厚了很多，风吹过的时候，簌簌地落下，一只灰灰的小松鼠在门前雪地上和树林间跳来跳去找果子吃。

唱诗班

昨天，弗吉尼亚去儿童用品店买了玩具、小孩衣服，包装成漂亮的礼盒，准备今天捐给教会。我问戴维先生："为什么在美国那么多人热衷于慈善捐赠？"他说一方面财富是上帝赐予的，应该回报社会，每个人都有责任将钱花在社会最需要的地方；另一方面美国有鼓励慈善的税收制度，慈善捐助不仅可以获得税收减免，还有助于树立良好的公众形象，求得内心的安宁，因此美国富人的"捐赠文化"蔚然成风。

去教堂的着装是有讲究的，男士西装革履，女士都穿得很优雅。相比之下，我的黑西装白衬衣显得过于刻板。

弗吉尼亚向周围的人介绍："这是晶华，她是我的中国女儿，要在美国待半年。"

礼物堆在教堂的门廊内，修女和神父跟我们热

俄亥俄的雪

情地打招呼，气氛融洽温馨，不像我认为的那般隆重肃穆。每个人都拿着一个小本，里面是短文、诗，更多的是圣歌，还夹着几张纸片。

教堂里中老年人居多，落座后，人们相互问候，低声谈笑。

教堂的钟声响起，悠扬而庄严。在舒缓而有节奏的音乐声中，神父和修女们穿过走廊，一直走到教堂的尽头——一个类似主席台的地方。

弥撒开始了，唱诗班歌声宛如天籁，好听极了。接下来宣誓、唱歌、布道……每个人都很放松很投入，前边两个老太太不时地发出开心的笑声，只有我一首一首地数着小册子上的歌曲，计算着还有多久"散会"。

其间大家相互祝福，跟周围的人握手，彼此说"God bless you！"就像我们跟每一个人说"新年好"一样。

然后是慈善捐赠，神父把大家捐赠

戴维、弗吉尼亚和他们的女儿女婿

的东西送给一个贫困家庭，并且说，这些是上帝赐予大家分享的。

一个金属的托盘传递过来，我不知道是做什么的，看到里面有几十张蓝色纸片，我就把他们发的本本里夹的一张蓝色纸片拿出来放了进去，传给旁边的人。后来弗吉尼亚告诉我，那是捐款的托盘，我不用放任何东西进去。原来，那些纸片是一张张支票，而我却往里面放了一张纸条！

修女带着阳光的微笑，热情地跟我交谈，说下个周末有很多有趣的节目，希望我能参加。我说一定。

我得弄明白教堂是怎么回事，怎么影响人的信仰，怎么影响西方的文化，又怎样潜移默化地影响着他们的教育。

Dec 14th   Go Shopping

12月14日，星期二，大雪。

清晨六点，闹铃刚刚响过，弗吉尼亚敲我房门："晶华，因为大雪，学校放假，你可以多睡一会儿。"

这一睡就到了十点。

吃过早饭，弗吉尼亚说要带我去购物，到那家商场要一小时的车程。我问："可有 Coach 的包？"弗吉尼亚说有，但她建议我不要在今天买，她说因为我是地理老师，她计划明年春天带我去看尼亚加拉瀑布，瀑布附近有一家免税店，我可以在那里买化妆品和包。

林肯车在雪野上飞奔，一排排黑色的树林往后倒去。树上是洁白的树挂，天空清澈澄明，在森林的背景下变得特别低，一大朵一大朵的云彩把湛蓝的天空和地上的雪连接起来，在阳光下如梦似幻。

途经一个小镇时，弗吉尼亚说："那是一个很古老的小镇，有三百多年的历史了。"她自豪的表情让我心惊，是啊，现代文明汹涌而至，绝不意味着文化也该"日新月异"，至少，曾经的文明不该被遗忘。

美国的居所都是没有院墙的，沿途别墅的门前装饰着圣诞树、鹿、玩具……在白色的雪景中散发着节日的温暖。即使一般的美国家庭，在这样的冬日也会把生活安排得温暖舒适。我想这与美国的历史文化不无关系。美国是移民国家，移民者初来美洲的时候，新土地上的生活很不容易。耕种、开矿、与印第安人相处……当时的生活条件一定很艰苦，所以美国人从骨子里是极力想摆脱困境追求舒适生活的。

同时，因为祖辈的辛劳，节约的习惯是渗透在很多美国人生活里的——

不常进饭店，不买那么多奢侈品，每次吃饭都不点过多的菜，工作时间很长，垃圾都分类回收……但是很多人也享受高消费的生活：户外是零下十度，房间里、车里却可以穿短袖T恤，每天洗澡，很少有人在阳光下晾晒衣服……记得在夏威夷的时候，我没有发现一家阳台上挂衣服，真可惜了那里灿烂的阳光，而俄亥俄的房子根本没有阳台。

夏威夷东西方中心的王庆泓博士告诉我，在美国很多地方，社区都严格禁止在窗前或阳台上晾衣物，这主要是因为业主委员会担心乱晒衣物影响社区美观，看上去像买不起烘干机的贫民窟，最终导致社区物业价格下跌。所以，大家洗完衣服都用烘干机烘干或在室内晾干。弗吉尼亚说，在户外晾衣服是很煞风景的，人们希望举目看到的是绿树飞鸟，而不是别人的内衣。戴维先生则说，在倡导节约和低碳生活的今天，也有不少美国人在为争取"户外晾衣服的权利"而努力，他说麦克（戴维和弗吉尼亚的儿子）所在的佛罗里达州目前已撤除了在户外晾衣服的限制。

接下来就是疯狂购物啦，圣诞季即将到来，几乎所有牌子的商品都在打折，三折、四折居多。朴拙的我，第一次知道了那么多名牌，知道了奢侈品原来可以这样便宜。

我用6美元买了一条Tommy的牛仔裤，而在国内，这个牌子至少几百元；给儿子买了一件Levi's的T恤衫，原价20美金，打折只用了10美金；原价68美金的裤子也只卖20美金；一款印度制造的浅绿色T恤，原价39美金，只花了16美金。弗吉尼亚说非常好看，她说可以在圣诞季带我去佛罗里达的时候穿。

我原本不是酷爱购物的人，更不想买中国制造的东西带回国，但终不敌强大的价格诱惑——那些漂亮又好的中国制造啊，比国内便宜那么多！不仅仅是衣服，美国大多数消费品的价格都比较低。记得刚来美国时，有一次带着相机跟弗吉尼亚逛超市，一大袋土豆的价格只有99美分，处理好的一磅牛肉的价格也不到2美金……当我拿着相机拍这些商品的价格时，差点被超市管理人员误会为"商业侦探"。

因为我长得比较壮实，所以在国内常常要买最大号，一些南方的款式甚至没有我穿的号，能穿的又像中老年服装。可是，在美国有超小号、小号、中号、大号、特大号，一般我穿中号就可以，有些款式甚至可以穿小号，所有款式我都有机会穿在身上，那真的是一种很美好的感觉！

王博士说，美国是个移民社会，汇集了"三山五岳汉，七长八短人"，商品尺寸与规格肯定比国内齐全；美国也是个崇尚自由的社会，市场尽量迎合不同顾客的需要；美国还是个消费文化盛行的社会，资本生产的经济规律要求厂商不惜浪费资源而大批制造各种各样的商品。

与国内不同的是，在美国修裤脚太麻烦，找个手工作坊简直比登天还难。令我庆幸的是弗吉尼亚是个典型的贤妻良母，她不仅烧得一手好菜，还会做手工！

"Crazy for shopping！"我一次买了7件衣服，花了不到160美元！对于平素不太爱购物的我，这真是疯狂！用弗吉尼亚的话说是购物直到脚抽筋。

你看，无论年龄、民族、国籍，天下女人都有潜藏的疯狂购物的癖好，正如男人有与生俱来的"战士"情节！节俭是美德，而适度消费可促进国家的经济繁荣和金融事业，利国利己，何尝不是一种功德？当然，美国当前的消费通缩成了我此次疯狂购物的催化剂。

我把两天来的访学随笔发给东西方中心的王博士和南枝，王博士回了信。

王老师：

您好！

您的两篇生活与学习散记都已拜读过了，感觉含英咀华、唇齿留香。您的文笔真的很好，而且潜力很大！我自己是学中文出身，不会看错的。您的描述不但细致贴切，而且意趣盎然。最重要的一点是，您是在用自己的真心书写自己的实感。记得以前在北大读书的时候，教授们反复强调"真心实感"是作品的魂。一个对自己都不说真话的作品是无法打动自己的，一个无法打动自己的作品是肯定无法打动他人的。所以，作家是教不出来的，靠的是悟性、天赋与勤奋。我觉得这几点您都具备。

希望您坚持下去，并一定找机会出版。也希望您在美国的学习、生活与交流一直如您的文章一样，充满诗情画意！

珍重！

庆泓

2010年12月15日

Dec 16th "卧室社区" 派对

派对上的百家餐

12月16日，星期五。

五点钟吃晚饭的时候，弗吉尼亚说六点钟要带我去参加一个派对。我问："要不要换衣服？"她说："不用，今天是教堂装饰日，可以穿得随意一些，并且可以拍照。"一听要去教堂，我还是换上了漂亮的淑女装。

今天，大家用圣诞树、花朵、

丝巾、雪花、苹果、金铃铛等把教堂装饰得一派温馨祥和。过了大约一小时，人们纷纷穿上外套，离开教堂。

路上，弗吉尼亚告诉我，接下来参加的这个派对叫"卧室社区派对"（Bedroom Community Party），每年圣诞节教堂装饰日这天，大家都要聚一次，每家带一种好吃的食物，边分享食物边聊天。参加者都在这个郊区小镇居住，在附近的城市工作，这个小镇对他们来说是"卧城"，"卧室社区"就是指彼此之间亲密的朋友关系。

大约十分钟的车程，我们来到了开派对的那家门前。好大的房子啊！有那么多房间，客厅里有张大桌子，摆满了派对成员带来的各种美味。

房间里拥拥挤挤几十人，其中有教师、心理医生、律师、官员、神父、修女……大家都是在同一家教堂里认识的。

中国美女图

有一对夫妇结婚六十年了，大家用《祝你生日快乐》的调子共同唱《金婚快乐歌》给他们。

在甜点咖啡间，女主人告诉我墙上的画都是她的中国朋友所赠。虽为外行，我依然能够感受到画作之美。特别是那幅身着红色旗袍的美女图，慵懒、委婉而不动声色，还有那么一点漫不经心的自信，简直优雅到了骨子里。

女主人的小女儿性格活泼，钢琴弹得好。她一直围着我问中国和中国的学校是什么样的。最后她开心地说："我喜欢中国。"

有位穿着酒红色毛衣、满头白发的老太太热情地跟我打招呼。她说她在

与主人家的小女儿合影

北京大学待过很多年，教国际贸易课，有很多中国学生。

一位叫琳达的女士看起来很年轻，可她说她61岁了。她会讲西班牙语，她说她的家里曾住过两名来学英语的中国学生。她说听弗吉尼亚说我是地理老师，原来对英语只能读和写，从到美国后才开始说英语，她说我的英语好得让她惊奇。

那个总是微笑的黑人修女非常可爱，当我说她"Always wearing a sweet smile（脸上总挂着甜蜜的笑容）"时，她露出了白白的牙齿，给了我一个迷人的微笑。我们谈了很久，她说希望星期天能在教堂里见到我。

还有那个幽默的神父，大家都喜欢他。我原以为神父是很严肃、很"大腕儿"的，没想到他是那么开朗随和，我们笑容灿烂地合影一张。

有一对夫妇是政府官员。他们已结婚26年，女儿44岁，外孙女21岁。这个数学题我当时就是算不出来，后来才明白他们是第二次婚姻。

在这个派对中，很少有年轻人，多是临近退休、生活富足的中产阶级。人们在远离城市的小镇过着安宁富足的生活，这里环境优美，路不拾遗，夜不闭户。可市中心就不一样了，朋友告诉我，在纽约市中心，门要上好几道锁，必须处处小心。

我喜欢这个派对，因为今天晚上，我几乎没有语言障碍，可能是因为都是一些基本的沟通，而且大家都非常善解人意吧。

最让人激动的是那些调动人味觉的美食，"用吃来表达对生活的热爱"一直是我的座右铭。今天下午吃了汉语俱乐部的中国餐，晚上吃了弗吉尼亚做的蔬菜沙拉和意大利面，现在又面对这么多美食，我除了发挥我的潜力别无选择！

这样下去，等我回国会不会变成美国大街上那种庞然大物呢？如果我先生见到那些壮硕的人们，肯定不会喊我"胖子"了。

"五分钟嘴巴上的享受，一辈子肚子上的累赘！"是我给食客们的忠告，也是我对自己的警示！

Jan 12th　坠入凡间的精灵

1月12日，星期三，雪天，学校放假。

起床时已近十点，吃完燕麦粥、玉米面包和苹果，我坐在窗前的桌边，读一本关于肯尼迪生平的书。

邻居家堆的雪人

窗外的景色总让我分心，我忍不住穿上厚厚的衣服，带上相机，走出门去。

造物者是怎样巧妙地安排着四季的轮回，让潜伏和盛放的更替带着生生不息的节律！高高的阔叶树抖落了叶子，在这繁华尽逝的冬日，只剩下寂寞的枝。

拍下鹿的脚印

雪花总在生命潜伏的季节，如约绽放。那是积攒了多久的喜悦与热情啊！只一会，便引得天上的云都落到人间，缀满每一棵树、每一座房子。春天来的时候，它们睡进泥土，书写荞麦青青的田垒，有谁能无视这坠入凡间的精灵？

阳光像憨顽的孩童，肆意涂抹着金色的颜料，给树上的积雪缀上一层温暖，那般新鲜，美得像初恋的情人。

风与风握手，云与云拥抱，鸟儿们唱着歌奔走相告，是发现了很多好吃的种子吧？树枝上的积雪，在微风吹过时一朵朵地飘落，它们那般调皮，每当我举起相机的时候，它们已落到地上。鸟儿们呢？它们飞上飞下，像片片黑色的会飞的叶子，在微风中与落雪相映成趣。

我录下了鸟儿的歌声，拍下了小浣熊逃跑的仓惶，但是对于敏感机灵的鹿，我只拍到了它们的足印。

Jan 15th "房子"的风水和"坐月子"的新妈妈

1月15日，星期六。

因为下周一是马丁·路德·金纪念日，加上周末共有三天假期，弗吉尼亚和戴维带我去了密歇根湖。他们的大女儿梅根住在那里，距我们住的麦西隆小镇有三个半小时车程。

地理课上讲美国东北部"冷冻地带"，总说那里气候寒冷、环境污染严重，以至于越来越多的美国人迁往西部和南部的"阳光地带"，因为那里阳光充足、环境优美。

可我眼中的"冷冻地带"却是空气清新，天空澄明，夏秋林木葱茏，冬季雪覆四野。

当然，这里曾经污染严重。戴维先生说："三十五年前这里的空气是有问题的，可现在，任何工厂都不可以排放污染物，否则会触犯法律，罚款数额惊人。"因此，如今那些老工业城市，像芝加哥、底特律、布法罗、匹斯堡……都是很干净的。

戴维说确实也有些美国人移居西部和南部，主要是喜欢那里的气候，那里地价也比较便宜，冬天能源消费少，居住花销也比较少。

在美国，大多有钱人不住高楼大厦。很多收入低的人在环境嘈杂的市中心附近拥拥挤挤地居住，哪一天有了钱，想追求更舒适的居所，就到郊区买别墅，因为那里有清新的空气和大片的绿地。

当然，住在郊区的问题是，不管买东西还是上班，你都得开很长时间的车。那又有什么关系？距离的远近不是问题，自然环境是人们考虑的首要因素，这与我们"宁要城市一张床，不要乡村一栋房"的观点截然相反。

中午十二点，我们见到了活泼漂亮的梅根。她的家在密歇根湖边，窗外，一只小松鼠跳来跳去，雪地上有串串鹿的脚印，梅根说昨晚有三只鹿来过。

梅根是一位理疗医师，她的工作对象是三个月至十二岁肌肉运动有障碍的儿童，她已结婚四年，丈夫温迪是一位高中数学教师。

梅根的手机里有很多孩子的照片，各种表情，很可爱。因为天天跟孩子打交道，梅根常常穿得很亮丽。她的衣橱里，五颜六色的T恤有20多件，鞋子也闪闪发光。梅根会做漂亮的儿童玩具，她还有一个非常漂亮的童话屋，是温迪为她制作的。我问："那些肌肉有问题的孩子多长时间能治愈？"梅根说："不一定。有的一两个月，有的几年，有的见效不大。一般来说，越早治疗效果越好。"

午饭后我们去奥特莱斯购物。在儿童用品店里，我看到一位母亲怀抱着一个婴儿，听她与店员的对话，得知孩子才刚出生一星期，而现在是大雪纷飞的冬天！

在我国，孩子不满月是不能带出门的，新妈妈也不能出门，饮食的冷热酸甜都很讲究。可在美国，孩子出生第二天，一切恢复正常。洗衣服、锻炼、洗澡、购物……甚至还有人喝加冰的水。看，这就是一位推着婴儿车、穿着短裤在雪天锻炼的新妈妈。

对于在职的女性，一般有10—12个月的假期照看刚出生的小孩，很少有父母帮忙。假期结束后，有人会请保姆，大多数人则会把孩子送到日护中心（Day Care Center），每天接送。

在美国很少有人喝热水，有些人一年四季都喝加冰的水和饮料，弗吉尼亚说冰水可

雪天穿短裤、推着婴儿车锻炼的新妈妈

以调动身体工作，热水则有抑制作用。我告诉她在我国很多人喜欢喝热茶、热水，医生也认为这样对身体有好处甚至可以治疗感冒。我们谁也没有说服谁。

由于政治制度、经济利益、价值观和文化传统的不同，时至今日，中美在太多方面依然大相径庭。也许两个国家并非天生一对，但如果双方能相互尊重、不断沟通，很多差异会共存甚至异族文化会相互欣赏，不是吗？

Feb 13th　给流浪的"隐士们"发放食物——去教堂做义工

美国也有不少为生活而挣扎的人,乞丐和无家可归者在各个城镇都有。

不少人寅吃卯粮,生活每况愈下;有些人因为酗酒和使用毒品,损伤了大脑和身体,生活变得举步维艰;也有些人不愿工作、不愿受束缚、不愿接受职业训练而选择流浪,那是他们要的生活方式。

一起在教堂做义工的帅哥本杰明(Benjamin)告诉我,美国的无家可归者约三分之一是军人,因为战争的创伤难以愈合,心中留下阴影,回不到现实生活中,他们就选择流浪;还有些无家可归者是青少年,有的是跟父母关系不和,有的是父母吸毒家境败落。

第一次见到流浪者是在夏威夷,路边的树旁,有一个很小的帐篷,我问贾博士:"那是干什么用的?"她说:"那是无家可归者的家。"后来在去Maikiki海滩的路上,在路边大树下脏乎乎的睡袋里,有个人在里面一动不动,那是一位流浪者在睡觉。

心理学研究发现,慈善能够给人的心灵带来慰藉和幸福,特蕾莎修女也说过世界上最令人快乐的事就是帮助别人,我相信。

今天,弗吉尼亚带我去坎顿区的一家教堂做义工,赶到教堂的时候已经

本杰明准备分发甜点和蔬菜沙拉

无家可归者中老年人居多

有几位志愿者过来了。大家准备了蔬菜沙拉、面包、火腿、甜饼、巧克力、汤、蛋糕，还准备了饮料。

五点钟，"隐士们"陆续来了，男人、女人，白人、黑人，年轻人、老人、孩子……中老年人居多。有的表情和善，有的愁容满面，更多人表情漠然，虽然没有"犀利哥"那种破衣烂衫的装扮，但是很多人身上散发的味道很难闻。

喜欢独自用餐的"隐士"

一个年轻女子跟一个小女孩也来吃饭，我问："要饮料吗？"她说："我不要，孩子要一杯。"

一名男子跟一个小男孩进来，脏兮兮的，令人生出恻隐之心。一个家庭，不管贫穷或者富有，如果有一个好妈妈，天上的太阳就会永远微笑。

一名看上去比较儒雅瘦削的男子走进来。我问："先生，需要饮料吗？"他说："谢谢，不用，太甜了。"乞丐们很多都是胖人，肥胖在美国是大问题。

准备"打包"回家

大部分人围在餐桌上就餐，但是那对母女，还有一位隐士独自坐在另一个区域的椅子上用餐。

我问弗吉尼亚："他们不会感到很没面子吗？"她说："无所谓面子，只是生存而已。"她说在美国住房的开支占收入的一半，美国有些社区离婚率很高，一旦失业，孩子的抚养和房子的费用立刻就成了问题，一夜之间成为流浪汉是常事。旁边的一名志愿者补充说，生活中的变故和大起大落使得有些人精神崩溃，他们用毒品来麻痹自己，也因此变得穷困潦倒。

本杰明告诉我："也有人喜欢这种生活，政府想给他们找住的地方，可是他们不去。"在美国，现有的社会共识是，当个人选择不损害到他人利益时，他就享有正当的个人自由，政府不能动用权力加以干涉和阻止。

这些无家可归的人们，他们是这个繁华世界中的弱势群体，默默承受着生活中的冷暖甘苦。弗吉尼亚却很淡定，她说美国给个人奋斗提供了很多机会，国家保障的是"追求幸福的权利"，而不是"幸福的权利"，有些人无家可归是因为懒惰、不思进取和不良生活方式导致的，是他们自己造成的。

马龙大学的一位数学老师和她的邮递员丈夫负责供应甜饼和蛋糕，一个胖女人问他们可否带几块蛋糕回去，他们给她包了满满一纸袋。很多人吃完离开时都要求带食物，这样明天和后天就不愁没有东西吃了。

邮递员先生很健谈，他说一方面又便宜又好的中国、印度制造方便了美国人的生活，但另一方面也减少了很多就业机会，所以失业者和流浪者在增加。我说中国也买了不少美国商品，并且一些美国产品不卖给中国，所以就业机会问题美国并不是可怜的受害者。

对于无家可归者和低收入者，美国政府会发放足够的食物券。每个星期天都有教堂提供免费就餐服务，靠救济金生活的家庭的孩子，学校都会提供免费午餐，有不少公益组织专门为无家可归者提供医疗、食物和衣服。本杰明说有一家叫"门"的公益组织专门收留无家可归的青少年。但是，并非每一位无家可归者都知道如何获得食物和帮助。

本杰明说："每次来吃饭的，有老面孔，也有很多新面孔，他们不愿与人交谈，问他们私人问题是不礼貌的，你不知道他们是谁，也不知道他们接下来去哪里。"是啊，隐士们究竟过一种什么样的生活？他们的内心有着怎样的酸甜苦辣？这还真是一个谜题啊。

June 1ˢᵗ　衣食住行在美国

1．只要不损害他人的利益，没有人会指责你的行为举止和生活方式。在夏威夷，穿什么服装的人都有，不同种族、宗教、国家、肤色、体型、穿着的人混杂在一起，让人对任何怪异都见怪不怪。

2．即使是冬天，也有不少人喝加冰的水，喝热水的极少，喝茶也都是袋装茶。

3．超市的菜很干净很新鲜，很少有集市和路边摊。

4．美国人不用油炒菜，也很少有抽油烟机，有油烟的话报警器会响！我们炒菜的用油量是美国人没法比的。

5．美国人饮食中糖的摄入量比中国大得多。美国食品市场充斥着低脂(fat free) 食品，低脂牛奶、低脂酸奶、低脂饼干、低脂甜点……但那些被去除的脂肪，都被代以糖分，增加了口感，直接导致了美国人体重的上升。

6．不管到哪里食品的种类差别不大，汉堡、比萨、意大利面、蔬菜沙拉……住得越久，你就会越想念中国饮食。

7．很多中餐馆做的中餐不那么地道，像糖醋鸡块就是被西化的中餐。

8．自来水可以直接喝（西海岸的水不能喝，因为重金属元素含量高）。

9．聚会的时候常常每家带一道菜过去，在品尝美食的同时，三三两两地交谈，很随意。

10．早餐、午餐很简单而且吃得很快，晚餐通常很丰盛，时间也从容，晚餐后有餐后甜点，正式的晚餐基督徒们还要做祷告。

11．早餐通常有烤面包、咖啡、香肠、火腿、蛋糕、煎肉片、鸡蛋等，牛奶、加冰的可乐等饮料也是早餐必备的，很多人每天食用维他命。

12．午餐时间短，很多人从家里带午餐，因此是三餐中最简单、量最少的。蔬菜沙拉、三明治、汉堡包、比萨饼、热狗、饮料是通常午餐的种类。

13．晚餐通常下午6时左右开始，牛排、火腿、烘肉卷、蔬菜、面包、黄油、意大利面等最为常见，饭后还要吃一道甜点，如蛋糕、水果馅饼、小甜饼、冰淇淋等。我们是餐后水果，他们是餐后甜点，不吃甜点就像没吃完饭似的，这也许是美国人肥胖的罪魁祸首吧。

14．在停车场、加油站边往往都有肯德基、麦当劳，收入高的中产阶级很少光顾。

15．吃蔬菜时习惯加点沙拉酱或色拉油一拌，生吃。

16．在餐馆里大家都小声说话，不会打扰到别人；吃饭、喝汤时要注意吃相且不许出声，不要咂嘴，边咀嚼边说话也是比较忌讳的；吃饭时要把左手放桌下。

17．很多美国人方位感不强，不少人车上装有电子导航系统，哪里直行，哪里拐弯，甚至在哪里停车上厕所，系统都能一手包办。

18．美国人力昂贵，所以很多家的草坪都是自己打理的，扫雪、洗车、装修房子、装饰圣诞树……都要自己动手。记得一次弗吉尼亚家的洗刷间漏水，找人来检查，没查出什么原因，只说有一块地板有点松动，没做任何修理，就花了70美金。

19．城市的集体公寓一般住着收入低微的贫民，有钱的中产阶级喜欢在郊区小镇买房，追求低密度、环境优美的独立住宅。

20．虽然美国历史很短，但是几十年、近百年的老房子很多。

21．野生动物在城郊的富人区随处可见，小松鼠不怕人，如果你给它吃的，

松鼠不怕人

它就跟你走。

22．美国东北部冬季漫长，又靠近五大湖和大西洋，雪天是最寻常的，年降雪量累计常常超过两米，每年都有房子被雪压坏！春天多雨，夏天多风，龙卷风也常常光临。

23．窗外晒衣违法，衣服几乎都是用烘干机烘干。

24．极少有院墙。郊区都是一座座的小别墅，一般为两层小楼，房间很多。很多美国人家的住房还有地下室，冬暖夏凉，不少人家在地下室设置工作间、洗衣房、健身娱乐室等。

25．在美国，有房产的人每年都需交房价总值1%～5%的房产税，不同的州税率不同。如纽约市有近100万幢建筑，总价值近4000亿美元，每年大约征收房产税75亿美元，占房屋总价值的1.9%。

26．大城市中心存在治安问题，郊区富人区的治安非常好，可以说是"路不拾遗、夜不闭户"。

27．美国衣食便宜，医疗、教育价格高昂，住行也很贵，所以收入低的阶层旅游机会不多。

28．美国人单独出去旅游的比较多，拍照时很多人只照风景。

29．美国人总在搬家，人口的流动性很大，收入高低、职业变动、年龄变化都导致搬迁。钱多了，就要买房买车，一旦收入降低，就换小房子。

30．不能与别人擦肩而过，那样很粗鲁。

31．每天洗澡，早上洗澡的人很多。

1加仑（4.5升）汽油的价格

郊区很少有人步行

32．汽油一加仑（4.5升）3美金左右。

33．在很多郊区的小镇子上，路上人很少，问路都找不到人。这里没有公交车，出租车很少，我住过的哈德逊小镇只有一家出租公司，共三辆出租车，每次乘出租都需电话预约。路上除了私家车还是私家车，没有车根本哪儿也去不了。路上稍微有些车，他们就说是堵车了。人们开车很规矩，保持距离，不随便变更车道，也极少有人按喇叭。

34．过马路时车总是停下来等你，步行者为王。初来美国时，发现所有的车都远远停下来等行人先过，我很感动，一次还专门拍照。后来才知道是因为美国的交通法相当严格，很多州要求司机要等到行人完全通过斑马线、上了台阶后车子才能启动，否则罚款就吃定了，在法庭上甚至连辩护的余地都没有。

35．步行一定走斑马线，不走斑马线的罚金一般是每人一百美元，还有违规记录。

36．表扬和感谢的话语不绝于耳，"Awesome（棒极了）"是常听到的表扬话语。不管你做得好不好，美国人都习惯夸你好，这是他们的习惯，不能全当真。

37．人们都很有礼貌，不小心挡了你的路，甚至你不小心碰到了他，他们都会先对你说"Excuse me"；与别人擦肩而过，不管认不认识，习惯说一句"早上好"或者"Excuse me"；当你做了该做的事，都会得到"Thank you"或者"So sweet of you"的感谢；当你说"Thank you"时，每次都能得到"My pleasure"或"You are welcome"的回应。

38．纽约的地铁很陈旧，一百多年前纽约人就有地铁站了，在纽约坐地铁时我竟然发现了一只老鼠。

39．吃饭、打车、住宿都要给小费，一般是总费用的10%～20%。

40．飞机票订得越早越便宜，美国人喜欢事事提前计划，机票通常提前一两个月订。

41．除了旅游、去教堂，娱乐项目很少，不少人喜欢去打折连锁店奥特莱斯（Outlets）购物。

42．在美国，到处都能看见"中国制造（Made in China）"，自豪的同时心中总生出隐隐的担忧。我们是发展中国家，很多商品"Designed in America & Made in China(美国设计中国制造)"并不奇怪。但我们还是希望有一天更多有创意的东西来自中国，甚至"Designed in China & Made in America(中国设计美国制造)"！

43．打喷嚏、咳嗽都要说对不起。

44．进商店不管你买不买东西，服务员永远都彬彬有礼。顾客是真正的上帝，退换货不需要任何理由，服务生还会赔着笑脸。

45．银行卡和支票图案都是可以自由选择的，森林、太阳花、维尼熊、史努比……应有尽有。这个小小的细节，让人看出美国人对生活的用心。

46．节假日形形色色。马丁·路德·金纪念日、林肯纪念日、总统纪念日、独立日、公民日、阵亡烈士纪念日、耶稣受难日、夏威夷节、圣帕特里克节、感恩节、圣诞节、复活节、万圣节、情人节、老兵节、愚人节、母亲节、护士节……日子过得新鲜而有节奏。

47．到处都有教堂，信基督教的人很多。对于贫穷无助的人，人们时刻准备帮助，不会看不起你，也不嫌麻烦。

48．真心邀请别人吃饭一定要说好时间和地点，去别人家做客通常要带一点小礼物，一束花、一瓶酒、一道菜都行，一定要准时。

49．别人送你礼物，一定不要客气，接受礼物一定要当面打开并表示喜欢和感谢。客套或者接过后放在一边表示你对礼物不屑一顾，是不礼貌的。坦率地告诉朋友你喜欢什么样的礼物也是美国人的文化。当然，美国人送的都是花心思的小礼物，给美国人的礼物同样不要太贵重。

50．不管熟悉还是陌生，人们都会主动问好。"Good morning/afternoon（上午／下午好）、Nice to meet you（很高兴见到你）、You look great today（你今天看上去棒极了）、Have a good day（祝你有美好的一天）、How are you doing today（你今天怎么样）、How are you this morning（今天早上怎么样）……"是常常听到的问候语。

51．当别人问你"最近怎么样（How are you）"时，并不是想特别了解你详细的近况，很多时候只是普通的问候语，不需要详细回答，只要答"Fine"就可以了。

52．不要太小气，不必穷大方。付账单基本都是AA制——"Let's go Dutch！"荷兰人喜欢算账，无论和别人做什么事，都要同对方把账目算得清清楚楚，幽默的美国人把荷兰理财方式引申为AA制。比如一起去度假，要分担汽油费，请你吃饭有时并不代表给你付钱，你要做好自己付钱的准备。

53．美国没有"官本位"这个词。所有官员和议员每年都必须申报财产，普通百姓可以在一定时期内查看这些记录。如果一名官员拥有房产、收入或从他人那里接受的好处，在公众面前都是一目了然的。

54．进门时，如果后边有人，要帮他扶住门。

55．为兴趣而做(Don't do it for money，but for fun)是美国人生活和职业选择的重要信条。

56．美国人很自信，在对自我的认识上很少有人自卑，大概因为他们在青少年时代不排名不跟别人比的缘故吧。

57．有些无家可归的人是因为他选择这种生活方式。

58．隐私权无处不在。"This is my business(这是我的事)"，"None of your business(不关你事)"是美国人挂在嘴边的话。不要主动问别人年龄、收入、婚姻等私人问题，卧室、盥洗室、电话都是个人隐私。

59．婚前很开放，婚后很传统。

60．名车比国内便宜，买路虎的不一定家里有钱；教科书比国内贵很多，买新教科书的一般是有钱人。

61．各州文化不一样，像内华达州和犹他州、拉斯维加斯和盐湖城，此岸开放热闹，彼岸传统安静，截然不同。

62．医生、律师、公司经理、著名运动员、牙科保健员、职业理疗医师、歌星、影星、电脑专家、保险和理财专家、会计师、软件工程师等是高收入职业；技术员、中小学教师、小公司老板、公司雇员、出租车司机、建筑工人、农民等收入一般。

63．所得税、购物税、保险、住房、养车……中产阶级交税多，开销也大。基本生活用品比较便宜，贫民也可以在超市疯狂购物。

64．洛杉矶的移民监狱待遇很高，学习条件也好，在监狱里拿到硕士、博士学位出来的人也屡见不鲜。

65．慈善教育深入人心，做义工是很普遍的事情。

66．垃圾都是分类回收。有些家庭，瓶瓶罐罐都是要洗净了回收的，对垃圾负责体现着一个人的社会责任感和文明程度。

67．崇尚自由和个人奋斗，自立精神深植于美国人的文化基因中。孩子大了，要出去自立门户；父母老了，大多也不跟孩子住一起。

68．很多美国家庭对小狗的关心不亚于对孩子，带着小狗散步的人很常见，那些狗有自己的礼物、衣服、玩具、专门的营养餐和漂亮的发型，常常洗澡，没有人吃狗肉。

69．生小孩后锻炼、饮食、出门等一切恢复正常，孩子出生没几天新妈妈就抱着孩子出去购物、锻炼等。

与87岁的住家奶奶合影

70．奶奶爷爷照顾孩子的很少，除了送到日护中心，很小的孩子都是妈妈带。

71．好奇心和孩子气在美国是不分年龄的。

72．大多数美国人对中国不了解，他们心目中的中国是几十年前的样子。

73．行程表是一个基本的词。在美国，很多事情都讲究程序，要提早做出计划，心血来潮是行不通的。我们是计划没有变化快，他们则是提前计划才成行。几个月以后要做的事，现在就计划好了。

74．没有挤在一起的现象，即使只有两个人也要耐心排队。

75．热爱是工作的第一要素。

76．空姐很多是祖母级的，年轻人很少。

77．音乐会常常座无虚席，大家都穿得很优雅，一派绅士淑女的派头，中老年人居多。

78．加州的农田是圆形的，因为这样洒水、洒农药比较方便。小麦、马铃薯等生活必需品的生产国家有丰厚补贴，水果等产品不补贴。

79．结婚时女方要负担更多的婚礼事务，花钱一点不比男方少。

80．大部分美国人不午休。

81．互赠礼物最好是民族特色的小礼品，像京剧脸谱、中国结、丝巾等都不错。很多美国人重视并珍藏朋友送的小礼物，每个家庭都有这样的"旧"东西及其背后的温馨故事。

82．在美国看医生很贵也很麻烦，美国人对用药很谨慎。记得有一次弗吉尼亚感冒了，我把带过去的板蓝根冲剂拿给她，她拒绝道："药物可能会治好我的感冒，可我的肝、肾等内脏器官有可能因此受到损害。"

83．大家各忙各的，很独立，人与人交往不多，讲究隐私权和私人空间。

84．有些中国人在美国混得很一般，也很孤独，大部分中国人很难融入主流社会。

85．在美国过谦并非美德，会被认为装腔作势，自信、坦诚一点会更好。

86．我们信奉能力来自于拼搏和勤奋，美国人更信奉先天素质。同样的概念，中美理解不一样，做法也因此不同。

87．图书馆借书和办卡都是免费的。华盛顿的自然、历史文化场馆都是免费开放的。

88．在美国，公民的自由特别是隐私权给政府搜集个人信息的行为设定了边界，所以美国人没有统一的身份证。驾驶证、护照、社会安全号不同程度上起到了身份证的作用。

89．公共场合很少有人接打手机。

90．诚实为上。美国人习惯直率、真实。人际关系很简单，有什么问题直来直去。

三、爱无国界

因为有你，我的生命一直都是美好时光。

人的一生和多少人有尘缘？和多少人擦肩而过？这对我们来说，是一种怎样的恩宠、怎样的幸福。那些曾帮助、激励过我们的人，我们赏识的、觉得特别的人，所有爱我们和我们爱的人……让我们终于明白，使这个世界转动的，是爱。

Mar 5th　忘年交和中产阶级住宅区

在俄亥俄州的杰克逊小镇，我认识了陈教授和陈太太。陈教授在马龙大学教化学，他的妻子石学英女士是物理学博士，曾任教于上海大学，他们的儿子在旧金山工作。

今天陈教授去旧金山看望儿子，陈太太自己在家，她打算驾车带我参观杰克逊小镇中产阶级住宅区和高尔夫球场，然后去看电影。

下午一点整，窗外出现了陈太太墨绿色的车子。我开心地跑出去，跟她开始了杰克逊小镇之旅。

小镇的房子掩映在树林中，折射出人与自然的和谐。这里一套别墅大约三十多万美金，比佛罗里达州的房子贵得多。

美国人都是贷款买房，很多人到了五六十岁都没有还完贷款，但他们却不急。享受当下、寅吃卯粮是不少美国人的生活方式。收入丰厚的时候，他们买车、旅行、享受生活；如果哪一天突然失业，住不起房子了，他们就会把房子卖掉，租一间小公寓，或回到父母身边。

看！这就是一座要卖掉的房子，广告牌上写着联系电话。

而我们中国人则不同。

我们总是未雨绸缪，顾忌太多未来不确定的东西。陈太太说她的一位在波士顿工作的中国朋友就是因为顾虑太多才越来越买不起房子的。不过，近些年国内经济大发展，有钱人越来越多，到美国来买房子的国人剧增，他们大都喜欢在沿海大城市靠近学区、交通便利的住宅区买房，而且喜欢全额付款。

待出售的房子

杰克逊小镇有不少老房子。时光流逝，人们渐渐变老，加上退休后收入减少、体力下降，生活质量变得不如从前。从门前草坪的管理上，能够感受到某些住宅区的衰退。

陈太太向我介绍，新老房子的屋顶结构不太相同。老房子比较保暖挡风，新房子通风较好，但能源耗费相对大一些。有些老房子沿着主要交通线分布，新房子一般不会太靠近主路，多建在林子里，所以主路两旁有一条条家庭专用车道。

紧邻杰克逊友谊教堂的那片住宅区相当漂亮。陈太太说："这里住的都是收入较高的阶层，像律师、医生、政府工作人员等，教师在美国并非高收入职业。"

有一片住宅区在高尔夫球场内，每年会员费是两万美金。这个高尔夫球

7653号别墅

浪漫的生日海报

场有围栏，还有保安人员和视听安全系统，这在美国郊区不多见。

我们走到了邮箱号为7653的房子前。陈太太说，她的一个朋友在这里住了很久，彼此很谈得来，以前她经常开车来这里，她对这个房子太熟悉了，但现在那个朋友回上海了。

她在那里停了一分钟，把车开走时还频频回头看那所房子，沉浸在对朋友的思念中。

后来，我们在一户人家的房前逗留。这户人家的女主人过四十岁生日，草坪上浪漫张扬的生日海报，是男主人"爱的宣言"。弥漫的幸福，像海潮刚刚退去的沙滩，新鲜而湿润。

参观完杰克逊小镇，陈太太说要带我去看电影。因为六点半我要去参加杰克逊高中的高年级舞会，所以我们选了两点半的儿童片。我和陈太太都是素面朝天的人，有很多相似之处，包括看动画片和年轻的心态。离电影开始还有一段时间，我们买了爆米花和冷饮，坐在长椅上聊天，我听陈太太聊她的知青生活，那真是一段激情燃烧的岁月。

电影院内，很多大人带孩子来，却没有任何吵闹之声，让人感慨。影片开始了，讲的是一只螳螂在沙漠中寻找水的故事。讲它怎样由一个小人物变成了大人物。运气、努力、挫折、信念……终有一天，它成功了。电影用一种智慧可亲的语言告诉你，一切皆有可能，一切都要靠自己，正如林肯、克林顿、奥巴马等大人物的成功之路。

　　吃完饭，陈太太送我回家。换上裙装，戴上苏给我做的玫瑰花腕饰，高年级舞会——我来了。

Feb 10th　亲爱的苏

心灵手巧的苏

　　第一次见苏（Sue）是在教工餐厅。她走进来，身上弥漫着香水的味道。人说闻香识女人，我并不喜欢香水味很浓的人。

　　但后来苏改变了我对她的第一印象。

　　一天午餐时分，苏坐到我身边，热情地跟我打招呼，虽然我的英语口语不怎么好，可是苏能听懂，她看上去很喜欢跟安静的我讲话。她从一位老师手里要过一本影集，给我讲婚礼的有关细节，她说婚礼上的鲜花是她帮忙设计和打理的。

　　回到弗吉尼亚的教室，我跟她谈起苏。弗吉尼亚说梅根婚礼上的一束束向日葵也是她和苏的杰作，她说苏有一双特别灵巧的手。

　　2月9日，买午餐时我去学校商店换零钱，恰好苏也在商店里，她热情地跟我谈她的儿子、女儿、孙子、孙女们，脸上的笑容花朵般灿烂。她说她有个中国外孙——她的女儿在北京工作，嫁给了中国人。我说明来意，店里没有那么多零钱，苏带我去学校办公室看看能否把钱换开。

问题解决了。

吃午餐时，苏进来了，我们一边享受食物，一边聊天。我问苏："什么是你的最爱？"她说她喜欢花儿。因为花儿和面粉的英语发音相同，又加上她长得较胖，我以为她说自己喜欢面粉，我推测她在食堂工作，喜欢用面粉做甜点。等我发觉我误会她时，禁不住哈哈大笑。

花艺教室

我告诉苏我也喜欢花，小雏菊、向日葵、红玫瑰……我喜欢各种各样的花草树木，它们是有神力的。

晚上，弗吉尼亚告诉我苏邀请我去插花艺术教室学插花，时间是明天（2月10日）的12点35分。我问："苏是插花艺术班的教师吗？"弗吉尼亚说："插花艺术班的老师是默克·迈克，苏是一名助手，因为她没有教师资格。"

第二天早上，苏拿着一本影集来到弗吉尼亚的教室找我，因为我马上要去听服装艺术课，只好匆匆跟苏说了再见。

吃完午饭，我直奔插花艺术教室，苏已等在门口。教室里一名女生在制作小花束，她要参加学校圣瓦伦丁节（情人节）的舞会。她跟我打招呼，说在经济学课堂中见过我。

苏的面前还有一把椅子，她让我坐在她身边，教我把塑料泡沫装满花瓶，浸满水，再用特殊的胶带在瓶口缠绕，然后把花儿修剪、配色，高低错落地插入瓶中。一种叶质很厚的绿色植物、金百合、紫郁金香、满天星、红玫瑰、白色小雏菊……几分钟时间，在苏的指点下，我把它们变成了艺术品。

接下来，苏做了一个玫瑰花的腕饰给我，说是为我参加学校高年级的舞会准备的。我饶有兴趣地看苏忙碌，那种看似漫不经心背后的得心应手，透着一股子从容、自信和得体，很优雅。

我离开的时候，苏告诉我那瓶花是送给我的。这是有生以来除学生外第一次有人送花给我呢。

我把大大的花瓶捧回弗吉尼亚的教室，苏跟了进来，她用一种浅绿色小碎花的包装纸，给花和花瓶做了漂亮的包装。苏解释说是为了保温，再者可以防止水洒在我的衣服上。

我给了她一个大大的美国式拥抱，大声说："谢谢你，亲爱的苏！"

Apr 4th　哈德逊小镇的安

在哈德逊高中的世界文化课上，当朱恩（June）老师问学生未来想跟父母一起住还是把父母送养老院时，几乎所有的孩子都回答把父母送养老院。

在不少美国人眼中，夫妻是一家人。孩子长大了，要离开父母；父母老了，孩子也不愿与父母同住。

可是，哈德逊小镇70岁的安和她的丈夫却跟他们95岁的妈妈一起住，我去拜访安的时候，安的两个孙子也在他们家。安非常享受她的天伦之乐，她说与家人在一起，每天都是最好的时光。

第一次听说安，是在我准备去哈德逊中学访学的那个二月。

三月份杰克逊高中有十天春假，我准备去波士顿访学，跟"蜡笔小新"住在一起。访学事宜从二月就开始协调安排。

"蜡笔小新"是深圳外国语学校的科学老师，去年九月在北京英语面试时

安家外景

我们一见如故。

小新不跟美国人一起住，她租了安的房子，四室两厅，有地下室，近二百平米，每月750美金，而我们其他人的房租都是每月900美金（包括伙食费）。

因为我要住半个月，所以我想付给安房租，可是安不要。她说房子既然已经租给小新，那就是小新的房子。安的房子与小新租的房子隔着一片草地，晚上我们能看到彼此屋子里的灯光。安说我们住的是她妈妈的房子，很久没人住了，看到房子里面有灯光她特别开心，她说谢谢我们住她的房子。

美国人乐于助人，很有礼貌，但大部分人还是讲究公事公办。安的大方令我们吃惊，想不到身在异国也会有这种温暖的关怀。

我给安买了一种草本精华的洗发套装，带着一股很好闻的秋天草木的香味。安写了感谢信给我，说她从未用过这么好闻的洗发水，她说她知道我想

安以及安的丈夫和95岁的安妈妈

让她的头发变得像我的一样漂亮。你看，她对人那么慷慨，可是你做一点事情她就心怀感激。

第二天，安和她的丈夫又过来看我们。安的个子有一米八多，她的丈夫也是高高的个子，脸红扑扑的，像童话故事里出来的，他拿着小螺丝刀和蚂蚁清洁剂，站在安的旁边，笑眯眯地嚼着口香糖，因为小新说房子里出现了一种大蚂蚁。安喜欢跟我们聊天，了解中国文化，每次分别的时候，都要给我一个美国式拥抱。

安有两个儿子。大儿子是印第安纳州一所大学的物理学教授，本科就读于普林斯顿大学，斯坦福大学博士毕业，他们夫妇为大儿子的出色工作而骄傲。二儿子在一家公司工作，跟他们住得很近，安常帮二儿子照顾两个很帅气的小男孩。安说他们现在还年轻，将来老了要跟二儿子住在一起。

都七十多岁了他们仍觉得自己年轻，心态真好。

我给安买了葡萄干、腰果和红梅干，安非常高兴。安也是做甜点的高手，每次回家，门廊的小篮子里都会有甜点和安的留言，面对安的手艺，我和小新常常难以自已，大快朵颐。

礼尚往来，我跟小新商量做水饺请安品尝。提到做水饺，韭菜肉的水饺和冬瓜素的水饺是我的拿手戏，可美国商店里没有韭菜，也没有冬瓜。最后我们买了牛肉、猪肉、芹菜、胡萝卜和甜玉米粒，做了芹菜猪肉和胡萝卜牛肉甜玉米的水饺。

水饺煮好，我们先给安送去一盘，然后又做了果盘、白灼菜心、糖醋排骨、西红柿炒鸡蛋、小竹笋、菠菜粉丝和糖醋茄子请哈德逊高中的莫瑞和朱莉老师过来吃晚饭。

给安送水饺时，我见到了安95岁的母亲。老太太喜欢跟我们聊天，安过意不去，她说她的妈妈爱唠叨，怕我们被打扰。

我离开哈德逊小镇的前一天，是愚人节。波士顿下了大雪，放学回家的时候，安和她的丈夫已替我们清扫出了一条路。

当然，小客厅里还有一封漂亮、甜蜜的信，是安写给我的。

再见了，善良好客的安！你让我明白，爱是这个世界共同的语言，它能散发出太阳般的光芒，温暖他人，也温暖自己。

Apr 17th　与工作狂帕赛娜老师一起热爱生活

弗吉尼亚和戴维去波士顿跑马拉松，本周五至下周三我住在西班牙语老师帕赛娜家里。

第一次见帕赛娜是在汉语课上。她精力充沛，神采飞扬，说话很快，你根本看不出她已经57岁。

更深的了解是4月7、8、9日三天，我与她去哥伦布城参加世界语会议。她开车带我去，还要在会议上作展示。她带了很多东西：两台笔记本、两个背包，还有一个行李箱……让人感叹她做事的认真，还有女人出门的不易。

帕赛娜来自希腊，却有着西班牙人的热情好客。她是杰克逊高中世界语教学的教研组长，教西班牙语和法语，每天要上六节课，还有会议和杂务需要处理。她每天四点半就起床，五点多出发去学校，几乎每天都是第一名到校，最后一名离校，是个典型的工作狂。

帕赛娜的家距杰克逊高中近一小时车程，紧挨着高尔夫球场和一个大湖。她说20多年来她习惯了享受从家到学校的赶路时分，她喜欢把一天的计划在这段时间里梳理停当。

聊天中得知帕赛娜的丈夫Dug是一位生意人，她一再对我说她丈夫的名字叫Dug不是Dog(狗)，也不是Duck (鸭子)。

他们有两个女儿。大女儿已结婚，小女儿也已参加工作，都不跟他们一起住。他们家里有白熊地毯、红木家具，装饰颇为考究豪华。帕赛娜安排了二楼独立的房间和洗澡间给我，得知我是地理老师，她在我的房间里放了两本精装版的美国国家地理，说希望我能够像在自己家里一样生活得舒适开心。

天刚蒙蒙亮，我和帕赛娜就出发了。一路上，鸟语啼醒了新绿，蛰居的虫吟唤醒了泥土，处处都生长着青青的希望，蓬勃的生命气息在春天的阳光里随着略带清凉的风四处涌动，每棵树都拥有心跳与呼吸，松鼠、小浣熊、土拨鼠们也时常闪烁着明眸出现在你眼前，迅即又消失在潮湿的黑泥土地上和浓密的树林中。

一路的风景如此之美，美好到路程再长都没有关系。路边的迎春花开了，我告诉帕赛娜这种花在我国叫做"hello spring flower"，是最先迎接春天的花儿，她说她喜欢这个名字。后来弗吉尼亚在介绍森林小屋附近的各种花儿时，我才知道迎春花在美国叫做——winter jasmine (冬茉莉)。

周一，帕赛娜带我去沃尔诗（Walsh）大学的科学馆开教学研讨会。参会的有西班牙语、法语、德语、日语老师。

8：30—9：00清淡早餐，9：00—9：45自我介绍。轮到我的时候，我说我是地理教师，说得最好的是汉语，我作为帕赛娜老师英文班唯一的学生参会，因为帕赛娜是西班牙语和法语老师。老师们都笑了，美国人喜欢有幽默感的人。

我遇到一位来自上海的英语特级教师，湖北人，来美已三年。丈夫去世后，她嫁了一个老美。自我介绍时，她说三周前她成了美国公民，她很激动。

人与人不同，我看不懂她的生活。我对成为美国公民没有概念，即使我们的国家还有那么多需要改进的地方，但那是我们的家，牵系着我们所有的喜怒哀乐和迟疑的幸福。

今天的培训活动主要为：交流自己教学过程中碰到的问题；分享教学日志；分享自己教学中的经验与趣闻；以小组合作的方式分析不同年级教学面临的问题并提出指导策略；采用纸牌游戏的形式判断哪些行为属于哪种风格；观看视频分析并讨论案例中老师的教学行为。

没有说教，没有太多理论，基本都是活动、讨论和分享！每个老师都就自己在教学方面的见解和遇到的问题见仁见智，直接切入实际和操作层面。

一位法语教师关于语言教学的话令我至今印象颇深。

"学语言是为了什么？是为了讲话。"

"对一门语言来说，最基本的要求是什么？是你到那个国家最需要交流的内容。"

"你怎样精通一门外语？通过各种正式和非正式的集会，扩大你的谈话内容。"

"什么样的目标是有效的？不是老师想达到的目标，而是学生能达到的目标。"

"什么样的考试成绩是有效的？不是告诉他们对错，而是显示学生的进步才是真正有意义的。"

……

开完会回到家中，帕赛娜的老父亲过来了。帕赛娜的丈夫 Dug 做了烤牛肉和土豆，我做了水饺。第二天，图书馆的老师们、西班牙语老师和帕赛娜的几个朋友都尝到了我做的水饺，帕赛娜还给她的两个女儿各送了6个水饺，他们对我的手艺大加赞扬。

我还做了西红柿炒鸡蛋，加了点青椒和蒜片，帕赛娜一家很喜欢。西红柿炒鸡蛋在美国很受欢迎，我告诉他们中国的饮食文化博大精深，西红柿炒鸡蛋只是家常便饭。

帕赛娜只是看着我们吃，她正在节食，这个月她只吃医生专门为她配置的饮食。她说她希望秋天在她小女儿的婚礼上能穿上那套漂亮的粉色衣裙。

帕赛娜的父亲退休前是一名警察，已经85岁高龄，做过换膝术，行动不太方便，头脑却是相当清醒，说话声音洪亮。他说他每天都坚持阅读和锻炼，他对中国文化和中国地理很感兴趣，他喜欢青藏高原、九寨沟、漓江，喜欢中国的悠久文化和不同民族的风情，喜欢中国餐……

看到我电脑上学生整洁的校服，他说："中国学生干净、聪明，美国学生乱糟糟，很多大城市的学校很糟糕。"他指着他克拉克牌子的鞋子和李宁牌的帽子说："中国人很聪明，你看，到处都是中国制造，很好的质量。"

他说中国是一个伟大的国家，他说他来自希腊，也是一个伟大的国家。还有，他说我做的水饺非常好吃，他夸张地跟帕赛娜说："吃了这么好吃的水饺，死都无憾了。"晚上九点多，他带了十几个水饺，非常开心地开车回家去了。

好可爱的老人家！

帕赛娜一直批改作业到十二点多，她的丈夫也过来帮忙统计分数。她教两个班的法语课和四个班的西班牙语课，由于班级水平不同，她的工作量相当大，但57岁的她看起来那么年轻有活力。

帕赛娜见人就夸我，我像她的学生一样喜欢她。帕赛娜学会了用中文说"你好"和"谢谢"，她开心极了，见人就炫耀。

热情漂亮的帕赛娜，她的丈夫，她的老父亲，让我的美国之行有那么多开心的记忆，甚至每天的晚睡早起，都变得那般可爱。

祝你永远年轻漂亮，充满活力，帕赛娜！

Jan 30th 依恋

每个人的心中都有一个柔软而私密的角落，很多你念念不忘或者想忘记的东西，很多你以为已经痊愈的伤口，任凭岁月流转，一直停在那里，清晰如昨。

在某个热闹而孤独的晚上，它栩栩如生地出现，令你百感交集。

在克里弗兰的庆中国新年集会中，我见到了陈教授和陈太太，他们夫妇请我们在俄亥俄的四位老师和住家去一家中国餐馆吃饭，那般真诚和慷慨，让人在异国他乡体会到浓浓的同胞之情。

陈教授改革开放后去美国读书，随后定居美国，在俄亥俄的马龙大学一待就是很多年。他多才多艺、善良幽默，在马龙大学深受欢迎。陈太太的老家在山东文登，听说我是山东人非常开心。

我和陈太太在克里弗兰

晚上回到麦西隆，邮箱里有一封陈太太写来的邮件，说星期天（1月30日）下午他们要参加一个朋友的家宴，邀请我一同前往。

30日下午三点四十五分他们到弗吉尼亚家接我。我们开着车转来转去，找到了树林中的另一座房子。陈太太带了熬得黏黏香香的八宝粥和带小香肠的烤面包，而女主人则烧了好吃的中国菜：酱排骨、春卷、煎饺、香菜辣椒、四季豆……还有水果、甜点、酒。

大约十几个人陆续到达，每家都带了拿手菜，住在克里弗兰的那家还带了熬了好几个小时的红枣银耳莲子羹。大家有的聊天，有的去楼下打乒乓球，有的唱卡拉OK……六七个小孩在玩游戏。有一个小男孩是杰克逊初中部的，他的妈妈说听儿子说学校里来了一位中国老师，给他们讲中国文化。

陈教授和陈太太总是面带微笑，那般和善沉静，让人感到温暖。

陈教授天生一副好嗓子，对音乐有着惊人的理解力。他一唱歌，所有人都屏息静听。他唱了前苏联的歌曲，还唱了王洛宾和腾格尔的歌……老一代的大学生是多么多才多艺啊。我们夸陈教授的时候，陈太太就微笑，一脸的幸福。

他们是在上海念大学的时候认识的。陈教授是湖北人，陈太太三岁时随父母由山东到上海。研究生毕业后，陈教授来到美国马龙大学执教化学，那时，年轻的陈太太不太赞成陈教授回国，所以跟着来了美国。我常常想，就我们中国文化而言，如他们那般优秀的人应该在自己的国家更有成就感，现在远隔重洋，即使成就斐然，会不会找不到归属感，会不会有锦衣夜行的遗憾呢？

在这个晚上，一些深植于他们内心的声音在耳边掠过，令人潸然，即使他们谈论的时候那般云淡风轻……

我问他们会不会常常想家，陈太太说他们的兄弟姐妹中有很多人在美国，他们每年都会回国探亲访友，他们已习惯了俄亥俄平静的生活。

这么多年他们远离故乡，在美国中西部这样一个安静得有点隔离的教会大学里，一待就是那么多年……往事是一根柔软的刺，不可碰、不能碰，一碰就痛。

那些如烟的往事，那些挚爱的忧伤的亲情，会在某个夜晚，模糊地路过，在你的梦里歇脚。

　　我知道在黄梅雨季里，还挂着他们昔年平平仄仄才华横溢的青春；我知道在那岁岁黯淡的暮春里，还藏着那些遥远的无法谢幕的淡淡忧伤。在某个街角，某个特别的天气，让人忽然驻足，皱起眉头，想起什么……那些被湮没的流年，即使已被偷换，可是记忆一直在某个最柔软的角落，从未缺席。

　　根就在那里，那个纠结着爱与依恋的国度。让你终于明白，有山峦相隔的遥远是一种绝望，而有流沙相连的遥远是一种忧伤……就如现在，清扬寒冷的空气，漫天的飞雪，都让人嗅到农历新年的气息，甚至克利夫兰那些并不地道的中国节表演，都会让他们在路况不好的雪天欣然前往，像一个盼望春节鞭炮和压岁钱的孩子……

　　他们总是在自己的房子里做着中国菜，每每遇到来自祖国的同胞都让他们欣喜，他们的家里有乒乓球台，喜欢唱中国的歌曲，春节到来的时候，他们会尽可能地跟附近所有的中国朋友相聚。

　　该怎样的情致，才记得下一个人的辗转沧桑；该怎样的襟怀，才容得下世事流转岁月轮回；又该怎样的往事，才可让人如一卷舒云，一漂便是一生……

　　陈太太邀请我下个周六去他们家参加一个小小的聚会，他们说希望我以后常来他们家玩，他们的儿子在加州工作，家里只有他们老两口。

　　日夜轮回,寒暑更迭。天下悲欢聚散的轮回,智慧的你只是审视着,思索着,绽放一脸嫣然的笑。

附 录

附一：《美国史》和《AP美国史》

相对于普通课程，AP课程研究得比较深，教师会设置一些富有挑战性的项目让学生去研究分析，作业也比较多，通过考试也不是件简单的事。但是，为了证明自己的学习能力、增加进名校的筹码并节省大学学费，很多高中生对选修AP课程很热衷。

《美国史》是按时间顺序来编排的，而《AP美国史》则是以研究项目为主，让我们通过目录了解一下两门课教学内容设置的差异吧。

《美国史》课程一览

American beginnings to 1877　建国之初至1877年

Chapter 1　beginning to 1763：Exploration and colonial era　第一章　殖民地创建至1763年：探险和殖民地时代

1. the Americans, Africa and Europe　美洲人、非洲人和欧洲人

2. Spanish north American　北美的西班牙人

3. early British colonials　早期的英国殖民地

4. the colonials come of age　殖民地时代

Chapter 2　1763—1800：Revolution and the early republic　第二章　1763—1800年：革命和早期的共和制

1．colonial resistance and rebellion　反抗殖民地的斗争

2．the war for independence　独立战争

3．confederation and constitution　联邦和宪法

4．lauching the new nation　新国家、新体制的建立

Chapter 3　1800—1850：The growth of a new nation　第三章　1800—1850年：新国家的发展壮大

1．the Jeffersonian Era　杰弗逊时代

2．the age of Jackson　杰克逊时期

3．manifest destiny　天赋人权

4．the market revolution　商业革命

5．reforming American society　美国社会改革

Chapter 4　1850—1877：The union in peril　第四章　1850—1877年：处于危难的联邦

1．The divisive politics of slavery　奴隶制引发的政治分歧

2．the civil begins　内战开始

3．The north takes charge　北方获胜

4．reconstruction and its effects　巩固统一及影响

1877—1917：Bridge to the 20th century　1877—1917：通向20世纪的桥梁

Chapter 5　1877—1900：changes on the western frontier　第五章　1877—1900年：西部边境的变化

1．cultures clash on the prairie　西进运动

2．settling on the great plains　在大平原上定居

3．farmers and populist movement　农业和人口的迁移

Chapter 6　1877—1900：a new industrial age　第六章　1877—1900年：新工业时代

1．the expansion of industry　工业的扩张

2．the age of railroads　铁路时代

3．big business and labor　大企业和劳工

1890—1920：modern American emerges 1890—1920：现代美国萌芽

1919—1940：The 1920s and the great depression

1919—1940：20世纪与经济大萧条

Chapter 12　1919—1929：Politics of the roaring twenties　第十二章　1919—1929年：喧嚣的20年代的政治

1．Americans struggle with postwar issues　战后美国人的奋斗

2．the Harding presidency　哈丁总统

3．the business of American　美国商贸

Chapter 13　1920—1929：The roaring life of 1920s　第十三章　1920—1929年：20年代的喧闹生活

1．changing ways of life　改变生活方式

2．the twenties woman　20年代的女人

3．education and population culture　教育和人口文化

4．the Harlem renaissance　哈莱姆文艺复兴

Chapter 14　1929—1933：The great depression begins　第十四章　1929—1933年：大萧条开始

1．the nation's sick economy　不健全的国家经济体制

2．hardship and suffering during the depression　大萧条期间的艰辛与苦难

3．Hoover struggles with the depression　大萧条中胡佛的抗争

Chapter 15　1933—1940：The new deal　第十五章　1933—1940年：新政

1．a new deal fight of depression　大萧条与新政的曙光

2．The second new deal takes Hold　罗斯福新政胜出

3．The new deal affects many groups　新政影响方方面面

4．culture in 1930's　20世纪30年代的文化

5．The impact of a new deal　新政的冲击

1931—1960：World war Ⅱ and its aftermath

1931—1960：二战及战后

Chapter 16　1931—1941：World war looms　第十六章　1931—1941年：战争阴霾

1．dictators threaten world peace　独裁威胁世界和平

2．War in Europe　欧洲战争

3．the holocaust　纳粹大屠杀

4．American moves toward war　美国参战

chapter 17　1941—1945：the united states in world war Ⅱ　第十七章　1941—1945年：二战中的美国

1．mobilizing for defence　国防动员

2．the war for Europe and North Africa　欧洲和北非战场

3．the war in the pacific　太平洋战争

4．the home front　边防线上的美国家园

chapter 18　1945—1960：cold war conflicts　第十八章　1945—1960年：冷战冲突

1．origins of the cold war　冷战起源

2．the cold war heats up　冷战愈演愈烈

3．the cold war at home　国内冷战

4．two nations live on the edge　美苏对峙

chapter 19　1946—1960：the postwar boom　第十九章　1946—1960年：战后繁荣

1．postwar America　战后美国

2．the American dream in the fifties　50年代美国梦

3．popular culture　流行文化

4．the other American　不同寻常的美国

1954—1975：Living with great turmoil　1954—1975：在冲击中生活

Chapter 20　1960—1968：The new frontier and the great society　第二十章　1960—1968年：新边疆和伟大社会

Passages to a new century 通向新世纪之路

4．foreign policy after the cold war　冷战后的外交政策

Chapter 26 1992—2004：The united states in today's world　第二十六章　1992—2004年：当今美国

1．the 1990s and the new millennium　20世纪90年代和新千年

2．the new global economy　新经济全球化

3．technology and modern life　科技与现代生活

4．the changing face of America　变化中的美国

Epilogue: issues for the 21ˢᵗ century　21世纪的难题

1．the war on terrorism　反恐战争

2．iraq：confronting a dictatorship　伊拉克：推翻独裁统治

3．the debate over immigration　移民问题

4．crime and public safety　刑事犯罪与公共安全

5．issues in education　教育问题

6．the communications revolution　信息革命

7．curing the health care system　健康福利制度

8．breaking the cycle of poverty　突破贫困恶性循环的怪圈

9．tough choice about social security　关于社会安全性的艰难选择

10．woman in the work force　在职女性人员

11．the conservation controversy　环境保护争议

《AP美国史》课程概览

《AP美国史》课本六百多页，共三十二章内容，每一章有若干项目，这是与普通美国史最大的不同。当然，学习内容和角度也不一样。

Prologue　序言

Chapter 1　Alien encounters：Europe in the Americans　第一章　外族入侵：欧洲人在美洲

1．Sightings　视界

透过《AP美国史》第一章的有关项目，可以看出在文史类课程方面，美国学生研究得很深，文史哲素养的提升是美国教育的主要目标。

附二：地球科学课上的实验、探究项目与相关职业

一、Labs 实验项目

1．Why is precise communication important？ 为什么说准确的信息交流很重要？

2．Can you make an accurate map？ 你能画一张精准的地图吗？

3．What do fortified cereals contain？ 强化谷物中含有什么？

4．What shapes do minerals form？ 矿物存在的形式有哪些？

5．How are minerals identified？ 怎样鉴定矿物？

6．What happened here？ 这里曾发生过什么地理事件？

7．How does change relate to surface area？ 地球表面有哪些变化？

8．How does water affect sediments on slops 水对沉积岩的影响是什么？

9．How does water infiltrate？ 水如何下渗？

10．How is water stored underground？ 水在地下如何储存？

11．What causes cloud formation？ 什么导致云的形成？

12．How does a cold air mass from？ 冷空气从哪里来？

13．What can cause an earthquake？ 地震是怎么产生的？

14．How can you model cloud cover？ 你能做一个云层模型吗？

15．How much of earth's surface is covered by water？ 地球表面多少面积被水覆盖？

16．Where does chalk form？ 粉笔怎么来的？

17．Is California moving？ 加利福尼亚在移动吗？

18．What makes magma rise？ 岩浆上升的动力是什么？

……

二、Expeditions　探险项目

三、Careers in earth science　地球科学与职业选择

附三：AP微积分课程概览

AP微积分课本足足有696页。让我们看看两学年的微积分学哪些内容吧。

Chapter 1　Prerequisite for Calculus　第一章　微积分入门基础

1.1　Lines　直线

1.2　Functions and graphs　函数和图像

1.3　Exponential functions　指数函数

1.4　Parametric equations　参数方程

1.5　Functions and logarithms　对数函数

1.6　Trigonometric functions　三角函数

Chapter 2　Limits and continuity　第二章　函数极限和连续性

2.1　Rates of change and limits　函数变化率和极限

2.2　Rimits involving infinity　无穷极限

2.3　Continuity　函数连续性

2.4　Rates of change and tangent lines　变化率和切线

Chapter 3　Derivatives　第三章　导数

3.1　Derivative of a Function　函数的导数

3.2　Differentiability　微分

3.3　Rules of differentiability　微分法

3.4　Velocity and other rates of change　瞬时变化率及其他变率

3.5　Derivatives of trigonometric functions　三角函数的导数

3.6　Chain rule　连锁率

附四：《美国政府》课程一览、学习指导和大事记

《美国政府》课本近六百页，共七个单元。学习内容五单元共二十章，第六单元是学习技巧指导，第七单元是大事记。让我们通过课本目录来总体了解一下该课程吧。

Unit 1　Constitution and foundations of government
第一单元　宪法和政府的建立

1/Principles of government　第一章　政府的宗旨

　　Government and its purposes　政府及其职能

　　Origins of government　政府的起源

　　Power and forms of government　政府的权力和组织形式

2/Beginning of American government　第二章　美国政府的建立

　　English influence　英国人的影响

　　The colonies and the beginnings of independence　殖民地和独立初期

　　The confederation period　邦联时期

　　Creating and ratifying the constitution　创建及批准宪法

3/The constitution　第三章　宪法

　　Basic principles　基本准则

　　Structure of the Constitution　宪法的结构

　　The amendment processes　修正案程序

4/Federalism　第四章　联邦制

　　Federalism and the constitution　联邦制与宪法

　　Federal and state responsibility　联邦与宪法职责

Unit Ⅱ　Political behavior and participation
第二单元　政治行为与参政

5/Political parties　第五章　政党

Party systems and party role　政党制度与政党职能

Americans two party system　美国两党制

Parties in American history　美国历史上的政党

Minor parties　少数党

6/Elections and campaigns　第六章　选举制度及竞选活动

The electoral process and elections　选举及选举程序

Campaigns　竞选

Campaign financing　竞选融资

7/Political participation and voter behavior　第七章　参政及选举

Political participation　参政

Voting rights and eligibility　投票权及资格

Low voter turnout　低投票率

Factors influent voting　影响选举的因素

8/Public opinion and mass media　第八章　公众舆论及大众传媒

Political ideologies　政治意识形态

Forming and measuring public opinion　公众舆论的形成及调查

Politics and mass opinion　政治和大众传媒

9/Interest groups　第九章　利益集团

Formation and interest groups　利益集团的形成

Types and interest groups　利益集团的类型

How interest groups work　利益集团的运行

Unit Ⅲ　Institutions of national government　第三单元　国家政府机构

10/Congress and the legislative branch　第十章　国会及立法部门

Structure and powers of congress　国会的构成及权力

Civil Rights for all Americans　所有美国公民的权利

Affirmative Action　平权行动

17/Public policy　第十七章　公共政策

Policy——making process　决策过程

Economic policy　经济政策

Domestic policy　本土政策

Foreign policy and national defense　外交政策及国防

18/Comparative economic and political systems　第十八章　比较经济及政治制度

Comparative economic systems　比较经济制度

Comparative political systems　比较政治制度

Unit V　State and local government　第五单元　州政府及地方政府

19/Structure of state and local government　第十九章　州政府及地方政府的构成

Levels of government　政府级别

Organization of state government　州政府的组织

Organization of local government　地方政府的组织

20/Policies and finances of state and local government　第二十章　州政府及地方政府的政策与财政

Policy responsibilities　责任政策

Taxing and spending　税收及支出

Unit VI　Skills hand book　第六单元　课程学习指导手册

1/Studying and writing effectively　第一章　如何有效学习及写作

Taking notes　如何记笔记

Annotating a selection　为选材做注释

Taking tests　测试

The writing process　写作程序

2/Reading and thinking critically　第二章　批判性阅读及思维

Reading effectively　有效阅读

图书在版编目（CIP）数据

美国学堂记 / 王晶华著 . —济南 : 山东教育出版社，
2013

ISBN 978-7-5328-8073-7

Ⅰ.①美… Ⅱ.①王… Ⅲ.①中小学教育 – 美国 –
文集 Ⅳ.① G639.712-53

中国版本图书馆 CIP 数据核字（2013）第 178223 号

美国学堂记

王晶华 著

主　　管：山东出版传媒股份有限公司

出　版　者：山东教育出版社
　　　　　　（济南市纬一路321号　邮编：250001）

电　　话：(0531) 82092664　传真：(0531) 82092625

网　　址：http://www.sjs.com.cn

发 行 者：山东教育出版社

印　　刷：山东德州新华印务有限责任公司

版　　次：2013年10月第1版第1次印刷

规　　格：787mm×1092mm　1/16

印　　张：25印张

字　　数：310千字

书　　号：ISBN 978-7-5328-8073-7

定　　价：39.00元

（如印装质量有问题，请与印刷厂联系调换）
电话：0534-2671218